海洋渔业职务船员培训教材

捕捞基础

（一、二、三级驾驶用）

宋正杰　主　编

马兆虎　副主编

山东教育出版社

图书在版编目(CIP)数据

捕捞基础/宋正杰主编. —济南:山东教育出版社,2015
海洋渔业职务船员培训教材
ISBN 978−7−5328−9178−8

Ⅰ.①捕…　Ⅱ.①宋…　Ⅲ.①捕捞—技术培训—
教材　Ⅳ.①S97

中国版本图书馆 CIP 数据核字(2015)第 249277 号

捕捞基础

宋正杰　主编

主　管:山东出版传媒股份有限公司
出版者:山东教育出版社
　　　　(济南市纬一路 321 号　邮编:250001)
电　话:(0531)82092664　传真:(0531)82092625
网　址:www. sjs. com. cn
发行者:山东教育出版社
印　刷:青岛高科技工业园宝利彩印厂
版　次:2016 年 3 月第 1 版第 1 次印刷
规　格:710mm×1000mm　16 开本
印　张:13 印张
字　数:253 千字
书　号:ISBN 978−7−5328−9178−8
定　价:20.00 元

(如印装质量有问题,请与印刷厂联系调换)
印厂电话:0532−88770208

编委会

前言

为了更好地履行《1995年STCW-F公约》，进一步做好渔业船员培训、考试、评估和发证工作，提高船员培训的质量，根据《中华人民共和国渔业船员管理办法》的要求，山东省渔业船舶协会组织有关航海院校教师编写了本套渔业船员培训教材，并组织有关专家进行了审定。

教材内容适应渔业船舶驾驶人员培训和远洋渔业生产发展的需要，侧重航行作业中需掌握的基本理论和基本知识，以"必需和够用"为原则，适当超前，紧扣农业部《渔业船员考试大纲和实操评估操作规程（海洋）》，深广度适中，既有必要的理论知识，又有实用的操作技术，体现了理论和实践紧密结合，注重对船员素质及能力的培养。

本套教材为海洋渔业职务船员培训教材，有《航海与气象》、《渔船船艺与操纵》、《船舶避碰》、《渔业船舶管理》和《捕捞基础》等五门，适用于一、二、三级海洋渔业船舶驾驶人员学习和专业技术资格考试培训。本套教材在编写过程中得到山东省海洋与渔业监督监察总队的大力支持，对教材与《渔业船员考试大纲和实操评估操作规程》符合性进行了指导把关。本套教材作为渔业职务船员培训统编教材，也可供渔业技术专业学生使用和相关人员教学参考。

本教材由宋正杰、马兆虎编写。全书共六章：海洋渔业资源与渔场、渔具材料与工艺、海洋渔具渔法等。主要讲授海洋环境条件与鱼类的关系、海洋渔场和海洋渔具基本知识。

由于编者水平有限，书中难免存在错误和不当之处，欢迎广大读者批评指正。

编者

2015年11月

目录

绪 论

一、海洋渔业现状

海洋覆盖了地球整个表面的 70.8%，约为 $3.61 \times 10^8 \ km^2$，海洋平均深度 3 795 m。在人类历史上，渔先于农，在有文字记载之前，渔猎就已经成为人类谋生的手段。

20 世纪初，世界渔获量仅为 300 多万吨。随着世界经济的发展和工业化水平的提高，到第二次世界大战开始前的 1938 年，总渔获量达到 2 000 多万吨。20 世纪五六十年代是海洋渔业发展的黄金时代，战后相对稳定的国际环境和工农业的恢复和发展，以及科技水平的提高和渔业资源的休生养息，给渔业生产的发展提供了客观有利条件。20 世纪 70 年代初，第三世界国家提出 200 海里专属经济区，以保护本国资源，世界总渔获量有所下降，以后又逐渐回升。根据联合国粮农组织（FAO）统计，1978 年 7 000 万吨，1986 年 9 000 万吨，1995 年1.1 亿余吨，21 世纪初基本稳定在 1 亿吨左右。

目前世界大陆架渔场的利用率已达 90% 以上，海洋渔业资源已处过度捕捞状态。今后世界海洋渔业的增产和发展，在很大程度上要取决于两大方面：一是巩固和保护沿岸、近海渔场，加强管理，做好资源保护，大力开展人工增养殖资源；二是大力开拓外海深水渔场和公海渔场。捕捞对象如狭鳕、大洋性中上层鱼类、头足类、南极磷虾将是主攻目标。

由于在世界传统渔场酷捕滥捕，不少地区出现资源衰退状况。随着主要经济鱼类资源的严重衰退，近十几年来，各主要渔业国家加强渔业资源的繁殖保护和捕捞生产的管理，制定了各种渔业法规，以维持海洋资源的可持续性发展。

我国大陆东南两面临海，有跨越热带、亚热带和温带三个气候带的辽阔海域。濒临我国的渤海、黄海、东海和南海的海岸线长 18 000 km，海域总面积为 4.727×10^6 km^2，大陆架面积 1.50×10^6 km^2，大小岛屿 5 000 多个。岸形曲折，河流众多，港湾和岛屿星罗棋布，沿海海底平坦，浮游生物丰富，水产资源种类繁多，仅鱼类有 3 000 多种，虾类 300 多种，蟹类 600 多种，头足类 90 多种。

我国自 20 世纪 80 年代以来中大型渔船数量发展迅猛，捕捞强度过大，渔业资源遭受严重破坏，海洋捕捞产量急剧下滑。沿岸近海传统捕捞品种资源严重衰退；水域环境污染日益严重，经济鱼虾产量严重滑坡。1990 年以后，全国进行了渔业整顿，提出了"大力保护资源，积极发展养殖，整顿近海渔业，开辟外海渔场"和"养殖、捕捞、加工并举"的渔业方针。从目前情况看，近海渔业资源处于过度捕捞状态，需要压缩捕捞力量，加强渔业管理，改善水域环境，加大增殖放流和人工鱼礁的建设力度，修复渔业资源和海洋生态环境，以利于海洋渔业的可持续发展。

二、渔业船舶分类

我国渔业船舶按中华人民共和国渔业船舶检验局 2000 年颁布的《渔业船舶法定检验规则》规定分类。

（一）按船舶功能分类

1. 渔业船舶：系指渔船和渔业辅助船的统称。

2. 渔船：系指从事捕捞鱼类或其他水生生物资源的船舶。

3. 渔业辅助船：系指为渔业生产、科研、教学、监督、渔港工程服务的船舶，如水产运销船、冷藏加工船、油船、供应船、渔业指导船、科研调查船、教学实习船、渔港工程船、拖船、交通船、驳船、养殖船、渔政船和渔监船等。

4. 非国际渔业船舶：系指在中国水域以内作业、航行的渔业船舶。

5. 国际渔业船舶：在中国水域以外从事捕捞作业的渔船、渔政船、渔业指导船、科研调查船、实习船及非营业性水产运销船。

6. 休闲渔船：系指在休渔期或捕捞淡季从事观光、垂钓的渔业船舶及类似用途的船舶。

（二）按作业方式分类

1. 网捕渔船：系指用网具进行捕捞作业的渔船，如拖网、围网、流网渔船等。

2. 钓捕渔船：系指用钩与绳进行捕捞作业的渔船，如延绳钓、竿钓、鱿鱼钓渔船等。

3. 猎捕渔船：系指用猎捕渔具进行捕捞作业的渔船，如捕鲸、海豚猎捕船等。

4. 其他渔具渔法捕捞船：如先用光来诱鱼再用鱼泵来进行捕捞的渔船，以及利用海水导电性能应用脉冲电流来进行电气捕捞的渔船等。

（三）按建造材料分类

有木质渔船、钢质渔船、铝合金渔船、钢丝网水泥渔船、玻璃钢渔船等。

（四）按推进方式与动力装置分类

有机帆渔船、柴油机动力装置渔船、柴油机—电力推进渔船、汽机动力装置渔船等。

（五）按渔获物保鲜方法分类

有冰鲜渔船、腌鱼渔船、冷海水保鲜渔船、微冻渔船、冷冻渔船、加工渔船、制鱼粉船、制罐头船等。在一些大型渔船上，几种加工方法往往同时存在。某些捕捞渔船，为表明其加工方法，也经常按渔法和加工方法来区分渔船，如拖网冷冻渔船、拖网加工渔船等。

三、捕捞分类

（一）按作业水域（海域）划分

1. 沿岸捕捞 又称沿海水域捕捞，是指从潮间带起到水深 40 m 以内的捕捞作业，即机动渔船拖网禁渔区线以内的海域。这一海域既是各种主要经济鱼、虾类等的产卵、育肥场所，又是广阔的潮间带区域，历来是我国海洋捕捞作业的主要渔场。其主要的捕捞作业方式，有刺网、围网、拖网、地拉网、张网、建网、插网、敷网、掩网、钓具等。特别是张网渔业，设置在这一水域张捕经济鱼、虾类和其幼体。大量的拖网类和刺网类渔具在这一水域捕捞集群的底层鱼、虾类。过去我国海产品大多在此水域生产。由于渔船、网具的大量投入，捕捞强度过大，管理保护措施不力，造成渔业资源过度捕捞，形成目前的渔业资源衰退的局面。

2. 近海捕捞 是指水深 40～100 m 范围内水域的捕捞作业。这一水域是主要经济鱼、虾类的洄游、索饵、越冬栖息的场所，渔业资源也比较丰富。其主要的捕捞作业方式，有底层拖网、围网、流刺网、延绳钓等。由于离开海岸相对较远些，因此渔业资源的密度较沿海水域相对较少。近年来，本海域有些渔业资源亦已衰退，应进一步调整和发展本海域的捕捞作业，进行严格管理，使捕捞作业走向更为合理的道路。

3. 外海捕捞 是指水深 100 m 以外的东海、南海外海水域的捕捞作业。主要的作业方式有底层拖网、刺网、延绳钓、曳绳钓等。由于外海海域离陆岸较远，对渔船、渔具、装备等要求较高，捕捞成本较大。从长远利益考虑，外海水域捕捞的发展，可以充分利用海洋渔业资源，减轻沿海和近海水域渔业资源的压力。

4. 远洋、深海捕捞 深海渔业指 200 m 等深线以外的海区。远洋捕捞有两种概念：一是远离本国大陆的远洋海域捕捞，其中包括深海和公海海域的捕捞；二是远离本国大陆，到另一个国家或地区的沿海和近海海域捕捞，称为过洋性远洋捕捞。由于过洋性远洋捕捞是在其他国家或地区的沿海和近海海域中进行，需与他国签订渔业协定，缴纳捕鱼税或资源使用费等，可用较小的渔船和渔具进行捕捞作业。目前这类远洋捕捞占我国远洋捕捞的大多数，主要捕捞作业有单船底拖网、双船底拖网、金枪鱼延绳钓、光诱鱿鱼钓等。而前一种的远洋、深海捕捞，均需要装备精良、能耐大风浪和远距离航行的渔船以及相应的渔具。捕捞作业方式有金枪鱼延绳钓、大型中层拖网、底层拖网、金枪鱼围网和光诱鱿鱼钓等。

（二）按渔具渔法划分

按渔具渔法划分有：刺网、围网、拖网、地拉网、张网、敷网、抄网、掩网、罩网、插网、建网、箔筌、延绳钓、渔笼和光诱等。

（三）按捕捞对象和作业特点划分

按渔船数、捕捞对象作业特点划分有：单船狭鳕拖网、双船底拖网、单船中层拖网、光诱鲐鱼围网、金枪鱼围网、金枪鱼延绳钓、光诱鱿鱼钓和双撑架虾拖网等。

四、海洋渔具分类

根据国家标准 GB5147-85《渔具分类，命名及代号》规定，海洋渔具按捕捞原理、渔具结构和作业方式划分为类、型、式三级共 12 类、48 个型、48 个式。

序号	类	型	式	序号	类	型	式
1	刺网类	单片型 双重型 三重型 无下纲型 框格型	漂流式 围刺式 拖刺式 定刺式	7	掩罩类	掩网型 罩架型	抛撒式 扣罩式 罩夹式 撑开式
2	围网类	有囊型 无囊型	单船式 双船式 多船式	8	抄网类	兜状型	推移式
3	拖网类	单片型 单囊型 多囊型 有翼单囊型 有翼多囊型 桁杆型 框架型	单船表层式 单船中层式 单船底层式 双船表层式 双船中层式 双船底层式 多船式	9	张网类	张纲型 框架型 桁杆型 竖杆型 单片型 有翼单囊型	单桩式 双桩式 多桩式 单锚式 双锚式 船张式 樯张式 并列式

续表

序号	类	型	式	序号	类	型	式
4	地拉网类	有翼单囊型 有翼多囊型 单囊型 多囊型 无囊型 框架型	船布式 抛撒式 穿冰式	10	钓渔具类	真饵单钩型 真饵复钩型 拟饵单钩型 拟饵复钩型 无钩型 弹卡型	漂流延绳式 定置延绳式 垂绳式 曳绳式
5	陷阱类	插网型 建网型 箔筌型	拦截式 导陷式	11	耙刺类	滚钩型 柄钩型 齿耙型 锹铲型 义刺 箭铦	滚流延绳式 定置延绳式 拖曳式 铲耙式 钩刺式 投射式
6	敷网类	箕状型 撑架型	岸敷式 船敷式 拦河式	12	笼壶类	倒须型 洞穴型	漂流延绳式 定置延绳式 撒布式

第一章　海洋渔业资源与渔场

第一节　渔业资源生物学基础

一、鱼类食性

(一) 鱼类食性类型

鱼类的生长、发育、繁殖以及其他生命活动的能量消耗和物质需求，是依靠以食物形式进入体内的能源物质来供给的。鱼类生命周期的初始阶段所需能源物质以卵黄形式从母体取得。但依靠卵黄营养只能是短促的一段时间，在度过短暂的混合营养期以后，就完全依靠外界食物来供给。

鱼类成鱼期所摄食的食物类型同稚幼鱼期不同。稚幼鱼期以浮游生物为食，而成鱼期所摄取的食物，无论是食物的性质、数量抑或是分类单位都与稚幼鱼期大不相同。在消耗食物的多样性方面，在脊椎动物类群中鱼类居于首位。由于鱼类早期发育阶段时间较短和食谱较单纯，所以食性类型的划分一般亦多以成鱼阶段为对象。

根据鱼类所摄食的食物不同，可根据它们的食性分成几种类型：

(1) 植食性鱼类，以植物性食物为营养来源，如草鱼、蓝子鱼等；

(2) 肉食性鱼类，以动物性食物为营养来源，如鲈、带鱼等；

(3) 杂食性鱼类，以动物性食物和植物性食物为营养来源，如鲤科鱼类等；

(4) 腐食性鱼类，主要食腐败的生物尸体和食物碎屑，如蛤、胡子鲶等；

(5) 寄生性鱼类，主要以寄生身体的物质为食，这也是一种特殊类型的肉食性动物，如八目鳗、盲鳗等。

根据鱼类所摄食的食物的生态类群，又可分成：

(1) 浮游生物食性，以浮游生物为主要食物，如鲢鱼、鳙鱼、小公鱼、鲸鱼等；

(2) 底栖生物食性，以底栖生物为主要食物，如鲆鲽类等；

(3) 游泳动物食性，以游泳动物鱼类、头足类、虾类等为主要食物。

根据所摄食的食物种数的多寡区分：

(1) 狭食性鱼类，以少数或属于一个生物类群的植物或动物为食；

(2) 广食性鱼类，以多种不同类群的植物或动物为食，如大黄鱼食物对象近100

种，其中较主要的也有 20 种左右，涉及鱼类、甲壳类、棘皮动物、软体动物等。

此外，还可按其捕食方式和凶残程度，分为温和性鱼类和凶猛性（捕食性）鱼类。温和性鱼类一般以浮游生物、小型无脊椎动物、有机碎屑等为食，如鲻鱼吞食海底淤泥，从中摄食底栖硅藻、有机碎屑以及小型甲壳动物。梭鱼、鲻鱼主要摄取沉积于泥表的硅藻和有机碎屑，也兼食有孔虫、桡足类和多毛类等。凶猛性鱼类主要捕食鱼类、头足类和虾类等。

上述食性类型的区分是相对的。在许多情况下，它们之间的界限并不明显，而且也受外界食物条件变化的影响。

（二）鱼类食性的研究方法

研究鱼类食性，须从两方面同时着手。一方面充分了解水域中饵料生物的种类组成和分布情况（包括水平分布、垂直分布、季节分布）、数量变动以及鱼类分布、洄游等资料。对水域的地形、底质和水深等情况也应有所了解，从而掌握外界环境基本情况及其动态。另一方面必须掌握鱼类对饵料生物的利用情况。对后一问题的研究，目前多通过下述各项指标来判断。

1. **鱼类摄食强度**　判断鱼类在该海区某季节中摄食状况的指标。一般根据鱼的胃含物充塞程度，分成 5 级，通过目测来区分。

0 级：空胃；

1 级：胃内有少量食物，其体积不超过胃腔的 1/2；

2 级：胃内食物较多，其体积超过胃腔的 1/2；

3 级：胃内充满食物，且胃壁不膨胀；

4 级：胃内食物饱满，胃壁膨胀变薄。

目测判断鱼类的摄食强度，也适用于野外大量观测，但一般较易产生误差，所以亦可采用胃肠饱满系数法。其方法是称量鱼的胃肠（包括其内含物）重量和鱼的纯体重（除去性腺、胃肠的躯壳重），然后按下式计算：

$$胃肠饱满系数 = \frac{胃肠重量}{纯体重} \times 1\,000‰$$

2. **饵料分析**　分析鱼类食性的重要手段。即通过鱼的胃肠内含物的分析，了解其所摄食物的种类，各种食物所占比重、数量、出现频率等。其方法是，把所要研究的鱼进行生物学测定，从中选取有内含物的胃肠，用细线结扎两端切口，每份胃肠连同记录它是属于哪尾鱼的标签用纱布包好，保存于 10% 的福尔马林溶液中以备分析用。这些样本若不是从生物学测定样本中抽取，则必须测这些胃肠所属的鱼的体长、体重、性别和性腺成熟度等，并采取年龄材料。分析时，把胃肠剖开，取出内容食物团，然后进行定性分析和定量分析。

定性分析：把食物团放入培养皿内，加上适量水化开，取全部或部分食物团在解剖镜下鉴别其种类组成。

定量分析：（1）个数计数法。将食物团各种生物按种类分别计算其个数，求出其占食物团总个数的百分比。（2）重量法。称量食物团总量，再分别称量食物团中各生物种类重量，求出其占食物团总重的百分比。此称为现场重量法。若事先测定各种生物体大小及其重量，列成关系表，分析时根据食物团中生物组成种类、残体大小及其数量，查对常态时的关系表，恢复成进食时生物的重量再进行计算，称为更正重量法。由于更正重量法较接近进食时生物的实际重量，反映摄食实际，故常被采用。（3）体积法。采用排水法测定食物团的总体积和各种食物成分的分体积，计算各成分所占百分比。此法多为食物团成糜状时采用。

3. 出现频率　计数在所有食物团中某种生物出现次数和占总数的百分比。

通过上述资料的整理，可明确该鱼类食性，对某种饵料生物的喜食程度及其食性变化等特点。

二、鱼类摄食特点

（一）鱼类对食物的选择性

水环境中可供作食物的生物多种多样，但鱼类不是毫无区分地对待任何食物生物，按周围环境中原来各种食物生物的比例摄食，而是具有摄取其中某种或几种食物生物的能力和习性。不过这种选择性有的鱼类表现得较为明显，有的较不明显。根据某种食物生物在鱼类食物组成中所占实际比例，可以把其食物成分分成主要食物，在其食物组成中占主要地位，不仅量多，而且出现频率高，是鱼类生活所需要的全部能量物质的主要来源；次要食物在食物成分中所占的比例和出现频率较低，但仍有一定比重；偶然性食物，为鱼类偶然所吞食。

鱼类对食物的选择性是鱼类对环境条件长期适应的结果。通过自然选择，各种鱼类均形成其感觉器官适应于寻觅这些食物，其口器适应于捕食这些食物，其胃肠适应于消化吸收这些食物，其效率也是最高的。同时，这也与被摄食食物的活动性有关，摄食者和被摄食者的活动性一般是一致的。只有在某些情况下，例如饥饿的鱼才会耗费更多的能量去捕食难于捕获的食物。

（二）鱼类食物的转变

鱼类适应于摄食一定类型的食物在其生活过程中并非固定不变。它随着鱼的生长、摄食、消化器官和功能的发育完善程度，环境中食物组成的变化及其可利用程度而改变。

在鱼类摄食机制中，鱼类自身口器的口径大小影响很大。口径的大小限定着所摄食食物的大小，其所摄食的食物一般与鱼类自身口径大小相一致。因此，随着鱼的生长，口径的逐渐增大，所摄食的食物个体的大小也随之增大。如渤海湾的小黄鱼，在仔鱼阶段摄食圆筛藻等；待卵黄吸收完后，摄食铃虫和桡足类；身长在 20～26 mm 时，摄食糠虾、蜇水蚤和箭虫等；26～60 mm 时摄食毛虾；60 mm 以上至 1

龄时摄食大型毛虾，1龄时主要摄食浮游生物，2龄时则吃鰕虎鱼、虾姑及鼓虾等。

鱼类栖息的水环境有明显的季节变换，这势必引起水域中食物生物的种类组成和数量的季节变化，从而影响鱼类摄食对象的转变。如江浙近海的大黄鱼，春季期间较多捕食鱼类（达93.5％），其中以青鳞鱼、鯑鱼、鳀鱼等小鱼为主，甲壳类比重很低（6％）。夏季期间食物中鱼类所占比重下降，为55.4％，在种类组成上原来为主要成分的各种小型鱼类几乎完全消失，甲壳类比重显著增加，达42.3％，种类也相应扩大。秋季期间仍以鱼类为主要食物，但种类上却以龙头鱼为主（26.5％），甲壳类的比重仍较大（32.9％）。冬季期间所吃的鱼类和甲壳类的比重与秋季相仿，仍以龙头鱼为主，虾姑的比重则显著提高。

不同水域所繁衍生息的食物生物的种类组成和数量会有不同。同一种鱼类，由于生活水域的不同，其所摄食的食物也有不同。如生活于渤海、黄海北部的小黄鱼的食物中，底栖甲壳类和鱼类所占比重较大，以中国毛虾、脊腹褐虾、日本鼓虾、虾姑、鰕虎鱼等为主。黄海南部和东海的小黄鱼则以浮游甲壳动物的磷虾、糠虾、端足类、桡足类为主，兼食中国毛虾、细螯虾、日本鼓虾、青鳞鱼、日本鳀鱼、黄鲫以及龙头鱼等小型鱼类。东海小黄鱼摄食浮游甲壳类的频率高于黄海南部的小黄鱼，但摄食鱼类的频率却比黄海南部低。

水域环境因素的年间变动，也会引起食物生物种类组成和数量的变动，从而引起鱼类食物的转变。如烟台外海的鲐鱼，不同年份其食物成分明显的不同。1954年鲐鱼所吃的食物以细脚绒为主，鳀鱼等小型鱼类其次，而太平洋磷虾极少见到。1955年，在鲐鱼的食物成分中太平洋磷虾则居首位，细脚绒和小鱼所占比重也较大，而1956年则以小型鱼类占优势，其余所占比重都较小。

鱼类的摄食活动，消化吸收食物的强度，一年之中不同时期也有差异，此与鱼类自身代谢强度、生理状态和外界环境条件的变动有关。很多鱼类在繁殖期间停止摄食，育肥后期一般不如前期那么强烈地摄食。如江浙近海大黄鱼的摄食强度以秋季最强烈，冬季其次，春季较低而夏季最低。

鱼类在昼夜间并非均匀地摄食，而是适应于在昼夜间的一定时分摄食，亦即存在昼夜摄食节律。随食物对象的昼夜活动情况和鱼类凭借其感觉器官来发现食物、辨别食物方位等有关。鱼类昼夜间强烈摄食时间，往往是其容易获得食物、消化食物，而且在这段时间内又容易避开敌害的时间。如小黄鱼的主要食物为磷虾、糠虾和桡足类等，这些动物均具有白天下沉、夜间上升的昼夜垂直移动现象，小黄鱼的摄食活动主要是在午夜至早晨这段时间，白天很少觅食。

三、鱼类的食物关系

食物是一切动物生长发育和繁殖等生命活动的能量来源和生存的物质基础。在自然界，通过食物关系和空间关系把看来毫不相干的生物联系在一起，共同构成错综复杂的生物社会。所以食物关系是生物之间、生物与环境之间最基本、最普遍的关系。

鱼类的食物关系同其他动物一样是在种的形成过程中形成的，具有一系列特点和适应性。

1. **鱼类对食物矛盾的调节适应** 生活在同一水域，摄食相似类型食物的鱼类，其食物关系一般并不出现紧张。其食谱中主要成分多数不同，仅在次要食物成分中才存在类似的食谱，而且往往由于发育阶段的不同，食性的不同而错开。幼鱼阶段多半是狭食性的，其食物对象基本一致，但各种鱼类幼鱼孵出时间和发育节律不同，从而错开其摄食同类食物的时间而缓解了食物矛盾。例如狗鱼、鲈鱼和斜齿鳊等幼鱼主要食物均为轮虫类和桡足类幼体等类似食物，但这些幼鱼几乎从来没有因摄食类似食物而发生过矛盾。因为狗鱼比鲈鱼和斜齿鳊更早生殖，当幼鲈转为摄食这些食物时，较早出生的幼狗鱼已转为摄食其他体型较大的食物生物。鲈鱼和斜齿鳊的情况也相类似。

鱼类在个体发育过程中，形成一系列避免自身造成食物紧张的适应性。鱼类从一个发育阶段进入另一发育阶段，其食性发生变化，变换了食物对象。鱼类年龄不同，其分布区域不同，索饵地点转换，因而食物对象也不相同。有的鱼类性别不同，其口器结构存在差异，食物对象也有差别，如白令海的雄鳕鱼比雌鳕鱼更多地吞食甲壳类和蠕虫等，从而缓和食物关系上的紧张性。

2. **鱼类对饵料基础的调节适应** 水域中作为鱼类食物的浮游生物、底栖生物和浮游动物等饵料的数量和质量，称为饵料基础。

高纬度水域比低纬度水域饵料基础较不稳定，因此在食谱上，生活于高纬度水域的鱼类一般多为广食性。栖息水域的纬度越低，其狭食性特点越明显。如热带鱼类，其食谱可能相当广泛，但很少能在1尾鱼的胃肠中同时看到这种鱼所摄食的主要食物对象，一般只能看到1~2种主要食物。这是热带水域鱼类对其饵料基础特点的适应。因此可看出，判断鱼类是广食性还是狭食性时，食物中饵料生物的种类数目仅能提供粗略的概念，而胃肠中某种或几种主要食物占整个食物团食物比例才是主要指标。

在食物链中，越接近生产性生物的种类，其饵料基础越稳定，因此大都为狭食性，而处于食物链后面环节的种类，由于饵料基础不稳定，则多为广食性。

外界环境饵料基础不同，鱼类在繁殖习性上也形成一系列调节适应。鱼类栖息环境饵料基础较差，亲鱼所产出的卵子的大小会不同。因而小鱼从卵膜孵出所经历的时间长短也就不同，从而延长或缩短小鱼开始向外界觅食的时间。所孵出的小鱼的个体，其大小也往往有差异，促使这些小鱼，甚至是同一时间孵出的小鱼转入外界营养时，其饵料对象稍有差别，较小的个体消耗某些种类的饵料，而个体较大的则摄食另一些种类饵料。食谱的广度会随着环境中饵料基础状况的变化而改变。若同一时期出生的鱼数量相当大，而饵料基础又较差，这些鱼多半会转变为广食性，使其具有最广泛的食谱，以利于生长发育。当饵料基础恶化到一定程度之后，鱼群中原来生长基本上一致的个体，在生长速度上会出现差异，部分个体加快生长，而另一部分个体则落后下来，迅速生长的个体较快地转入另一个发育阶段。例如北哈萨克湖中的银鲫，生长缓慢的个体其食物较单纯，主要摄食食物碎屑，而迅速生长的个体则以摄食摇蚊幼虫为主。

许多鱼类在出现丰产世代，而在高龄鱼的饵料基础又不好的情况下，会发生吞食本种的卵子和幼鱼的现象。这是一种扩大饵料基础和调节自身种群数量，以适应水域饵料基础的重要适应属性。这种现象在鳕鱼、鲐鱼、大黄鱼、狗鱼、鲈鱼等均可发现。有人甚至根据胃肠中本种鱼卵子数量的多少来估计生殖鱼群的数量。

索饵洄游是鱼类改善其饵料基础的适应属性。鱼类通过洄游，变换其摄饵地点，从而获得充分的食物保障。鱼群大小不同，其索饵洄游的范围大小也起适应性变化。由于某种原因鱼群数量减少时，会显著地缩小其索饵洄游的范围和索饵场所的面积。例如东海的小黄鱼，20世纪50年代期间数量还相当多时，其索饵分布范围达到闽江口以北海域，但20世纪60年代以后，由于数量锐减，索饵范围也相应缩小，洄游距离也改变，闽东渔场就极少发现小黄鱼了。

许多鱼类在索饵期间的集群生活方式，是有效地利用饵料基础的适应属性。这在中上层鱼类中表现得尤为明显。集群生活的群体比单个个体更易发现饵料生物密集群，而且较易同其保持接触。如果饵料生物密集群处于移动之中，单个个体比群体较容易失去移动中的饵料生物密集群。群体中个体的摄食活动比单个状态的个体来得强烈。集群索饵，个体间一般以相近的节律进入摄食和消化，这使整个鱼群的摄食活动能够在同一时间开始和同一时间结束，能充分利用水域的饵料基础，减少寻找和觅食饵料时能量的消耗，而且也有利于防御敌害。

水域中饵料基础的变动影响着鱼类的食物关系，由此形成一系列适应性。这些适应性的基本点是充分利用现存饵料基础，使自身有更多的个体成活下来。

四、鱼类的食物保障

鱼类种群数量和生物量以及栖息于水域中所有鱼类的总生物量，很大程度上取决于鱼类种群的食物保障。

水域中不仅要有鱼类能摄食的饵料生物，而且要具备保证鱼类能摄食、消化吸收这些食物用以营造其机体的条件。对这些鱼类能够利用的饵料生物的数量、质量（饵科基础）和合适的水文环境，从而保证鱼体新陈代谢过程顺利进行，促进生长发育的条件，称为食物保障。

水域饵料基础在许多情况下决定着鱼类的生长、性成熟状况和性产物的质量以及其寿命的长短，影响着鱼类世代数量的波动。因此鱼类在种的形成过程中，同时也形成了在复杂环境中能够最大限度地利用饵料基础的一系列适应性。但水域理化环境条件的变化，在很大程度上影响着鱼类对食物的利用。只要具有足够数量的食物和摄食消化吸收这些食物所必需的环境条件，鱼类才能摄食到食物，把所摄食到的食物充分消化吸收，把吸收到的营养物质组成自身的组织，加快生长发育。

各种鱼类均生活于一定的理化环境中，对环境条件有一定要求。例如水温条件，各种鱼类都有其最适宜的生活温度。在此温度范围内，鱼类能最有成效地摄食、消化和吸收营养以营造机体，促进发育。在此适宜的温度范围内，尽管温度变动幅度较大，并不影响其索食活动。然而在一年四季水域理化环境条件有变化，不同年份也不相同，这就对鱼类的索食活动产生影响。水域环境条件也影响着食物的可获性。水体的分层结构如温跃层、盐跃层的存在阻碍着鱼类摄食活动的范围。底质不同，食物被摄食的难易不同，鱼类摄食这些食物时所耗费的能量也不同，例如有些寡毛类蠕虫深钻在底泥中，鱼类就很难利用。水域风情对鱼类摄食活动也有影响，例如风暴天气使浅水水域中的鱼类难于觅食。光照条件对鱼类的摄食活动，尤其是对借助视觉器官判别食物方位的鱼类，其影响就更明显了。光照时间的长短以一定方式影响着被捕食食物的捕获率。

索食鱼类自身的生理状态，索食鱼群的大小对其索食活动也有明显的影响。

因此，水域中鱼类食物的数量、质量及其可获性；索食鱼群的数量和质量以及保障鱼类顺利摄食、消化吸收食物的理化环境等三方面因素，深刻地影响着鱼类的食物保障，而鱼类对食物保障变化也形成一系列适应性。

鱼类食物保障是个复杂的生物学现象，其中各种因素相互联系、互相制约，直观上不易判别其变动情况。所以评价鱼类食物保障状况的好坏，妥当的办法是根据鱼类自身的生长速度、丰满度、含脂量等指标状况。

五、鱼类的繁殖

（一）生殖方式与生殖过程

多数鱼类进行体外受精，但也有体内受精的。体外受精的鱼类雌雄鱼各把成熟的性产物排在水中进行受精，受精卵在水中发育孵化。水环境成为受精卵的载体。体内受精是鱼类成熟的卵子在母体内受精。为把成熟精子输送入雌体内，雄鱼一般具有特化的交接器，如软骨鱼类的雄鱼腹鳍内侧鳍条特化成鳍脚。

进行体内受精的鱼类，其胚胎发育过程有卵生、卵胎生和胎生三种类型。

卵生：卵子在输卵管内受精。受精卵在排出体外的移动过程中被卵壳腺分泌的卵壳包裹。受精卵在水中发育孵化，胚体营养由卵壳内的卵黄供给。

卵胎生：成熟卵在母体生殖道内受精发育，产出体外时已长成幼鱼。胚体营养由自身的卵黄供给，或主要依靠卵黄营养，母体仅供给水分和矿物质等部分营养物质，如真鲨等。

胎生：成熟卵在母体生殖道内受精发育。母体生殖道类似子宫，子宫壁上有突起与胚体连接，形成类似胎盘的结构，使胚体与母体在血液循环上产生联系。胚体营养除自身的卵黄外，也通过这种胎盘由母体供给，如灰星鲨等。

（二）产卵期与产卵场

1. 产卵期　性成熟的鱼自然生殖的时期，称为产卵期或生殖期。鱼类在一年中某一特定季节生殖，是保障幼体有最良好生长发育条件的自然选择的结果。幼体生长发育进程一般与水域中饵料生物孳生状况相一致，也是幼体发育所需环境条件，尤其是水温、光照周期和避开敌害的较佳时期。不同鱼类会在同一时间内生殖，但同种鱼群的生殖时间却不会相同。根据生殖期间水温和光照周期变动趋势，鱼类生殖期存在两种类型：水温上升期和水温下降期。除热带水域外，春季到夏季，水温上升，一天内光照时间逐渐延长。秋季到冬季，水温逐渐下降，光照时间也逐渐缩短。在生殖期类型内，生殖期的迟早会变动，但所属类型不会改变。鱼类生殖期的长短极不相同，短则几天，长则可达半年以上。此为生殖鱼群内部不同体长1龄鱼性成熟节律差异所造成。

在生殖期间内鱼类的生殖活动多系间歇进行。昼夜间生殖活动的时间一般也相当集中。不同种类虽然有差别，但多半在光照减弱的时分进行。如黄昏和夜间生殖，这可减少以视觉觅食的敌害的危害。

2. 产卵场　鱼类生殖水域不同，有的在汪洋大海的水层中，有的在近海和滨海区域，有的在江河入海口，有的溯河到上游或降河到深海去生殖。生殖场所尽管多种多样，但其要求却相当严格。生殖场所范围大小每年会有变动，但其地点却相当稳定。鱼类的生殖活动除要求具有一定的地理环境条件外，还要求具有一定的生殖条件如水温、水流、水的混浊度、盐度等。性成熟的鱼若得不到合适的生殖条件，就不会进行生殖，性产物不会进一步发育成熟，逐渐退化而被亲鱼自身吸收掉。

鱼类在生殖洄游和生殖过程中，生殖鱼群依体长组群的现象相当明显。鱼类个体大小不同，其性成熟等生物学状态各异，对水环境变化的刺激反应也不同，因此其进入产卵场的顺序一般按大小依次分批进行。例如大黄鱼较大型的个体居先，其次为中型个体，再者才是最小个体和高龄鱼进入产卵场。

（三）鱼类性成熟状况的判别

正确地判别鱼类性腺发育的状态和程度，不仅在渔业资源的研究上，而且在鱼业生产中对渔汛的发展和中心渔场的掌握，均具有重要意义。目前较常用的判别方法有分期目测法和系数法两种。

1. 分期目测法　用组织切片的方法来研究性腺发育的状态和程度是准确的，但费时过多，不适于大量观测，不能迅速得出结果。故一般采用分期目测法。分期目测是根据鱼类性腺不同发育阶段所表现出来的外表形态特征的不同而划分成若干期。目前使用的分期法，其划分标准为：

Ⅰ期：性腺尚未发育。性腺不发达，紧附于体腔内侧，呈细线或细带状，肉眼不能辨别性别。

Ⅱ期：性腺开始发育或产卵后重行发育。性腺体积尚小，但可辨认雌雄。卵巢呈细棒状，肉眼不能分辨卵粒。精巢稍扁平，稍透明，呈浅肉色。

Ⅲ期：性腺正在成熟。性腺体积增大，肉眼可清晰分辨卵粒，卵粒粘成团块状，不易分离。精巢前部稍扁平，呈粉红色或灰白色，挤压无精液流出。

Ⅳ期：性腺即将成熟。性腺很大，卵巢卵粒圆形，彼此分离，偶尔能看到少量半透明卵。精巢呈白色，轻压鱼腹能有少量精液流出。

Ⅴ期：性腺完全成熟，即将或正在产卵。性腺充满体腔，卵大透明呈游离状，挤压鱼腹，卵粒立即流出。精巢呈乳白色，充满精液，挤压鱼腹精液立即流出。

Ⅵ期：产卵排精后。性腺萎缩、松弛、充血，呈暗红色，末端出现瘀血。

性腺发育是连续性的过程，如此分法是人为的。如果性腺的成熟状况处于某相邻两期之间，记录时把此两期一起记下，比较偏向于某一期的成熟度，就把这一期写在前面。

2. 性成熟系数法　除用目测判断性腺发育成熟程度之外，性腺重量的变化也可反映性腺发育成熟状况。但性腺绝对重量与鱼体大小密切相关，不宜进行相互比较。为消除鱼体重量的影响，通常采用性成熟系数，即性腺重量与鱼的纯体重的千分比来表达。

第二节　鱼类的集群、分布与洄游

一般海洋经济鱼类都有集群和洄游的习性，人们利用这些习性进行捕捞，就可以获得较多的渔获量。因此，捕捞工作者必须熟悉鱼类的集群和洄游的基本知识，并通过捕捞生产实践逐步掌握捕捞对象的集群和洄游的规律，这是从事渔业科学和渔业生产工作者研究经济鱼类行动、掌握渔场、鱼汛的必不可少的基础知识。

一、鱼类的集群

鱼类的集群是基于生理的要求和生活的需要，凡生理状况相同而又有共同生活需要的个体，就集合成群，以营共同的生活，不过这种集群在不同的生活阶段和不同的环境条件下是有变化的。

（一）鱼类集群的一般规律

鱼类集群一般的情况是：在幼鱼时期，主要是同种鱼类在同一海区同时期出生的各个个体集合成群，群中每个个体的生物学状态完全相同，以后的生物学过程的节奏也一致，这就是鱼类的基本种群。此后，随着个体发育成长和性腺成熟的程度不同，基本种群就发生分化改组。由于幼鱼的生长速度个体间并不完全一致，其中摄食充足、营养吸收良好、生长较快而性腺早成熟的个体，常脱离原群加入较其出生早而性腺已届成熟的群体，原群中生长较慢而性腺成熟较迟的个体，则与较其出生晚而性成熟状况相近的群体汇成一群，原群中大多数生长一般，性成熟状况相近似的个体仍维持着原来那个基本种群。由基本种群分化改组重新组合成的鱼类集合体就叫作鱼群（shoal），鱼群中各个体的年龄不一定相同，但生物学状况相近，行动统一，长时间结合在一起。同一鱼群的鱼类，有时因为追逐食物或逃避敌害，可能临时分离成若干个小群（school），这些小群是临时结合的，一有机会就会自动汇合。鱼类个体（individual）是组成鱼群的单元。

（二）鱼类集群的类型

生殖集群　凡由性腺已届成熟的个体汇合而成的鱼群，叫作生理集群或称产卵群。其群体结构，一般体长基本一致，性腺发育程度基本一致，而其年龄则不完全相同，生殖鱼群群体的密度较大，也较集中、稳定。

索饵集群　索饵鱼群是根据鱼类的食性，捕食其嗜食的饵料生物为目的的集群。故食性相同，嗜食的饵料生物也相同的鱼，都集中到同一索饵场。一同索食的同种鱼，一般体长相近。不同种的鱼往往为摄食相同的饵料也聚集在一起。成鱼和幼稚鱼的食性或摄食的对象不同，它们的索饵场往往分开，但也有成鱼和未成鱼混杂索饵的现象。根据索饵场的广狭，饵料生物的多少，以及环境条件的差异，索饵鱼群的密度有大有小，一般都比较分散，有时可能分成若干小群。

随着鱼类肥满度的增大，以及环境条件的改变，索饵鱼群就会发生改组。分布在热带和亚热带的索饵鱼群，到了性腺成熟或重复成熟阶段形成生殖鱼群。分布在温、寒带的鱼类，则由于环境温度的改变，形成越冬集群。

越冬集群　这种集群主要是因环境温度条件的改变，而集合起来共同寻觅适合其生活的新环境。凡肥满度相接近的同种鱼类，不分雌雄，也不一定属于同一年龄和同一体长的个体，都集合成群，进行越冬。在集群前往越冬场的洄游过程中，不少鱼群根据其肥满度的差异分为若干小群，但到达越冬场后，则多数小群又集合成较大的群团，其数量非常之多。

在越冬场集群的鱼，依其食性和肥满度的不同，有停止摄食或减少摄食的现象。越冬鱼群，一般群体较密集，但由于环境条件的影响，鱼群密度也不同。

临时集群　一般分散觅食的鱼群或在行进中的鱼群，不论其属于任何生活阶段，当遇到环境条件突然变化，特别是温度、盐度梯度的急剧变化或遇有鱼类忌食和不能吞食的大量生物以至凶猛鱼类的时候，往往引起鱼群的暂时集中，这样的集群叫作临时集群。当环境条件恢复正常，它们又可能离散。

二、鱼类的分布

鱼类在世界海洋中的分布是有一定界限的，并不由于海洋是相通的就可以有机会在海洋里的任何地方游动。有些分布很广的鱼类，如某些金枪鱼生活在大西洋、太平洋和印度洋，然而也仅限于比较温暖的海区。海洋鱼类分布的主要障碍是温度，即使是广温性鱼类也要受到冷和暖的限制。其次的障碍是盐度。盐度的差异虽不像温度差异对鱼类的限制那样大，但在某些特殊情况下，也影响着鱼类分布。

海洋鱼类的分布有大洋鱼类和陆架鱼类之分。大洋鱼类是指全部或大部分生活期的生活不仰仗海岸的鱼类，它们分布在适当温度和充足食物的广阔水域。有些大洋鱼类分布很广，从热带到温带或从温带到寒带水域。但是，大多数都被限制在某些等温线内。许多种类分布在特定的水团里，这些水团是由水流、温度和盐度的相互作用形成的。陆架鱼类不像大洋鱼类那样有广阔的活动水域。它们因对底层的某种依附而受限制，因营养和生殖的需要而被束缚在大陆架水域。

（一）大洋鱼类分布类型

世界海洋按近表层年平均等温线划分为两极冷水水域（一般平均在−2℃～6℃之间）、冷温水域或寒温带（6℃～12℃）、暖温水域或亚热带（12℃～20℃）和热带或热带赤道水域（南北以年平均等温线20℃为界）。

1. 两极冷水水域鱼类　分布在本水域的鱼类种类较少而且极不相同。北极水域四周围绕着大陆，沿岸有大河注入，有可能形成洄游性鱼类的环境条件。分布于北极水域的鱼类，主要有溯河洄游的鲑科鱼类、鳕科、大西洋鲱和毛鳞鱼。南极水域分布着一个很小的大洋鱼类区系，它们离开海底以丰富的磷虾为食。

2. 冷温水域鱼类　分布在此水域的鱼类较多，其中数量大、价值高的鱼类是鲱鱼类、鳕鱼类、鲽鱼类和鲑鱼类。长鳍金枪鱼、金枪鱼在某些时期常出现于本区。鲑科鱼类、狭鳕和太平洋鲱是这个水域的典型代表。

3. 暖温水域鱼类　本水域鱼类种类也较多，产量大的种类有日本鲐东亚种群、沙丁鱼、鳀鱼、秋刀鱼、竹荚鱼、远东拟沙丁鱼，以及金枪鱼类、鲣鱼、飞鱼等。

4. 热带水域鱼类　分布于该水域的鱼类种类最多，主要有枪鱼、旗鱼和金枪鱼以及鲨鱼类等大型大洋鱼类，此外还有许多比较小的鱼类，包括沙丁鱼类、飞鱼、鲹科鱼、乌鲳等。

（二）陆架鱼类分布类型

栖息在大陆架水域的鱼类，按它们的分布洄游情况，可分为三个类型：

1. 沿岸型　主要分布于河口、内湾和浅海水域，周年栖息于低盐水系中，大都属地方性定居或洄游于沿岸水域中的种类，少数越冬时进入近海较深水域，如小型鱼类龙头鱼、虾虎鱼和叫姑鱼等，栖于沿岸岛礁的石斑鱼、**鮸鱼**等，以及处于咸淡水中的鲚、鲻、梭鱼、银鱼等；还有甲壳类的梭子蟹、毛虾、水母类的海蜇等。

2. 近海型　分布洄游于沿岸低盐水与外海高盐水交汇的混合水区内，如大黄鱼、小黄鱼、带鱼、乌贼、鲳鱼、鲥鱼、中国对虾、黄海鲱鱼、鲷等。它们春季自南向北，由深水区向浅水区作索饵、产卵洄游，冬季则反之，构成了渔业生产中春夏和秋冬两大鱼汛。

3. 外海型　主要是栖息于外海高盐水的种类，一部分在生殖期或索饵期进入近海。属于此类型的主要种类如舵鲣、竹荚鱼、鲐鱼等中上层鱼类以及马面鲀等底层鱼类。

三、鱼类的洄游

鱼类由于生理上的需要，在环境条件变化时，为了寻找最适生存条件，一般都具有洄游的习性。所谓洄游是指定时、定向的有规律的一种移动。

（一）洄游的种类

洄游一般分为生殖洄游、索饵洄游、越冬洄游。

1. 生殖洄游　鱼类为了生殖活动而进行的移动。洄游方向一般是由外海向近岸靠拢或由南向北（在北半球），洄游速度较快，群体密度大。

2. 索饵洄游　一般发生在生殖之后，为了恢复体力，开始大量摄饵。因此洄游的方向、移动速度和群体大小主要取决于饵料的分布及数量。

3. 越冬洄游　一般发生在秋季之后，由于水温的下降，鱼类开始从近海向外海移动或由北向南移动，以寻找适宜水温，水温的变化起着主导作用。

三种洄游在不同纬度海域的表现程度明显相同。在高纬度和中纬度海域，由于环境的季节变化大，三种洄游表现明显。而在低纬度海域，由于水温的周年变化较小，越冬洄游不明显甚至没有越冬洄游现象。例如，在西非渔场则察觉不到越冬洄游。

（二）垂直移动

指鱼类在上、下水层之间的垂直移动。引起垂直移动的主要原因是：

1. 昼夜光线强度的变化　各种鱼类均需一定的最适光强，由于最适光强随着日光的变化而出现在不同水层，以致使鱼类改变栖息水层。如带鱼喜弱光，因此中午时在近海底，晚上则上浮。对底拖网作业来说，最大网产往往出现在中午前后。

2. 饵料生物的垂直移动　许多中上层鱼类都以浮游动物为饵料，而浮游动物有明显的昼夜垂直移动习性，因此中上层鱼类为了索饵的需要会随着浮游生物做垂直移动。中上层鱼类的起群时间大多在早晨和黄昏，这同饵料的起浮有直接关系。

3. 水温变化　各种鱼类均寻求其最适水温，由于水温的变化而使栖息水深发生变化。

第三节　海洋环境因素与鱼类行动的关系

海洋环境是海洋鱼类生存和活动的必要条件。大量的研究和生产实践表明，每一环境参数的变化，对鱼类及其他经济海产动物的洄游、分布、移动、集群和数量变动会产生重要的影响，特别在鱼类生命的早期阶段对种群数量变动的影响更为显著。

环境因素与鱼类之间的关系是对立统一的关系。任何生物的习性和数量变动都是由这种对立统一性所决定的。生物与环境的统一是生物与生物环境和非生物环境相互联系的适应性统一系统。任何适应性都是对一定环境因素的适应，而对别的因素的不适应。所以，任何适应性同时也具有局限性。在变化着的环境中，鱼类通过一定形式的调节来适应环境。如果这种反应不适应新的环境，那么，个体、种群或种就要死亡。

生物因种属不同有其独立的规律性，不同鱼类种群对同一海况环境有着不同的反应。环境与鱼类之间有着复杂的关系。环境对鱼类行动的影响首先取决于鱼类本身的条件，如肥满度、性成熟度等；此外还跟其他环境因素和作用以及鱼类本身的生物学特性有关。因此，研究环境对鱼类的影响应该考虑这种复杂的关系。

但是，尽管这种关系的复杂性，生态学家往往不得不研究各种不同环境因素的个别作用。因为通常这是一种实际的方法，常常是比较有效的。

渔业科学上特别重要的是研究下列主要特性：洄游、移动、集群、摄食、生殖等。同时还要了解鱼类的生长、死亡、种内关系和种间关系等。

从渔业生产实际角度看，应当注意研究与渔业关系密切、渔民容易观测的那些海洋环境因素以及它们对鱼类行动的影响。这样，既能用来为海况分析、渔场探索和渔情预报服务，又能用以改进渔具、渔法。

一、水温

在海洋环境的各项物理因素中，温度是一项最重要的因素，这是因为：① 它直接影响海产动物的各种生活过程，特别是影响代谢作用和生殖周期的速度；② 它通过对其他环境因素的作用和联系，从而间接地影响生物。

海洋中温度的变化幅度为 $-2℃\sim40℃$，但大洋中的最高温度不会超过 $30℃$，和气温（$-65℃\sim65℃$）比较起来，这样的变化幅度算是比较小的。所以，水温变化几度便属于较大的变化。

(一) 鱼类是变温动物

鱼类是冷血动物或变温动物。当外界水温改变时，鱼体的温度也随着改变，这是因为鱼类不具备热调节机制的缘故，所以，多数鱼类的体温与环境水温相差不多，一般不超过 $0.5℃\sim1.0℃$。鱼类静息时，体温稍低，运动时体温升高。大型高速游泳的鱼类，如金枪鱼体温比环境水温高 $14℃$，副金枪鱼高 $12℃$，黄鳍金枪鱼高 $7℃$，鳗鱼的体温比其环境的水温高 $2.7℃$，因为其有较厚的脂肪层。

变温动物的主要特点是对水温的变化异常敏感，有时极微小的温度变幅也能引起鱼类的一些反应。不少科学工作者做过这类实验。多数鱼类能对 0.03℃～0.05℃ 的温度变化作出反应,海水鱼比淡水鱼敏感。

（二）鱼类的适温

由于热量能促进化学反应,因此任何一种生物代谢作用的速度,即生长和繁殖的速率都受温度的制约。每一种鱼类,由于其生理状况的差异,其适应温度的范围也不一样。根据谢尔福德耐性定律,鱼类对温度变化幅度的忍耐能力,分广温性鱼类和狭温性鱼类两大类。热带、亚热带鱼类比温、寒带鱼类更属狭温性。在某一鱼类所能耐受的温度范围之内,有三项温度是最基本的,这就是最适温度、最高温度和最低温度。一般认为,最适温度和最高温度比较接近,而和最低温度则相距较远,但这并非是不变的规律。

我国近海主要经济鱼类的适温范围,根据现有资料,大黄鱼的适应水温一般为 9℃～26℃,小黄鱼一般为 6℃～20℃,带鱼为 10℃～24℃,黄海鲱鱼（青鱼）为 0.5℃～9.0℃,蓝圆鲹为 17℃～28℃等。同一种鱼因栖息水域不同或不同种群,其适应的水温也不相同,不同种群因其产卵场的地理分布有所不同,从而形成其不同的产卵适温,这正是反应不同种群的各自具有独特的适温范围。

据有关方面对大洋主要鱼类适温范围的实验,北太平洋鱿鱼为 15℃～21℃,新西兰鱿鱼为 18℃～20℃,阿根廷鱿鱼为 9℃～16℃;金枪鱼为 5℃～29℃,马苏金枪鱼 18℃～20℃,长鳍金枪鱼为 10℃～25℃,黄鳍金枪鱼为 18℃～31℃,鲣鱼成鱼为 15℃～30℃以上,仔鱼 24℃以上。

鱼类对温度的适应,是根据不同种类、不同种群、不同栖息水域、不同发育阶段以及不同生活阶段,分别有其不同的适应范围,研究并掌握各种鱼类的不同适温范围及其最适水温的资料结合渔场海况分析,对于探索鱼类的行动、掌握中心渔场、预测鱼汛是非常重要的。

（三）水温的垂直结构与鱼类的分布

1. 水温的垂直结构　水温的垂直结构有三种类型,即（1）正常的温跃;（2）连续密度模式;（3）均匀温度结构。实际上,海洋中水温垂直分布的情况要复杂得多。如图 1—1。

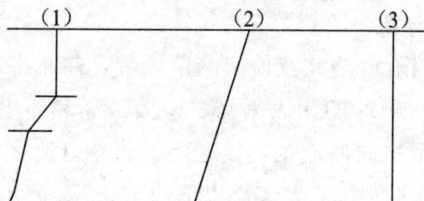

图 1—1　水温垂直结构的三种类型

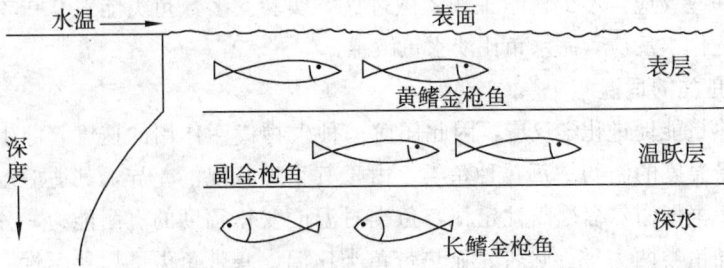

图 1—2 热带水域几种金枪鱼的垂直分布

2. 温跃层 水温在垂直方向上出现急剧变化的水层，称为温跃层。根据形成原因，温跃层可分为两类：由外界条件（如表面增温和风力搅拌等）引起的称第一类温跃层；不同性质的水系叠置而成的称第二类温跃层。

中上层鱼类的栖息水层，在很大程度上取决于水温的垂直结构。有的鱼类生活在温跃层之上，有的常出现在温跃层，有的则主要生活在温跃层下的深层水域。（见图 1—2）许多鱼类有昼夜垂直移动的习性。在温跃层上下，由于水温有显著的差异，跃层本身恰似一道屏障，阻碍分布在跃层上、下的鱼类通行，限制了鱼类的行动。温跃层在金枪渔业生产中具有重要意义。

水温的变化，不仅影响到渔期的迟早，同时也影响渔期的长短。鱼类从越冬场到产卵场，或从索饵场到越冬场的洄游过程中，其洄游速度与沿途各渔场停留时间的长短，均取决于当时水温升降的速率。如果温度变化急剧，鱼类必然加快洄游速度，在沿途停留时间也短，因而沿途各过路渔场的渔期就相应缩短，反之则延长。鱼类在产卵场、索饵场和越冬场停留时间的长短，同样与当时渔场的升降温率密切相关。倘若温度变化缓慢，停留的时间也长，否则相反。

因此，掌握各种鱼类适温范围及其不同生活阶段对水温的要求，根据水温的分布情况来寻找鱼群，判断鱼汛的迟早，预测中心渔场。

二、海流

（一）世界主要海流分布

赤道海流出现在赤道附近偏北及偏南的信风带，在北半球的北太平洋和北大西洋里有北赤道海流；在南半球的南太平洋、南大西洋和印度洋有南赤道海流。南、北赤道海流的流向都是由东向西流动，挟在南、北赤道流之间有一股赤道潜流，流向向东。在太平洋，以赤道为中心，表层以下约 150～200 m 深处有一股自西向东的赤道潜流。该流由克伦威尔发现，故又名克伦威尔潜流，其厚度约 200 m，宽度达 300 km。在大西洋和印度洋的赤道海域也有赤道潜流，情况基本相似。

在南、北纬 40°附近的西风带，由于年间盛吹偏西风，从而产生由西向东的西风漂流。西风漂流在北半球为北太平洋海流和北大西洋海流；在南半球，为环绕南极大陆的南极海流。

在各大洋中，连接上述大规模的东向流和西向流的海流，在大洋的西侧比较靠近陆岸，在北半球流向向北，在南半球流向向南，它们都是向极流，流的宽度狭窄，流势强，形成西部边界流。这些西部边界流在北太平洋为黑潮，北大西洋为湾流，它们分别沿日本和美国的东南沿岸向东北方流去；在南太平洋为东澳大利亚海流，在南大西洋为巴西海流，在印度为厄加勒斯流，流向向南或西南。相反，在大洋的东部，连接上述的东向流和西向流的海流，流域宽广，流速缓慢，形成向赤道方向流去的东部边界流。东部边界流在北太平洋为加利福尼亚海流，在北大西洋为加那利海流，在南太平洋为秘鲁海流，又名洪保德海流，在南大西洋为本格拉海流，在印度洋为西澳大利亚海流。

综观各大洋上述海流，以赤道为轴线南北对称，形成在北半球为顺时针方向、在南半球为逆时针方向的大环流。而这些大环流的中心，都偏于大洋中心的西方。向极的西部边界流，较之向赤道的东部边界流，以流域宽度窄、流势强为其特征。以上大海流系统与信风带、偏西风带所形成的大规模风系非常对应，可以认为海流的成因中，盛行风起了很大的作用。例如，在印度洋夏季盛行西南季风，从而产生强盛的索马里海流、西南季风海流；冬季季候风的改变，从而出现方向相反的东北季风海流，显示出风对海流的影响。

其次，在高纬度海域，在北太平洋有千岛群岛、北海道近海的西南流向的亲潮（寒流），东部的阿拉斯加海流和阿留申海流形成环流。在北大西洋有东格陵兰海流和拉布拉多海流（寒流），它们都在西部，流向西南。在北大西洋的北部因与北极洋相通，湾流的末流（暖流）作为挪威海流，继之为斯匹茨卑尔根海流深入北极洋，因此，高纬度的英国、斯堪的那维亚半岛的气候比较暖和。

最后，关于各海流的海水性质，黑潮、湾流等均为由赤道向极向方向流去的强海流，海水的温度高，盐度大，水色澄清，营养盐缺乏，浮游生物少，生产力低。与此相反，在北太平洋的东堪察加海流、亲潮，北大西洋西部的东格陵兰海流和拉布拉多海流，南大西洋的福克兰海流，南太平洋的秘鲁海流等，均为低温、低盐，营养盐丰富，水色绿而浊，生产力高的海流。

1. 太平洋　太平洋主要海流有黑潮、亲潮，北太平洋海流，加利福尼亚海流，南（北）赤道海流，赤道逆流，秘鲁海流或洪保德海流，东澳大利亚海流和明达瑙海流，此外还有在赤道表面以深的赤道潜流或克伦威尔海流。

黑潮是起源于太平洋 $8°\sim18°N$ 附近的北赤道流的续流。这支续流到达菲律宾东方萨马岛附近南北分支，是由于纬度变化、地球自转偏转力影响的结果，向北的一支形成强大的太平洋西侧边界流，这就是黑潮。向南的一支称为明达瑙海流。黑潮的主流经日本本州南岸，沿 $36°\sim37°N$ 线向东流去。黑潮在流经琉球群岛附近，有一支沿大陆架边缘北上，成为对马暖流，通过朝鲜海峡流入日本海。

另外在 20°～25°N 处有一支向东流的亚热带逆流。此亚热带逆流的位置几乎与亚热带辐合线的位置相重合，该流的东端至少可达 160°E，流速 0.2～1.3 kn，流幅 60～180 km，厚度达 300 m。日本学者认为，该逆流水域是金枪鱼和鲣鱼的产卵场，也可能是日本鳗鲡的产卵场。日本学者宇田道隆指出，亚热带逆流和亚热带辐合线对鲣鱼的生活环境有极大的影响。在日本三陆近海，黑潮与来自北方的亲潮相遇，形成暖、寒两流相交的流界渔场，也叫极锋渔场，该渔场盛产竹刀鱼和金枪鱼。

亲潮一部分起源于鄂霍茨克海和白令海水团，亲潮的生物生产力高，浮游植物含量丰富，水色、透明度均低于黑潮。

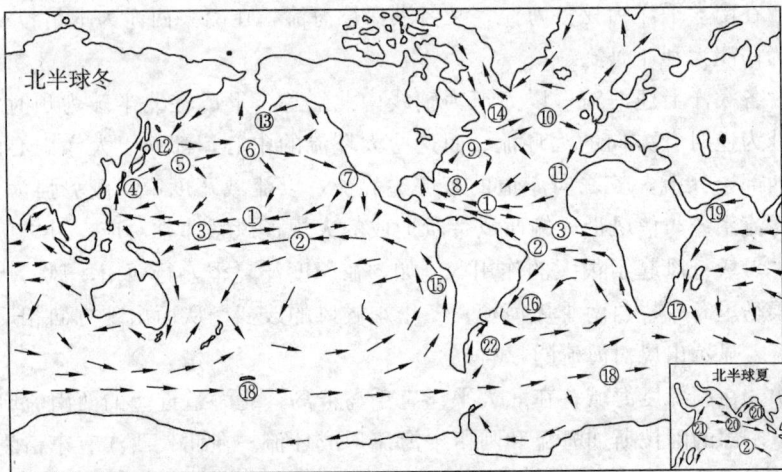

图 1—3　世界主要海流分布图

1. 北赤道海流　2. 南赤道海流　3. 赤道逆流　4. 黑潮　5. 黑潮续流
6. 北太平洋海流　7. 加利福尼亚海流　8. 佛罗里达海流　9. 湾流　10. 北大西洋海流　11. 加那利海流　12. 亲潮　13. 阿拉斯加海流　14. 拉布拉多海流　15. 秘鲁海流　16. 巴西海流　17. 厄加勒斯海流　18. 南极环流　19. 东北季风海流　20. 西南季风海流　21. 索马里海流　22. 福克兰海流

加利福尼亚海流沿北美西岸南下，成为大洋东部边界流。其表面流速一般较小，约为 0.5 kn。夏季，在强盛的偏北风作用下，沿岸南下的加利福尼亚海流，其表层水向外海方面流去，其下层的深层水作为补流在沿岸上升而成为著名的加利福尼亚上升流。

加利福尼亚海流的一部分沿中美海岸南下到达东太平洋低纬度海域。另外，沿赤道附近东流的赤道逆流，其东端在墨西哥近海流向转北/西而成为北赤道流，以10°N 为中心向西流去。北赤道流与转向西流的加利福尼亚海流汇合，继续西流，而成为北太平洋大规模水平循环的一部分。在此汇合海域附近，形成金枪鱼围网渔场。

　　夏季，赤道逆流在转变流向的哥斯达黎加近海形成逆时针回转涡流，从而诱发强烈的上升流。该上升流即为哥斯达黎加冷水丘，是形成金枪鱼渔场的重要海洋条件。

　　在赤道海域，向西流的北、南赤道流的表层水在北半球向北流，在南半球向南流。因此赤道海域就产生较强的辐散现象的上升流，使富有营养盐类的深层水上升，促进生物生产力提高，并形成水温、溶解氧跃层。在北赤道流流域的温跃层，一般自西向东逐渐变浅，温跃层的深度影响金枪鱼的分布水层。

　　秘鲁海流相当于东南太平洋逆时针回转环流的寒流部分，它起源于亚南极海域。高纬度的西风漂流到达南美西岸40°S附近，向北流去的这支海流就是秘鲁海流。秘鲁海流靠近沿岸的称秘鲁沿岸流，在外海的一支称秘鲁外洋流。这两支海流是由南下的不规则的秘鲁逆流把它们分开的，该逆流称为太平洋赤道水，通常为距岸180～500 km的次表层流；在11～3月间秘鲁逆流最强时，浮出表面；在11月之前流势弱不浮出海面，此时秘鲁海流不分沿岸和外洋两支而成为单一的海流，是秘鲁海流的最盛期。

　　秘鲁海流向北流到赤道之前，在秘鲁近海转向西流，成为南赤道流的一部分，其流速一般变小，沿岸水域平均为10～12 n mile/d。北上的秘鲁海流表层水自沿岸向外海发散，于是下层水作为补流上升，从而形成强盛的上升流。这种上升流是由智利和秘鲁沿岸的盛行偏南/东南风所导致的。

　　在秘鲁近海北上的低温水与南下的暖水之间形成蛇行的海洋锋，该处即为秘鲁海流的北限，其位置约在2°～3°S附近。

　　秘鲁沿岸海流的南端即为在智利沿岸形成的上升流区的南限，其位置约在36°S附近。

　　在冬季，赤道水南移，其中有一部分海水沿厄瓜多尔海岸南下，穿过赤道与秘鲁沿岸流汇合，这支秘鲁逆流就称为厄尔尼诺。通常这支高温低盐的赤道水的南限在3°S附近，但在异常的大气环流的年份里，厄尔尼诺却沿着秘鲁沿岸一直向南扩展，有时可到达考老以南的12°S附近。在厄尔尼诺极度发展的年份，将对渔业导致巨大的灾害。

　　2. 大西洋　大西洋的主要海流有湾流、北大西洋海流、拉布拉多海流、加那利海流、本格拉海流、巴西海流和福克兰海流等。

　　渔业上非常重要的西北大西洋的海洋学特征是由于有暖流系的湾流和寒流系的拉布拉多海流的存在。湾流沿北美大陆向东北方向流去，它是由佛罗里达海流和起源于北赤道流的安弟勒斯海流的合流组成的。它与太平洋的黑潮一样，成为大西洋的西部边界流，其流速，在北美东岸近海最强流带为4～5 kn，其厚度达1 500～2 000 m。

湾流运动呈显著蛇行状态，这种现象是以金枪鱼为主的渔场形成的主要海洋学条件；蛇形运动自哈德勒斯角向东行进逐步发展，从而形成伴有涡流系的复杂流界。有人把湾流的流动称为多重海流。在 Nova scotia 附近海域，由于周围的地形影响，特别在夏季，形成非常复杂的局部涡流区，这一海洋学条件被认为是鱿鱼渔场形成的主要因素之一。

北大西洋海流的前部经法罗岛沿挪威西岸北上后，分为二支，一支向斯匹茨卑尔根的西方北上，另一支沿挪威北岸流入北极洋，这一分支使巴伦支海的西部和南部变暖。

沿英国西岸北上的北大西洋海流，有一股经北方的设德兰岛附近沿英国东岸南下的支流，和英国南岸从英吉利海峡流入的另一支海流，都是支配北海渔场海洋学条件的主要因素。

北大西洋海流的南下支流，沿欧洲西北岸南下，经葡萄牙和非洲西北岸近海形成加那利海流。加那利海流的流向、流速的变化受风的影响，在它到达非洲大陆西岸后，通常向西流去，具有北赤道海流补流的性质。加那利海流在葡萄牙沿岸和从西班牙西北近海到非洲西岸近海一带沿岸水域形成上升流，这是葡萄牙沿岸水域发生雾的主要成因。

加那利海流的一部分沿非洲西岸继续南下，通常这支海流在北半球的夏季发展成为东向流的几内亚海流。几内亚海流冬季仍然存在。

大西洋的赤道潜流，其规模比太平洋的赤道潜流小。

本格拉海流沿非洲西岸 $15°\sim35°S$ 北上，沿岸产生上升流，水温低，沿岸附近表温同外海同纬度水域的水温比较，一般低 $8℃$ 左右。本格拉海流区的上升流是由非洲西岸盛行的南风引起的，流速小。本格拉海流续流即为南赤道海流。

南赤道海流在赤道以南附近流向西，至南美沿岸分为北上流和南下流两支，南下的一支为盐度很高的巴西海流。该海流约在 $35°\sim40°S$ 处与从亚南极水域北上的福克兰海流汇合，形成亚热带辐合线，在夏季，以表温 $14.5℃$ 为指标。在巴西海流与福克兰海流的辐合区即巴塔哥尼亚海域，该海域水产生物资源丰富，是世界上最有开发前途的海区之一。

3. 印度洋 印度洋北部海域，特别在阿拉伯海域的海流受季候风的影响很大。该海域的主要海流夏季为西南季风海流，冬季为东北季风海流，南半球的主要海流是莫桑比克海流、厄加勒斯海流、西澳大利亚海流和西风漂流。

在西南季风期的 $4\sim10$ 月，沿索马里沿岸从 $10°S$ 向东北方向发展成为索马里海流，该海流域是低温水域。索马里海流和黑潮、湾流一样都是有代表性的西部边界流。

（二）我国各海区的主要海流

影响我国近海海况的主要是两个系统的海流：中国沿岸流与中国海暖流。前者起源于我国大陆入海径流的淡水，后者是从太平洋暖流分支到我国近海的。我国近海两大系统的海流有明显的季节性，而且与暖流主流的变动、大陆降水、局部融冰、山洪暴发以及季风的变化有连带关系。

流到我国近海的外海水都属于太平洋暖流流系，为便于说明，先从南面开始。

1. 南海的海流　南海与西太平洋有着良好的水交换，夏半年特别是 6～9 月，北太平洋暖流的一个分支，由菲律宾群岛南端通过苏拉威西海、爪哇海进入南海，此海流遍布整个南海。最后有一支在海南岛东南方沿等温线走向，其主轴大致位于大陆坡内侧，终年自西南流向东北，通过巴士海峡和巴林塘海峡流入太平洋与暖流主流合流，有一分支通过台湾海峡流入东海。这一个海流的属性是高温高盐，是夏季南海势力较强的唯一暖流，一般称为南海暖流。由于风的作用愈往深层影响愈小，南海表层以下海水也存在向北运动，但其流速远较表层水为慢，同时由于密度较大，而水平运动又制约了垂直运动，使表层和较深层海水起不到充分的上下交换作用，温度逐渐发生不连续而形成跃层，日积月累，南海表层水下面的上层水（在大陆架边缘海区为 100 m 深度左右）就形成了一个低温高盐水团，一般称为南海冷水。南海冷水北进到我国大陆架边缘就沿着海底向岸爬坡切入，一直到达较浅水域，形成广泛的夏季跃层，有的海区还有上升流出现。在南海夏季是多雨季节，径流量不断增加，同时台风经常侵袭，也带来不少雨水，从而使径流量大大增多，在近海区集聚形成一种高温低盐水团。由于平行于海岸吹刮的季风和大致平行于海岸的暖流的共同作用，使得某些局部海区的沿岸水被夹离沿岸，导致沿岸海水发生频繁的涡转以及垂直运动，从而自外海沿底部切入的高盐冷水也有时乘隙上升，构成夏季南海近岸水文的复杂景观。

冬半年特别是 11～12 月北太平洋暖流一个分支受东北季风的影响由台湾南端的巴士海峡和巴林塘海峡（一般称为"巴士海流"）流进南海，到粤东近海后逐渐转变为与陆岸平行的西南流，沿越南近海南下，直到加里曼丹和苏门答腊群岛之间的海面，成为冬季的南海较稳定的主要表层流；与此同时，由北方流来的中国沿岸流，经强劲的东北季风的吹送，穿过台湾海峡与巴士海流汇合成为较强海流，顺流往西南流动，促使沿岸普遍降温，出现一年的极端低温。原来巴士海流是高温高盐，而中国沿岸流则是低温低盐，两者属性差别较大，在汇合后的初期仍然各自保持着原有温盐特性，但在漫长的并进过程中不断发生交流混合，因而在不少近海区出现大片温盐变性的混合海水。

总括说来，南海特别是南海北部我国近海存在着三种不同的水系：沿岸水、南海表层水、南海上层水。由于季节、气候的变化，使三种水系发生不同的变动，它们的相互推移、消长决定着南海北部渔场的基本特征，从而影响鱼类的分布、移动、集群、分散以及繁殖和生长。换句话说，南海北部不同水系的变动、推移、消长是南海北部渔场、鱼汛变化的重要条件。

2. 东海、黄海、渤海的海流　东海、黄海和渤海是连成一体的陆缘海，东海是我国四海中与西太平洋最为畅通的海区，常年有北太平洋暖流的主流——黑潮从台湾东北与千岛群岛间流入，经本海区东南部沿大陆架边缘（140 m 水深以深）流向东北，到 128°E、29～30°N 附近折而向东流入太平洋，这是流经我国海区唯一强大（流速达 1.5～3.6 kn）而稳定（常年流向不变）的高温高盐海流；尽管它仅掠过大陆架边缘而未进入我国大陆近海，但是它的几个分支对我国近海却产生了不可估量的作用，这是研究东中国海况必须充分注意的问题。

黑潮暖流在转向东流时在 128°～129°E、28°30′～29°30′N 范围内分出一个向北支流，折向对马海峡，称为对马暖流。这支海流比黑潮主流流势较小，其温盐特性亦较黑潮有异（特别温度的差异更显著，对马暖流比黑潮年平均温度约低 4℃）。对马暖流在转向东北流时，约在 128°E、32°N 处有一个分支，流向西北，取道济州岛以西的深沟进入黄海，称为黄海暖流。黄海暖流是影响黄海海况的一个重要因素。它的流势和温盐特性当然比对马暖流又逊一筹，一般情况是，愈往北进温盐特性愈弱。黄海暖流沿黄海深沟前进，到黄海北部后逐渐转为西流，在辽东半岛南端，通过老铁山水道伸入渤海，在其强盛时期，可以到达渤海西岸秦皇岛一带，因此，它对于渤海的海况变动也有较大的影响。

东海西部靠近闽浙近海还有一个黑潮分支，我国习惯称为台湾暖流（日本称为中间暖水），它从黑潮主体分出后沿着 123°E 线的大陆架底坡北上，流向终年向北，它的前峰到达长江口外与黄海沿岸流汇合后转向东北，流速减弱，这时它潜在长江冲淡水的底层，越接近底层爬坡迹象愈明显，最后一部分汇入对马暖流，一部分加入黄海暖流。台湾暖流具有独特温盐属性，在温度方面变化较大（冬季仅 15℃，夏季达 28℃），盐度方面变化较小，等温等盐线沿流轴向北突出，形成一个巨大的水舌，越往北进，温盐越低，一般年份到长江口终止，其势力夏季最强，冬季最弱，夏季在长江口区向沿岸靠拢，冬季则向南退缩，并偏离沿岸。

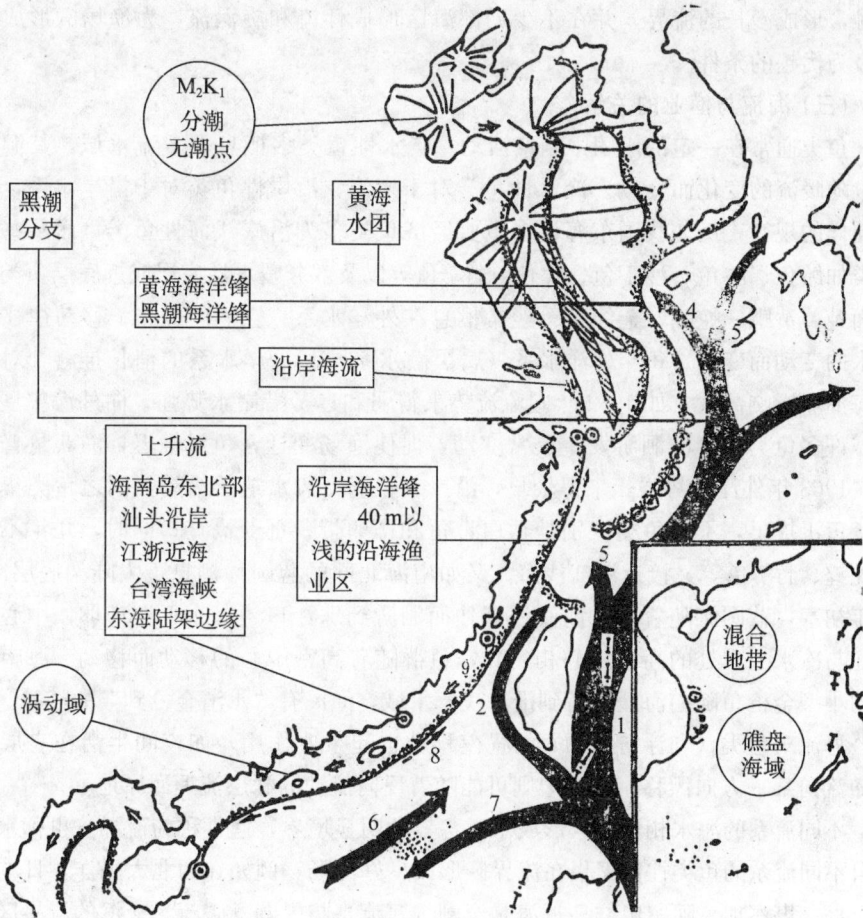

图1—4　中国海洋渔业区渔场海况图

　　东中国海的另一较大水系是中国沿岸流。中国沿岸流起源于渤海沿岸入海的径流和融冰，流出渤海海峡后，靠近山东半岛北岸东进，绕过山东高角循海岸南下。在秋冬季，在频繁的偏北季风吹送下，又汇合了沿途的所有入海径流，成为一股强盛的海流，黄海西部，广阔海区的表层几乎都成了它的势力范围。过长江口获得大量的水源补充，流势更强，从而在东北季风的吹送下，可以长驱穿过台湾海峡，进入南海北部沿岸。中国沿岸流的特点是低温低盐，在冬季它的水温远较外海暖流为低。春夏季，中国沿岸流在渤海因融冰和降水，流出山东半岛南岸后，虽遭遇偏南季风的阻挡，流速有所削弱，并出现局部环流，但在长江口一带呈舌状向东北伸展，范围很大。

　　中国沿岸水系和外洋水系在东中国海长期共存，它们各自具有不同的温盐特性并各自从我国大陆和外洋深层带来新鲜水体和丰富营养成分，它们在我国近海互相接触，形成漫长的流界，并在不少局部海区形成环流和旋涡流，为渔场的形成提供着极为优越的条件。

（三）海流与渔业的关系

鱼类通常在一定的水团中栖息活动。暖水性鱼类多栖息在暖流水域，其洄游移动也随暖流的变化而变动。冷水性鱼类对于寒流、沿岸性鱼类对于沿岸水系，也具有同样的规律，例如我国东海许多主要经济鱼类多为沿岸浅海性鱼类；而某些上层鱼类如鲐鱼、鯵鱼、沙丁鱼、鲣鱼、竹篦鱼等以及部分暖水性底层或近底层鱼类，如马面鲀、黄鲷、蛇鲻、金线鱼等经常栖息在外洋水系。它们的分布、移动往往随外洋水的变动而变动。每年外洋水系（属黑潮水系）和沿岸水系的消长推移，对我国近海渔业影响甚大，如1954年暖流流势来得弱和迟，沿岸水势强，向外海扩展，因之，许多鱼类在集群洄游发生反常变动，促使渔场变迁，鱼汛推迟，渔获量普遍下降；1963年外洋水势强，来得较早，沿岸水势弱，清水迫近沿岸，因之鱼类集群偏内，鱼汛提早，不少鱼类特别是秋白带鱼和产卵带鱼都获高产；同时，几年不常见的舵鲣、竹篦鱼等又接近浙江浅海。又如南海北部的蓝圆鯵栖息于大陆架底层冷水，每年初春，蓝圆鯵随着冷水向浅海延伸而洄游到珠江口、粤东近海产卵，中心渔场往往与冷水上升处的高密中心相一致，鱼群随着高密中心的移动而移动。海南岛近岸的小型金枪鱼随南海暖流游到沿岸浅海水域，渔民有"水清金枪到"的经验。

海流对鱼类（和浮游生物）的昼夜移动也起重要作用，如夜间生活在表层的生物随流向某一方向漂移，而白天则可能随着反向流动的深层流返回原地。

不同流系的海水相交汇区形成水色各异的明显境界，通常称为流界（也称水隔）。来自不同流系的鱼类往往聚集在流界区形成良好渔场。例如在西北太平洋，日本东方—千岛、堪察加、阿留申群岛近海是亲潮（寒流）与黑潮（暖流）交汇的流界区，故形成秋刀鱼、鲣鱼、金枪鱼以及鲸类的好渔场。在东北大西洋英国—斯匹次卑尔根—冰岛—挪威一带海域为北大西洋暖流与北极寒流的流界区域形成鳕鱼、鲱的良好渔场等。

潮流的变化可使水深、流向、流速发生有规律的周期性变化，从而影响鱼类的栖息和移动，所以捕捞作业在估计鱼群动态时，必须考虑潮流这一因素。

鱼类的移动与潮流有密切关系。鱼类的昼夜垂直移动与强潮流之间的互相作用可能影响各种鱼类的水平移动。生产实践表明底拖网作业，大潮汛时底层鱼类分散，有时渔场转移，大潮流由于流水急，常使底层鱼类离开海底，起浮到中上层，不利于拖网作业；而小潮汛时，由于流水缓慢，鱼群比较平静地贴近海底，渔场稳定，有利于拖网。

围网作业时，上层鱼类恰和底层鱼类相反，大潮汛时表层流速更大，鱼群往往分散下沉，起群机会少，同时由于流速大作业也困难，故大潮汛不利于围网作业；小潮汛时，水流缓慢，鱼群多起浮于海面，有利于围网作业。

三、光

光对鱼类及其饵料生物的习性影响很大，其重要性已被各种渔法所证明，甚至在原始的捕鱼技术阶段就为渔民所了解。实验证明，鱼类对光的反应有趋光性和避光性。集群性强而且比较喜暖的中上层鱼类如鳀鱼、鲱鱼、沙丁鱼、青鳞鱼、竹刀鱼、竹筴鱼、蓝圆鲹、鲐鱼、鲣鱼等和底层鱼类如对虾、蟹、头足类等均有趋光习性。避光性鱼类，如海洋中的鳗鱼、大黄鱼、淡水中的鲶鱼、泥鳅等。人们可以利用鱼类的趋光和避光习性采取相应的渔法。光诱围网作业就是利用鱼的趋光性而采取的有效渔法。

不同种类的鱼其趋光性的强弱是不同的，同一种鱼不同性别、不同生活阶段、不同季节以及不同环境条件，其趋光性的强弱也是不同的。一般来说，幼鱼的趋光性比成鱼强；鱼类在索饵期间比产卵时期的趋光性强。

许多鱼类随着光照度的变动进行以昼夜为周期的垂直移动。鱼类昼夜垂直移动的原因，有多种因素，一般认为：一是浮游生物白天下沉，夜间上升，鱼类为了摄食而进行相应的垂直移动；二是白天、浮游植物进行光合作用时，放出一种对动物有毒的物质，浮游幼体为避这种毒素而下沉，鱼类也作相应运动而移至较深水层；三是鱼类对光照度各有一定的适应范围，白天光照强，为了避免强光而下沉于较深水层。当然这些看法并不全面，情况比较复杂。

鱼类的垂直移动既决定于鱼的生理状态（尤其是性腺成熟度和肥满度），又决定于周围环境（风、流、水温等海况），也决定于饵料和凶猛动物的分布以及昼夜变化和季节变化。上层鱼类的索饵不在夜间，而是在早晨和傍晚，它与饵料生物的垂直移动并不完全一致；有些食浮游生物的鱼类结成小群，每天黄昏上升到表层，黎明后又向下沉降，似与饵料生物的升降有联系，但是白天出现乌云而突然变暗时，这些鱼类也可能升到表层。

四、盐度

鱼类能对 0.2‰的盐度变化起反应。鱼的侧线神经起着盐度检测器的作用。盐度的显著变化是支配鱼类行动的因素之一。

各种海产鱼类对盐度有不同的适应性，大致可分为广盐性和狭盐性两类。近岸鱼类一般属广盐性，外海鱼类属狭盐性。同种鱼类的不同种群，同一种群的不同生活阶段，其对盐度的适应性是不同的。例如，我国的大黄鱼，在浙江近海的一般适盐范围为 26‰～30‰；产卵期间，在岱山渔场为 17‰～23.5‰，在猫头和大目渔场为 26‰～31‰；越冬期间，在舟山外海渔场为 32‰～33.5‰。我国北方带鱼生殖期的适盐范围为 23.56‰～31.4‰；东海带鱼产卵期的适盐范围，在大陈山附近为 31‰～33‰；在嵊山、海礁一带为 31‰～34‰，夏季为 30‰～34‰，冬季带鱼越冬期的适盐范围为 31‰～33‰左右。

夏威夷群岛的鲣鱼渔获量与盐度的关系表明，盐度低于 35‰的年份，渔获量高，高于 35‰则渔获量低。表面看起来，鲣鱼渔获量与盐度的关系十分密切，但实际上这种关系只是一种表面现象。经查明，盐度低于 35‰的加利福尼亚海流的延伸流强，到达夏威夷水域时，鲣鱼多，渔获量高；相反，当盐度高于 35‰的西北太平洋海流冲到夏威夷水域时，鲣鱼少，渔获量低。由此看来，夏威夷水域的鲣鱼是随加利福尼亚海流而来的。鲣鱼渔获量与盐度的关系只是间接的关系，直接的关系是海流。加利福尼亚海流的延伸流和西北太平洋的高盐水交汇区向北推移的时间与鲣鱼的年产量之间存在着相关关系。如果 2 月份开始向北推移，这说明加利福尼亚流系较强。当年的鲣鱼渔获量高，利用这种关系可作出以后几个月的渔况预报。

五、饵料生物

海洋中鱼类的饵料生物种类繁多，但归结起来可以分为浮性生物（包括浮游生物和游泳动物）和底栖生物两大类。

浮游生物个体很小，但数量很多，分布又广，在水产生物界占有重要位置，它是经济鱼类的饵料基础。据统计，世界海鱼中食浮游生物的占 75%。它们的食性，有的以浮游动物为主要饵料，如鳀鱼、鲱鱼、鲹鱼（包括蓝圆鲹、竹筴鱼）、鲐鱼、小黄鱼等；有的以浮游植物为主要饵料，如鲳鱼、鲻鱼、乌鲳等。

须鲸类是世界上最大的动物，可是它的主要摄食对象不是大型游泳动物，而是小的浮游动物，南极磷虾是须鲸类的主要食物。

底栖性鱼类通常以底栖生物为主要食料，如黄鲷、二长棘鲷、鳕鱼、鲆鲽类、鳐类等。底栖性鱼类也因鱼种不同其所嗜食的底栖生物的种类也不同，如黄鲷的主要饵料是糠虾类、蛇尾类、长尾类、端足类、短尾类以及鱼类等，它是以食底栖生物为主兼食浮游生物和游泳动物的广食性鱼类；鳕鱼嗜食脊履褐虾和寄居蟹等；高眼鲽则嗜食萨氏真蛇尾、脊履褐虾和壳蛞蝓等；多数近底层鱼类的食性较复杂，它们常游到中上层，底栖生物只是它们饵料中某一阶段的一部分。

在许多经济鱼类中，有不少是属于以游泳动物为主要食物的肉食性鱼类，它们的成鱼往往吞食或捕食鱼类，有的甚至残食其同类或自身的幼鱼，如带鱼、大黄鱼、海鳗、鲅、鲈鱼、金枪鱼等。带鱼的主要食物是鳀鱼、梅童鱼、甲壳类等，金枪鱼喜食沙丁鱼等。供鱼类捕食的弱小鱼类，也可称为饵料鱼类。鲨鱼捕食鱼类的种类非常广泛，对中、上、下层鱼类都有威胁。

浮游生物是鱼类的饵料基础，浮游生物的分布和数量多少可直接影响经济鱼类的行动，特别是浮游生物食性的鱼类，在索饵阶段多结群洄游到浮游生物丰富的海区进行摄食，因此，根据浮游生物的数量分布，可以作为探索鱼类洄游的路线、渔场、鱼汛和渔况预报的主要指标，在捕捞生产中具有重要意义。

第四节 海洋渔场

一、优良渔场类别及成因

1. **渔场类别** 根据渔场离基地的远近和水深、地理位置、环境因素、作业方式及捕捞对象的不同，一般把渔场分为下列几类。

根据离基地的远近和水深可分为：沿岸渔场、近海渔场、外海渔场、深海渔场和远洋渔场。

根据地理位置可分为：港湾渔场、河口渔场、大陆架渔场、礁堆渔场、极地渔场以及烟威渔场、舟山渔场、北部湾渔场等。

根据海洋学条件可分为：流界渔场、上升流渔场、涡流渔场。

根据鱼类生活阶段可分为：产卵渔场、索饵渔场、越冬渔场。

根据作业方式可分为：拖网渔场、围网渔场、刺网渔场、钓渔场和定置渔场。

为了便于海洋捕捞生产的统一管理、渔场的分析研究、掌握渔场中心位置及变化，我国海区依照经纬度划分为渔区：即以经纬度各 30 分为一个渔区，每个渔区按顺序标有编号作为该渔区的代号，每个渔区又按经纬度各 10 分划分成 9 个小区。

2. **上升流渔场** 上升流海域是世界海洋最肥沃的海域之一，它的面积虽然只占海洋面积的千分之一，但渔获量却占了世界海洋总渔获量的一半左右。

通常在海洋的上层，浮游植物光合作用较强，海水中含有的营养盐类（磷酸盐、硝酸盐等）被消耗，现存量逐渐减少；相反，在海洋的深层和海底的沉积物中，有机物遗骸被细菌分解还原而不断积蓄着丰富的营养物质，这些营养物质必须通过海水的上升运动把它们引到表层，才能在光合作用的有机物生产中加以应用。引起海水上升运动的重要过程就是上升流。

在上升流区，下层冷水上升，水温下降，盐度增加，营养盐不断补充丰富，促进浮游植物大量繁殖，海水透明度降低；下层水含氧量较少，上升到表层时，由于大气中的氧气在低温水面能大量溶入而得到补充。因此含有丰富营养盐的下层水上升量多的地方，就是生产力高的场所，于是饵料生物丰富，从而形成良好渔场。

从原则上讲，上升流是由海洋表层水流动辐散作用引起，而这种辐散又是由于某种特定的风场、海岸线的存在或其他特殊条件形成的，因此上升流广义上包括辐散和垂直环流等其他海洋过程，而垂直对流过程只限于中、高纬水域冬季表层海水冷却下沉而产生。

上升流的类型一般分为：① 大陆沿岸盛行风引起的风成上升流；② 两流交汇区和外洋海域辐散引起的一般上升流；③ 反时针环流诱发而产生的上升流（北半球、

南半球相反）；此外还有岛屿，突入于海中的海角、礁或海山等特殊的地形形成的局部上升流等，其中以风成上升流势力最大。

世界大陆沿岸著名上升流，主要有四处，即北美大陆西岸近海的加利福尼亚海流、南美西海岸近海的秘鲁海流、非洲西北沿岸近海的加那利海流和非洲西南近海的本哥拉海流。上述大陆架沿岸上升流区的位置，都在大陆的西岸，即大洋的东部形成。

3. 流界渔场　两个性质显著不同的水团、水系或海流交汇处的不连续面，我们称它为流界，也就是海洋锋。日本把海洋锋称作潮境或海洋前线；我国沿岸渔民，有的把它叫作流隔或流界。

在流界的两侧包括水温、盐度、溶解氧、营养盐等海洋学要素的量以及生物的质和量都发生剧烈变化，尤其是在寒、暖两流的交汇区，海洋学各要素的变化更为显著。沿着其不连续线，明显地产生局部涡流、辐散、辐合现象。流界区的这些水文条件，有利于生物群体的繁殖、生长和聚集，因而往往形成良好渔场，即流界渔场。

海洋流界在大洋和沿岸任何水域均可形成。在大洋有代表性的如黑潮锋、亲潮锋、亚热带辐合线和南极辐合线等。在沿岸海区靠近大陆架边缘有沿岸水和外海水交汇形成沿岸锋，在河口大陆径流和沿岸水之间也会形成流界，叫河口锋，另外，在岛屿、礁、岬角等附近还有由地形引起的流界。

辐散和反时针涡流能使具有丰富营养盐类的下层海水上升到表层，给浮游植物生长提供充足养分，有利于饵料浮游生物的繁盛，形成高产力海区，如在北赤道流与赤道逆流之间的辐散区，下层水上升，呈穹丘形或山脉状，是金枪鱼类的好渔场。

辐合和顺时针涡流使表层水辐聚下沉。于是，处于流界附近的各类生物在此汇集，即从浮游生物、小鱼到大鱼，从低次到高次汇集于辐合区的中心，形成良好渔场。

交汇区的界面，可以认为是不同生物圈生物分布的一种屏障或境界。随流而来的不同水系的浮游生物和鱼类至此遇到"障壁"，不能逾越均集群于流界附近，从而形成良好的渔场。例如，日本东北海区的中型竹刀鱼每年11月随亲潮南下洄游到常磐海面产卵，有些年份，常磐近海暖水团控制形成暖水屏障，寒流不能向南伸展，竹刀鱼群由于这个暖水屏障而停止南下，密集成群。又如日本近海的鲣鱼鱼群，每年5月向常磐海面北上进行索饵洄游，6月上旬，黑潮前锋附近表面水温急变，其北侧在17℃以下，形成冷水屏障，阻止鲣鱼北上，就在黑潮前锋南侧的黑潮水域中集群。如果在屏障处有一股狭窄的亲潮（或黑潮）贯入暖水域（或冷水域）而形成屏障水道时，竹刀鱼（或鲣鱼）就会沿水道急速南下（或北上）。

4. 大陆架渔场　大陆架也称大陆棚，是指大陆边缘的浅海水域，具体说，就是从海岸低潮线起，海底以极其平缓的坡度向海洋方向倾斜延伸，一直到坡度发生显著增大的转折为止的这一部分海床。大陆架的主要特点是，紧邻大陆，水深较浅。

大陆架渔场是世界上开发最早、利用率最高的渔场。据粗略测算，全世界大陆架面积为 2 700 多万 km²，约占海洋总面积的 7.6% 左右，但在海洋渔业的总渔获量中，捕自大陆架水域的却占 90% 左右。

大陆架之所以成为良好渔场，是由于它具备了如下条件：

大陆架邻近大陆，淡水中的丰富有机物质和营养盐类，由江河源源不断地输送入海，使沿岸一带水质肥沃。

大陆架水域较浅，在风浪、潮汐、涡动和对流等海洋力学因素的作用下，上下层海水充分混合，经常不断地把积蓄在大陆架底部的营养盐类补充到上层，使整个水体形成丰富营养状态。

大陆架海域光照层的最大深度通常为 60～150 m，大部分水层直接受到太阳能量的惠益，光合作用旺盛，浮游植物大量繁殖，故各食性层次的饵料生物丰富。

由于大陆架水浅，上下层海水混合盛行，物质循环迅速，故生物生产比其他水域要多。

陆架水域是鱼类和其他海产动物产卵的好场所，平静的海湾又是仔、稚鱼育肥生长的优良环境。

5. 礁堆渔场　在海底的海隆、海岭、海台、海山、洲、堆、礁等处，由于海洋生物生长繁盛，往往诱集各种鱼类，成为良好的渔场。

礁堆之所以成为渔场，一方面是由于鱼类有趋集礁体的趋触性本能，但根本的原因在于海流通过海底凸起的地形，在其附近产生上升流和涡流等条件，从而增大海洋生物的生产力。

对金枪鱼渔业来说，海底地形是形成金枪鱼渔场的重要条件，特别是大陆斜坡、浅滩和海山等海域是金枪鱼的重要渔场。在大陆斜坡上形成好渔场的，如纽约外海的副金枪鱼、悉尼和新西兰外海的马苏金枪鱼、墨西哥湾的黄鳍金枪鱼等好渔场都在等深线密集坡度很陡的斜坡上形成。

二、我国海洋渔场概况

(一) 地貌与底质

濒临中国的海洋自北而南有渤海、黄海、东海、南海，统称为中国海，属封闭程度不同的太平洋西北部的陆缘海，总面积 473 万 km²，共跨越 37 个纬度。大陆岸线北起鸭绿江口，南至北仑河口，全长 18 000 多 km，岸形曲折，港湾众多。在整个海域内，有岛屿 5 000 多个，岛屿岸线 14 000 多 km，总面积 8 万多 km²；还有不少露出水面和暗藏水下的岩礁矶堆。

中国海完全是我国大陆的延伸部分，它的地形趋势也是西北高而东南低，因此，有数以万计的陆上径流，把我国领域陆上丰富的有机物和无机盐类输送入海，这不仅使海水变得异常肥沃，而且使靠近大陆的浅海形成表面平坦而又富含营养物质的适于底栖生物和底栖鱼类繁殖、生长的良好场所。

我国海洋水深 200 m 以浅的大陆架面积 140 万 km²。渤海位于北部，以老铁山西角经庙岛群岛与蓬莱角连线为界，界西为渤海，界东为黄海。渤海面积 7.7 万 km²，海底平坦，平均水深 18 m。黄海位于中国大陆与朝鲜半岛之间，南面以长江口北角与济州岛西南角连线与东海为界，面积 38 万 km²，平均水深 44 m，最大水深 140 m。东海是一个较开阔的陆缘海，南面以福建的东山岛南端至台湾的猫鼻头连线为界与南海相通，总面积 77 万 km²，东海大部分水深 60~140 m，平均水深 72 m，海底平坦。南海是我国最大、最深的一个海区，总面积约 350 万 km²，为一近似长轴状东北—西南方向的菱形盆地，四周高，中间凹下，自四周边缘向中心略呈阶梯状下降，盆地处于西沙—中沙与南沙群岛之间，是一个深度在 4 000 m 以上的深海平原。海盆边缘即为大陆坡，水深 150~3 600 m 之间。

我国近海广阔大陆架海区覆盖着较深厚的陆源沉积物质，其中分布最广的是粒度极细的黏土软泥、细粉沙和粒度较细的细沙及粉沙质黏土软泥，个别局部海区分布着粒度较粗的中沙、粗沙以及破碎贝壳和砾石；大抵靠近岩礁海岸，多为粒度较大的石砾、卵石和粗沙等经机械作用形成大陆屑物；位于河口附近或径流影响所及的海区，分布着较细粒度的沉积；有激流经过的海区沉积的粒度趋粗；水流静稳或涡卷辐聚的海区沉积的粒度趋细。因此，底质的分布状况，可以反映那里海水的水动力情况，从而可判断那里鱼类的存在和分布。

（二）渤海渔场

（1）辽东湾渔场位于渤海东北部，曾是小黄鱼、鳓鱼、对虾等经济鱼类的重要渔场之一。但由于资源受到严重破坏，目前已经形不成鱼汛。

（2）渤海湾渔场位于 119°E 以西渤海海域，是对虾、鳓鱼、鲅鱼的产卵场之一。

（3）莱州湾渔场主要捕捞对象为对虾、鳓鱼和鲅鱼。对虾渔期为 9 月中旬至 11 月中旬，11 月下旬结束。鲅鱼渔期为 5~11 月。

（三）黄海渔场

（1）石岛渔场和石东渔场位于黄海中部，是多种经济鱼虾进行产卵、索饵和越冬洄游的必经之地。同时也是黄海鳕鱼的产卵场和对虾、小黄鱼的越冬场之一。石岛渔场系暖寒流交汇区，水温年变化值大，夏高冬低。主要捕捞对象有鲱鱼、小黄鱼、对虾、鲐鱼、鲅鱼、带鱼等。

石东渔场位于石岛渔场东部，紧临石岛渔场，是鲐鱼的索饵场之一，也是太平洋鲱鱼的越冬场。

（2）大沙渔场和沙外渔场，位于黄海中南部。地处黄海高盐水、苏北沿岸水和长江冲淡水的交汇区，是多种经济鱼虾类的越冬场和索饵场，5 月是鲅鱼、鳓鱼、鲐鱼等中上层鱼类进行产卵洄游的过路渔场，是机帆船流网作业的良好场所。7~10 月，带鱼、大、小黄鱼、鳓鱼等经济鱼类在该渔场索饵，是机轮底拖网的传统作业渔场。

沙外渔场是大、小黄鱼和鲐鱼的越冬场。每年 9 月至翌年 3 月是灯光围网围捕鲐鱼的最主要作业渔场。

（四）东海渔场

（1）长江口渔场和江外渔场。饵料基础雄厚，环境条件良好，是东海带鱼的主要产卵场之一，也是东海鲐鱼的主要产卵场之一。

（2）江外渔场紧邻长口渔场，是鳓鱼、银鲳的越冬场之一，也是东海带鱼、大黄鱼的主要越冬场之一。

（3）舟山渔场和舟外渔场。渔场饵料丰富，是东海带鱼的主要产卵场和越冬场，也是马面鲀的索饵场之一，同时又是鲐鲹鱼类的索饵场。

（4）鱼山渔场和鱼外渔场位于东海中部，西临浙江的鱼山列岛、台州列岛，地处台湾暖流、江浙沿岸水的交汇区，是大、小黄鱼、带鱼、鳓鱼、鲐鱼、马面鲀等经济鱼类的产卵场。

（5）温台渔场和温外渔场西临浙江南部沿海，地处台湾暖流、江浙沿岸水的交汇区，是多种经济鱼类的越冬场和产卵场。

（6）闽东渔场西临福建北部沿海，渔场西部岛屿众多，且有多条溪流入海，海淡水交混，营养盐丰富，饵料生物众多，是多种经济鱼虾类产卵、越冬、索饵的主要场所，有著名的台山、东引、横山和官井洋等近海渔场。主要捕捞鱼种有大、小黄鱼、带鱼、鲳鱼、马面鲀、鲐鲹鱼类等。

（7）台北渔场位于台湾北部沿海，是马面鲀的主要产卵场之一，渔期为 2～5 月。

（五）南海渔场

（1）粤东渔场主要捕捞鱼种有蓝圆鲹、金色小沙丁鱼、圆腹鲱、鲐鱼、乌鲳、蛇鲻、带鱼、大眼鲷、二长棘鲷、大黄鱼和海鳗等。

（2）珠江口渔场位于外海水和珠江冲淡水的交汇区，营养盐类丰富。主要捕捞鱼种有蓝圆鲹、金色小沙丁鱼、圆腹鲱等。

（3）北部湾渔场是南海区围网、拖网、钓的主要作业渔场之一。主要捕捞品种有鲐鲹鱼类、沙丁鱼、长鳍银鲈、蛇鲻、鲷、海鳗和黄鳍马面鲀等。

（4）西沙渔场在南海中部，渔场四季炎热，雨量充沛，是典型的热带海洋性气候。西沙群岛均属珊瑚礁上的砂帽岛，四周有巨大的礁盘，水色澄清，礁盘外侧为深渊，水深而流急。截然不同的生态环境形成了大洋性和礁盘性两种不同区系的鱼类。大洋性鱼类主要有活动于中上层的鲭科、旗鱼科、飞鱼科和鲯鳅科鱼类。礁盘性鱼类主要包括海鳝科、金眼鲷科等。主要捕捞对象的特点是生长快、个体大，凶猛性鱼类数量多。是钓渔业的良好渔场。

（六）几种主要捕捞对象的渔场和渔期

现以主要捕捞对象扼要阐述如下：

1. 带鱼　属带鱼科带鱼属，是暖水性中下层鱼类，分布于中国、日本、朝鲜、澳大利亚、印尼、印度洋和非洲等水域。我国产量最高，约占世界产量的 70%～80% 左右。占我国海洋渔业分鱼种产量的第一位，广泛分布于渤海、黄海、东海和南海。

(1) 洄游和分布。我国的带鱼根据其生态习性及形态特征，分为两个主要种群，即黄、渤海种群和东海、粤东种群（简称东海群，下同）。另外，在南海、闽南和台湾浅滩还存在地方性的生态群。

黄、渤海群的越冬场在济州岛西南，水深近 100 m 的海域。底层水温 14℃～18℃，盐度 33.3‰～34.5‰，环境条件受黄海暖流制约，3～4 月份开始生殖洄游，游向黄、渤海近海，于 5～6 月分别进入水深 20 m 左右的海州湾、乳山湾、辽东半岛、烟威近海、莱州湾和辽东湾产卵。产卵后分散在各产卵场外围索饵。秋季索饵群开始集结，密集区在黄海中部和北部，南界可达 34°N 以南，并和东海群的北部索饵群相混合，10～11 月游向越冬场，越冬期为 1～3 月。

东海群的重点分布在浙江近海，北部可达 34°N 附近的黄海中部，南面到达粤东近海。主要越冬场位于 30°N 以南的浙江中、南部外海，水深 60～100 m。越冬期 1～3 个月。在冬季，还有南下鱼群，分布于福建近海和粤东近海，但越冬性状不明显。3、4 月份开始向近岸靠拢，并由南向北进行生殖洄游。福建近海 3 月份就有少量鱼群开始产卵，盛期在 4～5 月份。浙江中南部近海的产卵期为 4～6 月份，鱼群在温台渔场集结产卵，逐渐向北移动沿途产卵，5 月份起鱼群密度增大，经山东进入浙江中北部渔区，产卵期为 5～8 月份，盛产期为 6～7 月份，此时集成大群，主要产卵场在大陈到海礁以东，即 28°00′～31°30′N、122°00′～124°30′E 的范围内。8 月份起产卵数明显减少，主群越过长江口，进入黄海南部，部分鱼群继续北上，到达黄海中部。8～10 月份，产卵后的带鱼进入索饵阶段，主要索饵场在海礁、长江口及黄海中南部一带海域。秋末冬初，索饵鱼群开始往南洄游，在嵊山形成著名的带鱼冬汛渔场。随着水温的下降，鱼群继续南下或游向外海越冬。

东海群的分布洄游，基本上属南北洄游性质，洄游分布的中心海域在浙江近海，其洄游有从南往北的生殖洄游和从北往南的越冬洄游的规律。

分布在闽南、台湾浅滩和南海的带鱼，没有长距离的洄游格局，仅随季节变化作深线水域间的移动。夏季分布在水深 50～80 m 的甲子到沙堤一带的鱼群较多，到秋末初冬移至水深 60～100 m 的珠江口东南水域。闽南、台湾浅滩和粤西外海，冬季也有较多带鱼分布。此外海南省近海和北部湾均有带鱼分布和产卵。分布在南海的带鱼其产卵群体的分布水深为 40～100 m，适温范围为 18℃～29℃，适盐范围为 30.2‰～34.5‰。

(2) 渔场和渔期。黄渤海带鱼的鱼汛分春汛和夏秋汛。春汛捕捞产卵群体，渔期 5～6 月份。夏秋汛捕捞索饵的分散群体，渔期 7～11 月份。由于黄、渤海带鱼资源衰退，带鱼汛消失。

东海带鱼几乎一年四季均可生产，5～10月份是机轮拖网捕捞带鱼的主要汛期，主要捕捞索饵群体，从鱼山渔场、舟山渔场、长江口渔场到吕泗渔场、大沙渔场均可作业，其中大沙渔场是东海带鱼北上索饵的重要渔场。10月上中旬开始到翌年1月上旬，南下越冬洄游的带鱼群体在嵊山渔场大量集结，形成著名的嵊山冬季带鱼汛。

2. 绿鳍马面鲀　是暖水性底层鱼类，分布于印度洋、非洲、日本、朝鲜和中国。为底层拖网和围缯网的专捕对象，在20世纪70年代前后其渔获量仅次于带鱼，在海洋渔业生产中具有重要作用。

绿鳍马面鲀在东、黄海分布相当广泛，南自25°30′N的钓鱼岛附近海域，北至39°50′N的鸭绿江口，西从20 m水深，东到对马海峡和128°10′E的广大海域均有分布。

东、黄海绿鳍马面鲀，每年10～11月份栖息于济州岛西北部和南部海域，随后部分鱼群向对马岛方向移动，另一部分鱼群向32°～27°N沿100 m等深线附近海域移动。12～3月份初分别在这两个海域过冬。在对马渔场越冬的鱼群1月份中下旬至2月份，游向济州岛附近；在东海北部外海越冬的鱼群于3月份向南—西南方向移动，4～5月份先后到达闽东、台北渔场产卵，也有部分鱼群在温台和鱼山渔场一带产卵。另外，在对马越冬场（适宜底温为16℃～18.3℃，底盐32.1‰～34.6‰）越冬的部分鱼群，向黄海中、北部和朝鲜西岸近海洄游，4月份中旬前后游至海州湾一带海域，还有部分鱼群北上，5月份中旬到达海洋岛、烟威、莱州湾渔场产卵，产卵盛期为5月下旬至6月份。7～10月份，产卵后的鱼群主要在渤海中部、黄海北部和中部深水区索饵。秋末，分散索饵的鱼群分别游向济州岛附近和东海中北部的越冬场。

东海绿鳍马面鲀资源较大，但由于过度捕捞，近海资源已衰退，外海资源已充分开发利用，黄、渤海资源已形不成鱼汛。

3. 小黄鱼　石首鱼科黄鱼属，是暖温性底层鱼类，分布于渤海、黄海和东海，曾为我国主要经济鱼类之一，是底层拖网、围缯网专捕和兼捕对象。由于捕捞过度，资源量大幅度下降，成了兼捕对象。

小黄鱼种群可分为黄海北部至渤海、黄海中部、黄海南部和东海4个群系，各群系下又有为数不同的生态群。小黄鱼在27°30′N以北的我国沿岸和朝鲜西海岸海域产卵、生长发育，在黄海中、南部和东海中、北部外海越冬。

黄海北部至渤海群系分布在34°N以北，春季在渤海沿岸、鸭绿江口和朝鲜的延平岛等海域产卵，产卵期5月中旬至5月底。10～11月逐渐经成山头以东、124°E线以西海域向朝鲜大、小黑山岛西北部和罗州群岛西部海域作越冬洄游，越冬期1～3月，越冬场底质为泥沙、沙泥或软泥，底温为8℃，盐度为33‰～34‰，水深60～80 m。这一群系仅限于上述产卵和越冬场之间作定向洄游。

黄海中部群系，是由分布在34°N附近的越冬鱼群构成，资源势力薄弱，仅在海州湾和丁字湾、五垒岛等海域作为产卵场，产卵期为5月上旬，产卵后就近分散索饵，11月向越冬场洄游。由于资源量小，生产量也不多。

黄海南部群系，春季在长江口北侧的吕泗渔场产卵，产卵期为4月中旬至5月中旬，底温11℃～15℃。产卵后鱼群分散索饵，至10月下旬向32°～34°N、123°45′～126°00′E一带海域作越冬洄游。越冬期1～3月，这一群系的产卵和越冬洄游范围限于吕泗产卵场、黄海南部至东海北部边缘一带海域。

东海群系，3月底至5月初在浙江南部沿岸海域产卵，产卵后鱼群分散在附近海域索饵；在佘山、海礁一带浅海区产卵的鱼群，产卵后在长江口一带海域索饵。11月后鱼群向温州至台州外海水深60～80 m海域作业越冬洄游。东海群系的产卵和越冬定向洄游一般限于东海范围内。

三、世界主要海洋鱼类分布

世界上共有鱼类2万余种，其中淡水鱼类8 275种，海洋鱼类11 675种。在海洋鱼类中，分布在200 m等深线以浅的鱼类9 130种，占45.5%，从大陆架到250 m水深的深海底栖鱼类为1 280种，占6.4%；水深超过200 m的上层鱼类255种，占1.3%，深海远洋鱼类1 010种，占5.0%。

海洋鱼类虽有2万多种，但在世界范围内，作为捕捞对象的大致有200种。目前，世界渔获量已达1亿吨，产量超过100万吨的有狭鳕、远东沙瑙鱼、南美鳀瑙鱼、秘鲁鳀鱼、竹筴鱼、大西洋鳕鱼、鲐鱼、大西洋鲱鱼、鲣鱼、毛鳞鱼等，其产量约占世界海洋渔获量的40%。

(一) 狭鳕

狭鳕又名明太鱼，属鳕科，是冷水性鱼类，广泛分布于北太平洋，适温0℃～12℃，主要渔场在阿拉斯加湾、东白令海、阿留申群岛、白令海、堪察加半岛、鄂霍次克海、北海道北部、日本海以及加利福尼亚以北的美洲沿岸一带。鳕科鱼类的产量居世界各科鱼类渔获量的首位，年产量为$4.0×10^6$～$5.0×10^6$吨。狭鳕以桡足类、端足类、磷虾等甲壳类和小鱼为食，有时也食蟹类。密集于大陆架和大陆坡营养物质丰富的浅水水域。

白令海是俄罗斯、日本、韩国捕捞狭鳕的主要渔场，产量最高的渔场在165°～175°W之间。西白令海狭鳕是一个独立的种群，主要产卵场在卡腊金斯湾和奥柳托尔湾一带。

鄂霍次克海是西北太平洋最重要的狭鳕产区。该海区狭鳕分两个群体。库页岛—北海道群体和鄂霍次克海群体。堪察加半岛水域也有一个独立群体。堪察加半岛和库页岛东岸水域是最重要的两个产卵场，产卵期2～5月。越冬产卵期间，狭鳕主要集中在堪察加半岛西岸。夏季主要集群在50°N以北浅水区索饵。

栖息于日本海的狭鳕有三个种群：北日本海种群、大彼得湾种群和朝鲜湾种群。

最大的产卵场位于东北海区（库页岛和北海道水域）和西北海区（大彼得湾和朝鲜湾）。

大西洋鳕属鳕科，个体大，最大体长达 182 cm，广泛分布于整个北大西洋，东部从比斯开湾到巴伦支海至北极水域，西部从加拿大哈得逊湾到北卡罗来纳的哈得拉湾、冰岛、格陵兰南部也可发现。

1991 年以前我国渔船在阿拉斯加湾及白令海海域生产，以后由于资源变动和受有关国家的限制。从 1991 年后，渔船都进入鄂霍次克海公海捕捞。该公海狭鳕渔场，北起 $55°43'N\sim53°40'N$（实际生产范围），东自 $150°12'E$，西至 $148°40'E$。渔场呈面北走向，水深西浅东深，北高南低，东西坡度变化不甚大，但南北水深变化较快。由于东西海域窄，加之东西限制线均为俄罗斯专属经济区，故拖网拖向一般在东线西线附近为南北向，在中部渔场少数拖向为东南、西北向。

鄂霍次克海地处亚寒带，气候主要取决于冬、夏季冷暖空气势力的强弱。冬天冷空气入侵频繁，随着沿岸水温的迅速下降，鄂霍次克海公海水温也迅速下降，1 月上旬末至中旬，公海西北部出现浮冰，1 月底至 3 月中旬公海渔场基本被冰覆盖。春季冷空气逐步减弱，来自洋面的暖空气势力逐渐增强，海冰从 3 月底自南向北逐渐溶化，浮冰自北向东漂移。初夏时，太平洋亲潮与黑潮在日本九州以东相汇合，对马暖流自日本海北上，其前锋渐穿过宗谷海峡进入鄂霍次克海南部。随太平洋高压势的逐渐增强，公海一般多吹暖湿的偏南风，形成大片浓雾，整个夏季，雾天占 70% 以上，很少晴天。深秋随着冷空气的入侵，气温、水温逐渐下降，天气较为晴朗，但多低压和风暴。下表为鄂霍次克公海渔场 4～10 月份表层水温情况。

月份	4	5	6	7	8	9	10
表层水温	-0.7℃～ 4.2℃	4.2℃～ 4.8℃	4.8℃～ 7.3℃	7.3℃～ 11.5℃	11.5℃～ 13.2℃	13.5℃～ 9.5℃	9.5℃～ 8.8℃

鄂霍次克海公海狭鳕渔场，主要为索饵、越冬、产卵过路渔场。由于每年 1 月中旬至 2 月底北部公海基本被冰覆盖，4 月份开始融冰后，随着海水温度的逐渐上升，公海北部的狭鳕分布和洄游也表现出有规律。4～7 月狭鳕从 54°N 左右起一直到公海北端，沿东部限制线分布，洄游方向自东南向西北。西部和西北部几乎无狭鳕，中南部有索饵的分散群体。8～9 月份基本沿东部限制线分布，洄游方向自东向西偏北洄游，在公海北部及中间也有集群狭鳕。10 月至翌年 1 月上旬，渔场几乎均在公海西、西北部和北部限制线附近，洄游方向东南。自 1 月中旬至 3 月，随着公海逐渐冰冻，水温逐渐下降，抱卵狭鳕由西偏北逐渐向南偏东洄游，至 53°50′左右。该产卵群体基本从东限制线进入经济专属区，公海内此时无好的狭鳕渔场。

（二）金枪鱼类

金枪鱼类是大洋暖水性洄游鱼类，其种类繁多，分布很广，是许多国家的重要捕捞对象,至今资源潜力还很大。生产性金枪鱼类约 40 种,其中主要有金枪鱼、长鳍金枪鱼、黄鳍金枪鱼、肥壮金枪鱼、马苏金枪鱼和鲣鱼等。

金枪鱼类广泛分布在南、北纬 45°以内的海域,其分布状态因不同鱼种、不同时期而发生变化:

(1)在低纬度海域中,金枪鱼群的分布密度大。鱼群分布虽因不同季节而略有变动,但可以常年作业。

(2)随着从低纬度向南、北高纬度的推移,鱼群密度的季节变化逐渐明显起来。因此,因季节而形成的渔场明显,渔场的变动亦显著,即对渔场的选择就比较困难。

(3)同一鱼种,因鱼体大小、年龄的不同,所栖息的海流系亦不同,在生态上有分别栖息的现象。

(4)不同的鱼种,在各海流系的分布中心亦不同。

(5)由于海流系的不同,渔场状况亦不同。

(6)金枪鱼类生活的主要海流,大体是东西流向,因此渔场的范围是呈南北狭、东西长的带状,其界限与潮隔大体一致。

(7)洄游大致有两种情况:其一,在同一海流中的洄游,受海流系季节性消长的影响很大;其二,鱼群从一个海流向另一海流系的洄游,是其生态转换而引起的,这是鱼群本身的积极行动。

(8)鱼群在同一海流系中的运动比较慢,容易追踪;但在各海流系间的运动,由于规模大,速度快,很难追踪。

(9)鱼群在各海流间进行洄游的时期,即发生生态变化的时期,由于鱼种的不同而略有差异,大致每年 3 月和 9 月进行两次洄游。

金枪鱼大部分在以热带海域为中心的海域内,在不同的季节,鱼群为寻找适宜的环境条件,通常作相应的洄游。一般昼间分布在深层,夜间起浮于表面。

金枪鱼类约在纬度 30°以内的较低纬度海域产卵繁殖,而在高纬度海域索饵生长。分布的中心海域依种类而不同,或因不同生长阶段的需要,其分布或洄游的海域亦各不相同。

(1)从出生到大约 1 龄的生长阶段,在亚热带海域中度过。随后向温带海域洄游,并在温带海域度过达到成熟年龄的成长期。属于这一类型的鱼种有长鳍金枪鱼、金枪鱼和马苏金枪鱼。

(2)几乎终生在亚热带、热带海域中生活的鱼种有黄鳍金枪鱼、新金枪鱼、大西洋金枪鱼和蓝鳍金枪鱼。

(3)分布的中心海域是热带和亚热带海域,但成长初期阶段在这些海域度过后,其后的成长期根据需要也向温带海域洄游。这种鱼可以认为是第一和第二种情况的中间型,例如肥壮金枪鱼就属于这种类型。

海流是影响金枪鱼类分布的主要因素,例如在印度洋,长鳍金枪鱼在南信风海流系中形成稠密集群。尤其是黄鳍金枪鱼在北半球的夏季集聚在信风间之逆流系中以及南信风海流和季风流之间的水域，而在这些水域却没有长鳍金枪鱼。金枪鱼栖息在西风流系中，而肥壮金枪鱼则栖息在南信风流的边缘水域中。

肥壮金枪鱼和箭鱼在季风流北支和中央支及索马里流水域中较多。因此，肥壮金枪鱼最稠密的集群出现在索马里沿岸反气旋环流水域和马尔代夫水下山脉海区，而箭鱼仅分布在马尔代夫水下山脉海区，即受季风流影响极大的水域。大多数金枪鱼类也栖息在赤道以南靠近上述水域水下山脉。黄鳍金枪鱼栖息在北纬5°以南的海域。信风间逆流水域和南信风流水域最适宜黄鳍金枪鱼栖息。长鳍金枪鱼则在南信风流水域中最多。肥壮金枪鱼和黄鳍金枪鱼的最密集群分别在季风流水域和南信风流水域中形成。

金枪鱼类系肉食性鱼类，食性很杂，性喜暴食，多数情况下捕食乌贼类，但经常是以栖息海域中易于捕食的动物或数量众多的其他生物为饵料。大的金枪鱼可捕食体长 40 cm 的鲐鱼或舵鲣。金枪鱼类对饵料生物没有选择性。在同一海域中同时渔获的各鱼种之间，其饵料成分一般都很相似。各鱼种之间对饵料的竞争很剧烈，而且还有相互蚕食的现象。

下面介绍几种主要的金枪鱼

1. 金枪鱼　　金枪鱼是金枪鱼类中最大的一种，体长一般 1～3 m，体重 50～150 kg，大者长达 3 m 多，体重 300～375 kg。背部深青色，渐向侧部为苍灰色，腹侧为灰白色，尾柄隆起脊呈黑色，胸鳍短。

它的分布区，在太平洋，南自赤道逆流和北赤道流系，北至黑潮和北太平洋流系以及极锋线附近的海区，但其密集分布区仅限于黑潮及其支流影响的日本近海；在北大西洋，无论在美国或欧洲一侧的沿岸海域，均为其密集分布区；在印度洋，栖息于亚南极水域和澳大利亚西岸海域。

适温范围为 5℃～29℃，以 10℃～20℃ 为最适温范围，对低温有较强的适应性。饵料以鲱鱼、沙丁鱼、鳀鱼、黑背鳁、小鲐鱼、鱿鱼和甲壳类等为主。

产卵场地主要在北太平洋自台湾东面至日本萨南海区。大西洋产卵场有两处，一在佛罗里达海峡附近，另一处在地中海。

金枪鱼有集群洄游的习性，一般 50～60 尾一群，也有千尾以上的鱼群，游泳常在海面跳跃，上钩后常向深水急剧潜逃。夏季，北上洄游时，一般游泳层较浅，从表层至 50 m 水层。其游泳层的深度依海况、气象以及饵料生物的分布而异。秋季，水温下降，金枪鱼随即南下，洄游至外海较深水层，垂直移动范围在 50～150 m 水层。

2. 长鳍金枪鱼　　长鳍金枪鱼体长 1～1.5 m，体重一般 15 kg，大的可达 45 kg。体背侧呈深蓝色，侧面及腹侧为银白色。肉淡红色，肉质柔软。胸鳍似刀状，极长，这是本种的一个很显著的特征。

适温范围为 14℃～23℃，在 15℃～21℃ 的范围内渔获量较多。做远距离洄游，滞留水温不低于 14℃，饵料以沙丁鱼、鳀鱼以及甲壳类等为主。

长鳍金枪鱼分布范围很广，南、北纬 45° 之间的太平洋、大西洋、南印度洋的热带、亚热带和温带水域均有其足迹，是外洋性鱼类，喜在外海清澈的水域内洄游。在大西洋的分布特点是，低龄群栖息在高纬度海域，即在北大西洋的比斯开湾等处，高龄群则分布在低纬度海域。在太平洋，分布于北纬 40° 和南纬 40° 之间，纬度较高的海区鱼群密度更大。昼间主要分布在 90～150 m 水层，有时较深达 150～200 m 深层，傍晚分布在近表层。日本在夏季用竿钓，秋冬季用延绳钓捕捞，美国和新西兰大都采用曳绳钓渔法。

3. 肥壮金枪鱼 又名副金枪鱼，是金枪鱼类中仅次于金枪鱼的大型鱼种。体长约 1.5～2 m，体重 100 kg 以上。体背蓝青色，侧面及腹面银白色，肉粉红色，略柔软，胸鳍长。

肥壮金枪鱼的分布很广，在南、北纬 40° 以内的太平洋、印度洋和大西洋均有分布。同长鳍金枪鱼一样，在太平洋主要分布在亚热带辐合区和北太平洋流系的海域内，南北向的宽度达 12～13°，东西向的分布呈带状，延伸至太平洋的东西两岸，栖息水温为 11℃～28℃。成鱼栖息水层较深，可达到 200～300 m。该鱼为杂食性种类，饵料为小鱼、鱿鱼和大型甲壳类等，在水温 21℃～22℃ 时集成大群。

4. 黄鳍金枪鱼 体重一般为 40～60 kg，在印度洋捕获的黄鳍金枪鱼体重为 37～75 kg。体呈纺锤形，稍侧扁，头小，尾部长而细。肉粉红色，体背呈蓝青色，体侧浅灰色，带点黄色，有点状的横带。成鱼的第二背鳍和臀鳍及其后方的小鳍，均呈鲜黄色，第一背鳍、胸鳍和腹鳍均带有黄色，这是本鱼种的重要特征。

黄鳍金枪鱼食性很广，视饵料生物的数量而变换，以鱿鱼、鱼类和大型甲壳类等为主。

在太平洋黄鳍金枪鱼有三个很大的亚种群：东部亚种群分布于西经 125° 水域，中部亚种群分布于西经 125°～170° 之间，西部亚种群栖息在东经 170° 以西水域。其作业区在北纬 35° 到南纬 25°。

黄鳍金枪鱼广泛分布在太平洋、印度洋及大西洋赤道海域，是热带海区的代表种。在太平洋西部和中部分布到赤道以南，在东部分布于北纬 30° 到南纬 20°，同时在东赤道水域分布着 70 cm 以下的幼鱼。偶尔也出现在日本海。在我国，主要产于南海和东海。黄鳍金枪鱼的分布有显著的区域性。同肥壮金枪鱼一样，黄鳍金枪鱼在太平洋沿赤道、印度洋和大西洋水域在东西方向上呈带状分布。

黄鳍金枪鱼常见于水深达 160 m 的深层，栖息水温为 20℃～28℃。黄鳍金枪鱼在以下水域较为密集：(1) 赤道反流屈曲点的外侧；(2) 海流交汇的水域；(3) 在反赤道海流的边缘和带状狭小水域；(4) 流速在 0.5～1.0 海里/小时之间，透明度在 25～35 m、水温在 20℃ 以上的 30 m 水层。

5. 马苏金枪鱼　马苏金枪鱼的个体较大，最大体长达 2 m 以上，体重200 kg。以摄食小型鱼类、鱿鱼和甲壳类为主。栖息水温为 14℃～21℃，在 18℃～20℃时形成稠密的大群。栖息深度则视水温状况而变，一般可达水深150 m处。

马苏金枪鱼为南半球中纬度海域的特产金枪鱼类，广泛分布在太平洋、印度洋和大西洋受亚南极水影响的水域内。

在印度洋，它分布在大巽他群岛南部、澳大利亚西部的海域内，向西扩展到东经80°附近，向南达到南纬35°左右，在这一水域内形成两个主要渔场，即南纬20°以北的岛间渔场和以南的外海渔场。

在南太平洋，从塔斯马尼亚海域至新西兰以东一直到西经150°附近，在这一水域亦有两个主要渔场：其一为塔斯曼海西部渔场，其二是新西兰近海渔场。此外，在南美外海和开普敦西南海域，也有渔获。

马苏金枪鱼主要渔场在澳大利亚沿岸水域，大致分为 6 个渔场：

(1)澳大利亚和新西兰（南纬 10°～20°和东经 110°～125°）之间的澳大利亚渔场。从 4～8 月用延绳钓捕捞产卵群。

(2)澳大利亚西岸水域（南纬 20°～30°、东经 110°～125°），从 9 月至翌年 4 月用延绳钓捕捞产卵前和产卵后个体。

(3)南澳大利亚水域，曳绳钓全年可进行作业，并用活饵诱捕性未成熟个体。

(4)澳大利亚东南岸与塔斯马尼亚之间水域，主要进行延绳钓作业。

(5)新西兰水域，主要是延绳钓作业。

(6)南纬 40°～50°之间西太平洋到东印度洋水域。

6. 鲣鱼　鲣鱼体纺锤形，较粗壮。上部的条纹褐色，银白色腹部上的条纹呈蓝灰色。最大体长达 1 m，体重 25 kg。以多种热带鱼类（沙丁鱼、其他鱼类的幼鱼）、无脊椎动物（乌贼等）、头足类软体动物和小型甲壳类为食。

鲣鱼广泛分布于热带和亚热带海域，季节性分布于温带海域。在北大西洋，常见于美国的马萨诸塞州，向东到不列颠群岛和斯堪的纳维亚群岛。在印度洋，出现于纳塔耳到亚丁的整个非洲东岸，以及红海、印度—澳大利亚群岛海区、斯里兰卡、苏门答腊和苏拉威西。在太平洋，鲣鱼是以赤道为中心，分布到南纬和北纬 40°之间的广大范围。主要分成两个群体：西部群体分布于马里亚纳和加罗林群岛附近，向日本、菲律宾和新几内亚洄游；中部群体栖息于马绍尔群岛和土阿莫土群岛附近，向非洲西岸和夏威夷群岛洄游。已知其分布与黑潮暖流密切相关。

鲣鱼在北纬 20°以南，表层水温 20℃以上热带岛屿附近饵料丰富的海区为其产卵场，在太平洋常年产卵于包括马绍尔群岛和中美洲的热带水域；在大西洋，产卵于非洲西岸佛得角、象牙海岸一带。

鲣鱼的栖息水温较高，为 18℃～30℃。仔鱼发现在表温 24℃以上的水域中，在低于 23℃的水域中很少。

（三）头足类

头足类在世界海洋中约有 600 种，数量最多的是鱿鱼科，大约有 230 种，占总数的四分之三，其次是枪乌贼科和乌贼科。目前，主要捕捞种类是沿岸种类和季节性洄游到沿岸的大洋性种类，其中有 20 多种是重要的潜在捕捞对象，如太平洋鱿鱼、大西洋鱿鱼、巴特鱿鱼、翼柄鱿鱼、纽芬兰滑鱿鱼、阿根廷滑鱿鱼、莺乌贼、长柄鱿鱼、新西兰鱿鱼、澳洲鱿鱼、爪乌贼、日本爪乌贼等。

1. 太平洋鱿鱼　太平洋鱿鱼是中上层种类，分布在菲律宾海、南海、东海、黄海、日本海、鄂霍次克海、太平洋沿岸和千岛群岛沿岸。其分布区的南界是冲绳群岛。产卵期间北上到达鄂霍次克海中部和南堪察加外海。栖息于上层的大群一般不超过水深 200 m，在沿岸及离岸 350 海里的外海均能见到其群聚。太平洋鱿鱼存在着 4 个群体（冬生群、夏生群、秋生群和春生群），每个群体在一定的季节产卵，并且互相交错。

2. 大西洋鱿鱼　体长可达 1.5 m，重 15 kg。一般胴长 30～40 cm，重约 1 kg。大西洋鱿鱼的大群出现于表层至 1 000 m 水层，常常远离沿岸。分布于大西洋东北海域和地中海。从挪威、西班牙海区直到葡萄牙外海；在加那利群岛、马德拉群岛、亚速尔群岛、北海、丹麦湾和波罗的海西南部都可见到。

3. 纽芬兰滑鱿鱼　分布于大西洋西北部，即从格陵兰、拉布拉多和纽芬兰沿美国东海岸向南到佛罗里达沿岸一带。从纽芬兰到缅因湾有大量纽芬兰滑鱿鱼经常游到近岸。

该种鱿鱼的幼鱼栖息于表层，成年鱿鱼一般栖息于深海区。在美国和加拿大东海岸栖息水层为 50～700 m；在墨西哥湾和加勒比海栖息于 180～650 m 水层。不过，纽芬兰滑鱿鱼并不总是栖息于海底，夏季在大纽芬兰滩和圣约翰斯滩常上升至表层。其主要索饵场是从缅因湾到拉布拉多以南。纽芬兰沿岸的鱿鱼数量变动很大。据分析这和水文条件的变化有关，水温 0.5～15℃或再高些时，有鱿鱼出现，在沿岸海区仅在水温低于 5℃～7℃时才出现。

4. 新西兰鱿鱼　分布于新西兰和查塔姆群岛附近。在大陆架和大陆斜坡上层数量最多。小型鱿鱼栖息于 100～130 m 水层，150～200 m 水层栖息着中型和大型个体，但也有少数小型鱿鱼。它们以甲壳类（磷虾、端足类和幼蟹）、鱼类（竹刀鱼）和幼鱿鱼为食。

新西兰鱿鱼的汛期是从 9 月至翌年 5 月，因不同海区而异。从新西兰水域的总捕获量来看，南岛西北沿岸的产量占总渔获量的 60%，坎特伯里湾海区为 16%。优良渔场在埃格孟特角以北和库克海峡西部以及南岛东岸外海（坎特伯里湾）。第一个渔场中心从南纬 38°55′、东经 173°45′处向北、东北约扩展 50 海里，水深 90～120 m，沙质海底。第二个渔场的主要地点在哥尔基—别依湾北部（水深 100～170 m）和塔斯曼湾（水深 100～170 m 以下）。此处为泥沙底和泥底，透明度很低。第三个渔场从南纬40°、东经172°处沿南岛西北海岸向西南延伸。主要渔区形成于卡腊梅阿湾直到弗隆特角以北。鱼汛期逐年变化,盛渔期为12月至翌年2月份。第四个渔场是从班克斯沿大陆斜坡至南纬45°10′。在东部渔场大约延伸5海里。

5. 巴特鱿鱼 为纯海洋性种类,整个生命周期均在外海度过。胴长约40 cm(体长90 cm),体重5 kg。分布于大西洋北部、太平洋北部、大西洋南部、印度洋及西南太平洋的亚热带水域。在太平洋西北部,分布于日本以南到南千岛群岛。它在南千岛群岛海区的洄游,取决于伸入北方的暖水团,特别是取决于黑潮暖流东北支流及亲潮寒流支流的发展情况。7月份其分布北界和表层17℃~28℃等温线相一致,8月份和14℃~15℃等温线一致。11月份,它沿亲潮寒流向南洄游,并在洄游过程中逐渐成熟。

四、世界主要渔场概况

第二次世界大战后,联合国粮农组织把世界海洋划分为19个渔区,其中大西洋8个,太平洋7个,印度洋3个,北极洋1个。

(一)太平洋西北区

太平洋西北区有两大岛弧即千岛群岛、日本诸岛和两大半岛(朝鲜半岛和堪察加半岛),这些岛弧和半岛把太平洋西北部分割为日本海和鄂霍次克海两大海盆。大陆架面积共有95.9万 km²。

本区有寒、暖两大海流系在此交汇,它们的辐合不仅影响沿岸区域的气候条件,同时也给该区的生物环境创造有利条件。黑潮暖流水系与亲潮寒流水系在日本东北海区交汇混合,沿流界区发展成许许多多的涡流,海水因此充分混合,研究表明,除了在白令海和鄂霍次克海有反时针环流外,在堪察加东南部的西阿留申群岛一带海区也有环流存在。

主要捕捞对象有沙丁鱼、鳀鱼、竹篱鱼、鲐鱼、鲱鱼、竹刀鱼、鲑鳟鱼、鲣鱼、金枪鱼、鱿鱼、狭鳕、鲆鲽类、鲸类等。

日本北海道—库页岛一带海域是世界三大著名渔场之一,这一海区主要是亲潮和黑潮交汇的流界渔场,底层鱼类的捕捞对象主要是鳕类,中上层鱼类主要是秋刀鱼、沙丁鱼、鲐鱼、金枪鱼、鲣鱼、鲸类等。

(二)太平洋东北区

太平洋东北区范围为42°N以北、175°E以东,包括楚科奇海在内的广大海域。

俄勒冈州和华盛顿州近海的大陆架比较窄,200 m等深线以浅的宽度大约40~50 km。温哥华和夏洛特皇后群岛外的大陆架也较窄,但夏洛特皇后群岛与大陆之间有较宽的陆架,斯奔塞角以北和以西,陆架变宽到斜迪亚克岛外海达100 km,阿拉斯加湾沿岸一带多山脉,并有许多岛屿和一些狭长的海湾。白令海东部和楚科奇海有比较浅的宽广的浅水区。大陆架面积约有109万 km²。

阿留申群岛之南，主要的海流是西流的阿拉斯加海流和东流的阿拉斯加环流的南部水系，后者在大约 50°N 的美洲近岸分支，一部分向南流形成加利福尼亚海流，其余部分向北流入阿拉斯加湾再向西转入阿拉斯加海流。阿拉斯加海流继续西流到 170°E，在那里分为两支，一支向北流入白令海，另一支向西南流与东向流连接。

主要的渔业是大鲆和鲑鳟渔业。在阿拉斯加南部、不列颠哥伦比亚、华盛顿州和俄勒冈州外海的底层鱼类（不包括大鲆）利用不足，主要是加拿大和美国的拖网和延绳作业。美国沿岸的阿拉斯加湾和白令海东部是狭鳕的主要渔场。

中上层鱼类主要是鲱鱼，太平洋沙丁鱼主要分布于本海区的南部，年产量不高。此外还有白令海和阿拉斯加的鳕场蟹和虾渔业也是本区的主要渔业。

（三）太平洋中西区

太平洋中西区主要受北赤道水流系的影响，在北部受黑潮影响，流势比较稳定，南部的表面流受盛行的季候风影响，流向随季风的变化而变化。

北赤道流沿 5°N 以北向西流，到菲律宾分为两支，一支向北，另一支向南，北边的一支沿菲律宾群岛东岸北上，然后经台湾东岸折向东北，成为著名的黑潮。南边的一支在一定季节进入东南亚。

本区是世界渔业比较发达的海区之一，小型渔船数量非常多，使用的渔具种类多样，渔获物种类繁多。泰国渔业资源丰富，单拖网渔业发展之后，渔场扩大到湾的南部甚至更外。

（四）太平洋中东区

太平洋中东区范围自加利福尼亚北部到秘鲁北部，漫长的海岸线（约 9 000 km）大部分颇似山地海岸，大陆架狭窄。在加利福尼亚南部和巴拿马近岸有少数岛屿，外海的岛和浅滩稀少，有孤立的岛或群岛如克利帕顿岛、古日拉帕戈斯群岛。岛的周围，仅有狭窄的岛架，这些岛或群岛引起局部水文的变化导致金枪鱼以及其他中上层鱼类在此集群。

加利福尼亚海岸平直，没有宽的浅滩和大的海湾，最大的闭封水域是旧金山湾，正对其狭窄口的外面陆架宽度大约只有 50 km，但其他地方平均宽度仅20 km；在墨西哥北部边界之南，有一狭长的加利福尼亚半岛，这个半岛包围着水深较深的加利福尼亚湾，半岛的两边和大陆沿岸陆架狭窄（20～70 km）。中美海岸线较为曲折，陆架较宽，特别在巴拿马湾更宽，水深 200 m 以浅，平均宽度 40 km。

有两个表面流系统，一个是北面的加利福尼亚海流，另一个是南面的秘鲁海流，还有次表层赤道逆流，也是重要的海流。

本区历史上最大的渔业是加利福尼亚沙丁鱼渔业，现因资源衰减产量下降，但沙丁鱼减少而鲣鱼上升；鲐鱼和竹䇲鱼的渔获量在加利福尼亚渔业占一定比重。金枪鱼渔业是加利福尼亚的基础渔业，从墨西哥到厄瓜多尔的赤道沿岸虾渔业很发达。

（五）太平洋西南区

太平洋西南区几乎全部是深水区。主要的大陆架只有新西兰周围和澳大利亚的东部和南部沿海（包括新几内亚西南沿海）。

主要的海流是北部的南赤道流和信风漂流，在最南部是西风漂流；在塔斯曼海，有东澳大利亚海流沿澳大利亚海岸向南流，至悉尼以南流势减弱并扩散，新西兰周围的海流系统复杂多变。

最主要的渔业是近海甲壳类渔业（如新西兰和澳大利亚近海的龙虾渔业和澳大利亚近海的对虾渔业）和外海的金枪鱼渔业。

澳大利亚沿岸的拖网业和东西两岸的鲣鲔业，以及南方巴斯海岸的鱿鱼业发展较快。

（六）太平洋东南区

太平洋东南区范围包括5°S以南的秘鲁和智利沿岸海域以及秘鲁海流流域和与此海流有关的主要上升流区。

中部大陆架很窄，从秘鲁的伊洛到瓦尔帕来索这一区域距岸30 km以内水深超过1 000 m；陆架的宽度各地不同，自几公里到20 km左右，沿秘鲁海岸向北，陆架渐宽，直至迪钦博特区域，最宽达130 km左右，再向北又变窄。该渔场水深小于200 m。

秘鲁—智利海沟在秘鲁和智利北部外海，终点处接近瓦尔帕来索，该海沟长度短，深度超过5 486 m，有些地方超过7 300 m。亚南极水（西风漂流）横跨太平洋到达智利沿岸开始分为两支，一支为向南流的合恩角海流；另一支为沿岸北上的秘鲁海流，这支海流一直到达本区的北界。

在秘鲁海流始端的表温为10℃～15℃，随着海流向北行进，水温渐增，至秘鲁北部沿岸水域表温，冬季为18℃，夏季为22℃。在次表层有一股潜流，靠近秘鲁—智利海岸向南流动，这股潜流起源于赤道附近水深小于100米至几百米的次表层水，向南延伸至40°S附近，在该处潜流范围自深度100～200 m至200～300 m左右。潜流所处深度的整个水团含氧量很低，营养盐丰富。

主要渔业是鳀鱼渔业，该渔业遍及秘鲁整个沿岸和智利最北部。其他渔业是鲱鱼渔业、金枪鱼渔业、无须鳕拖网渔业；秘鲁、智利的虾渔业和智利的贝类、软体动物渔业。

（七）大西洋西北区

大西洋西北区主要以纽芬兰为中心的格陵兰西海岸和北美洲东北沿海一带海域。流入本区的水温0℃以下的冷水系是起源于极地的拉布拉多海流，在巴芬湾与西格陵兰海流合流，沿拉布拉多半岛南下，在纽芬兰南方的大浅滩与湾流汇合，形成世界著名的纽芬兰渔场。

主要渔业是底拖网渔业和底延绳钓渔业。渔获物有鳕鱼、黑线鳕、鲈鲉、无须鳕、鲱鱼等。

（八）大西洋东北区

本区分为 5 个小区：① 北部海区包括格陵兰东海岸到冰岛周围，法罗群岛周围，挪威北岸至巴伦支海等海区；② 北海海区；③ 大不列颠诸岛屿以西和以南海区；④ 波罗的海海区；⑤ 南部海区。主要渔场有北海渔场、冰岛渔场、挪威北部海域渔场、巴伦支海东南部渔场、熊岛至斯匹次卑尔根岛的大陆架渔场。

本区主要为北大西洋暖流及支流所支配。冰岛南岸有伊里明格海流（暖流）向西流过，北岸和东岸为东冰岛海流（寒流），北大西洋海流在通过法罗岛之后沿挪威西岸北上，然后又分为两支，一支继续向北到达斯匹次卑尔根西岸，另一支转向东北沿挪威北岸进入巴伦支海，两支海流使巴伦支海的西部和南部的海水变暖（约 4℃），提高了生产能力。

北海渔场是世界著名的三大渔场之一，它是现代拖网作业的摇篮，适合拖网作业的主要渔场有多格尔浅滩和大渔浅滩等。此外还有围网、延绳钓和刺网作业等。在北海渔场丹麦式旋曳网作业是捕捞鲆鲽类、鳕鱼、黑线鳕和其他鳕类的重要工具。在南部海区主要采用双拖作业。

冰岛、挪威近海和北海渔场的鲱鱼渔业是最重要的、建立时间最长的渔业。现在北海传统的流刺网逐步被拖网作业（底拖和现代的中层拖网）所代替。

主要捕捞对象有鳕鱼、黑线鳕、无须鳕、挪威条鳕、绿鳕类、鲱科鱼类、鲐鱼类等。产量最高的是鲱鱼，年产 200～300 万吨。

（九）大西洋中西区

美国东岸岸线约 1 100 km，陆岸有许多封闭或半封闭的水域，200 m 以浅（不包括河口）的大陆架面积约 11 万 km²，200 m 以外的斜坡徐缓。

巴哈马浅滩由许多低矮岛屿的浅水区组成，包括古巴北部沿岸比较狭窄的陆架，面积为 12 万 km²；墨西哥湾 200 m 以浅水域近 60 万 km²。加勒比海的大陆架面积 25 万 km²。

主要海流有赤道流的续流，沿南美沿岸向西流和赤道流一起进入加勒比海区形成加勒比海流，强劲地向西流去，在委内瑞拉和哥伦比亚沿岸近海由于风的诱发形成上升流。

本区最重要的渔业是虾渔业，渔场中心在墨西哥湾，主要由美国渔船生产。虾渔场的发展现已扩大到委内瑞拉和圭亚那近海。

美国的油鲱渔业也是很重要的渔业，产量高峰时达 100 万吨。

（十）大西洋中东区

大西洋中东区范围自 36°N 的直布罗陀海峡到 6°S 的刚果河口的大西洋东部海区。沿岸水域的大陆架面积为 48 万 km²，大陆架的宽度一般较狭，小于 32.2～48.3 km，毛里塔尼亚北部和自达喀尔到塞拉利昂弗里敦一带沿海大陆架较宽，约达 160 km。

摩洛哥和 Rio de Qro 大陆架浅水区的海底由于有沟谷和珊瑚硬地，不宜拖网作业。在达喀尔以南的热带海区和几内亚湾多泥质，陆架底质较为平滑，海岸线曲折，从象牙海岸到尼日利亚沿岸一带多泻湖。

主要的表层流系是由北向南流的加那利海流和由南往北流的本格拉海流，它们到达赤道附近向西分别并入北、南赤道海流。在这两支主要流系之间有赤道逆流，其续流几内亚海流向东流入几内亚湾；在象牙海岸近海，几内亚海流之下有一支向西的沿岸逆流存在。由于沿西非北部水域南下的加那利海流（寒流）和从西非南部沿岸北上的赤道逆流（暖流）相汇于西非北部水域，形成季节性上升流，同时这一带大陆架面积较宽，故形成良好渔场。

在北部水域（从直布罗陀海峡到达喀尔），小型中层鱼类主要是沙丁鱼，中型中上层鱼类主要鱼种是竹筴鱼、鲐鱼；大型中上层鱼，主要鱼种为长鳍金枪鱼、黄鳍金枪鱼和金枪鱼，后者是西北非最重要的沿岸渔业。底层鱼类主要有鲷科鱼类、乌鲂科鱼类等；头足类包括鱿鱼、墨鱼和章鱼。

南部海域（从达喀尔到刚果），可以捕到大型的鱼类如石首科鱼类、马鲛科鱼类、海鲶科鱼类、鳐科鱼类，其中以刚果河口最好。最丰富的虾场是在大河口或泻湖口（入海）附近。

（十一）大西洋西南区

大西洋西南区范围西到巴西、乌拉圭和阿根廷海岸，其南端到 70°W，东界（20°W）紧靠中大西洋海脊的西面斜坡，北面以赤道逆流为界（5°N），南界（60°S）为南极辐合线。

巴西北部沿岸大陆架，除亚马孙河口多废物沉渣外，均为岩石和珊瑚礁带，大部分海区不宜拖网作业，在巴西的中南部沿岸，其北面是岩石和珊瑚带，南面大部分海区适于拖网作业。

巴西北部和中部沿岸主要用小型渔船和竹筏进行渔业生产，南部沿岸和巴塔哥尼则使用大型底拖网作业。捕捞对象为鳕类、金枪鱼类、沙丁鱼、鳀鱼、鲐鱼、鱿鱼以及石首科鱼类。

（十二）大西洋东南区

大西洋东南区自 6°S（刚果河口）往南绕过好望角到 30°E（德班稍西南），不包括 50°S 以南的南极水域。东面的界线比印度洋和大西洋分界线（20°E）偏东，以免把重要的厄加勒斯浅滩渔场分割开。在 20°～30°E 之间的鱼类区系主要属冷水性鱼类，比较接近大西洋鱼类区系。

主要海流为本格拉海流，在非洲西岸 3°～15°S 之间向北流，然后向西流形成南赤道流。在南部的主要海流是西风漂流。本格拉海流在南部非洲的西岸上升流。

主要捕捞对象为沙丁鱼、竹筴鱼、无须鳕、龙虾、金枪鱼类、乌鲂科鱼类和头足类。

（十三）地中海和黑海

地中海几乎是一个封闭的大水体，它使欧洲大陆和非洲、亚洲分开，地中海以突尼斯海峡为界分为东地中海和西地中海两部分。地中海有几个深水海盆，最深处超过3 000 m。

地中海180 m以浅的陆架总面积约50万 km^2。亚得里亚海和突尼斯东部近海陆架较宽，尼罗河三角洲近海和利比亚沿岸有较小的陆架，其他海域都很深，沿岸一般为岩石和山脉。黑海是一个很深的海盆，北部的亚速海和克里木半岛西面是浅水区，南部陆架陡窄。

大西洋水系通过直布罗陀海峡进入地中海，主要沿非洲海岸流动，可到达地中海的东部。黑海的低盐水通过表层流带入地中海，尼罗河是地中海淡水的主要来源，它影响着地中海东部的水文、生产力和渔业。

地中海鱼类资源较少，大型渔业主要在黑海。渔业资源利用充分，资源遭到严重破坏。主要渔获物是沙丁鱼、鲱、鳀鱼、鳕鱼和金枪鱼等。

（十四）印度洋

印度洋分西区和东区，大陆架面积总计300万 km^2。大陆架较宽的海区有阿拉伯海东部、孟加拉湾东部和澳大利亚西北部沿岸。其他海域的大陆架都很狭，沿岸是悬崖绝壁。东非沿岸许多地方200 m等深线距岸不到4 km，珊瑚礁到处可见，特别在非洲沿岸更多。

北部表层海流的明显特点是随着季风的改变而改变，在西南季风期间（4～9月），索马里海流沿非洲沿岸向北流，流速高达7 kn。在东北季风期间（10～3月），索马里海流转向南流（12～2月）；阿拉伯海北部的大部分海流流势弱，流向不定。

在东非近岸区（南非、莫桑比克、坦桑尼亚）大多数渔业是自给性的沿岸渔业。因为这一带水域珊瑚礁多，陆架窄，不适宜底拖网作业。主要捕捞对象为虾类、沙丁鱼、鳀鱼、鲐鱼、金枪鱼和石斑鱼等。

（十五）南极海

南极海与三大洋相通，北界为南极辐合线，南界为南极大陆，冬季南极海一半海区为冰所覆盖。南极大陆架狭窄而且冰冻很深，全年大部分时间被冰覆盖，用传统的捕鱼方式无法作业。岛和海脊无宽广浅水区，只有 Kerguelen 岛和乔治亚岛周围有一些浅水区。

南极海是一个深度达4 000～5 000 m的深海海域，北部底质为硅藻软泥，南部为蓝色黏土。南极海域中上层鱼类有60种，底层鱼类有90种。主要捕捞对象有鲸、灯笼鱼和磷虾等。

第五节　探鱼仪

目前，探鱼使用的主要设备有垂直探鱼仪和水平探鱼仪，统称为渔业声呐。水平探鱼仪多用于搜索鱼群进行瞄准捕捞，垂直探鱼仪多用于鱼群探测和资源量评估。

一、探鱼仪的结构原理

探鱼仪由五个主要部分组成，即换能器、发射器、接收放大器、指示器以及电源设备等。因为仪器的大小、结构以及指示器类型的不同，组合形式是多种多样的。小型探鱼仪常把除换能器以外的部件装在一起，而大型的探鱼仪则经常是分别安装的。

发射器由指示器里的定时机构触发，产生出具有一定功率、一定频率和一定脉冲宽度的电脉冲。该电脉冲馈送到发射换能器，变为同频率的超声脉冲，并以一定方向向海中辐射。超声脉冲在传播的过程中碰到鱼群或海底时，根据反射原理而产生回波。当这种微弱的反射回波返回到接收换能器表面时，又被接收换能器转变成电信号。回波信号经接收放大器放大后，送到指示器，由指示器用记录形式或显示屏形式等给予显示。

探鱼仪是借助超声波在水中传播来探测鱼群及其他水中障碍物的。探鱼仪发射换能器向水中发射有指向性的超声波，在其传播过程中遇到硬的或密集的物体如鱼群、岩礁或海底等目标物时会产生反射波，即回波信号，经接受换能器接受，并经处理后显示出来。

二、探鱼仪的主要技术特性

（一）工作频率

探鱼仪的工作频率是指发射的超声频率和接收放大器所接收的回波信号频率。目前探鱼仪所使用的工作频率为 14～400 千赫，所选用的工作频率的高低是根据探测对象及探测距离而定的。

选择较低的频率其优点在于传播衰减小，因此能够传播得远。但从海洋噪声频谱和船舶航行噪声的分布来看，使用低频的探鱼仪所受到的背景干扰较大。选择较高的工作频率也有一系列优点：频率高的超声波在用同样面积的换能器下能产生较尖锐的指向性，把发射能量集中在一定的范围，从而获得较高的指向性增益。另外，对小鱼虾类也有较强的反射回波。实际上探鱼仪使用的工作频率是按不同用途而定的。譬如专用探测虾类的，采用150～200千赫，一般垂直探鱼仪采用30～50千赫。有一些探鱼仪设有高低频两种频率，对于不同探测对象可任意转换使用。

水平探鱼仪一般都采用较低的工作频率，约在15～30千赫左右。但在浅海探测时，为了减少海面和海底混响，也有采用较高频率的。

（二）发射脉冲重复频率

目前垂直探鱼仪均用脉冲式探测，也就是发出一次超声脉冲后要待回波返回才发射下一次脉冲。如果连续地发射，则发射波和回波相混淆，无法分辨出回波来，这样当然就无法算出回波时间了。超声波每分钟发射的次数称为脉冲重复频率。

高的脉冲重复频率可以使信息率提高，记录清楚、真实，但是受到量程的限制。只有当上一次发射的超声脉冲回波返回后才可发射下一次的超声脉冲。若量程为 h，则超声波往返的时间为 t＝2h/c（秒）。每分钟内可往返的次数，亦即每分钟内可发射的超声脉冲的次数为 A＝60/t＝60c/2h＝45 000/h。

选用较低的重复频率，可以使指示器（特别是记录器）结构简单，维护较易，但却失去上面的优点。按照生产实际经验，对于单个鱼，起码记录三次反射回波才能有明显的记录映象。

（三）发射脉冲宽度

一般垂直探鱼仪所选用的脉冲宽度约为 0.5～5 毫秒，并且多做成可变的，根据不同的用途而选择不同的脉冲宽度。而水平探鱼仪则选用 10～20 毫秒或更宽的脉冲宽度。

（四）发射脉冲功率

探鱼仪所需的脉冲功率是根据探测距离、对象来决定的，同时为了避免空化现象的出现，也受到一个极限值的限制。

按脉冲电功率的大小来分，垂直探鱼仪可分为三类：1 000 W 以上的称为大功率探鱼仪，1 000～100 W 之间的称为中等功率探鱼仪，100 W 以下的为小功率探鱼仪。而水平探鱼仪一般都在 1 000 W 以上。

增大脉冲功率，可以相应的增加探测距离，提高信噪比。浅海使用时，一般选用 100～400 W。

（五）接收放大器增益

接收放大器的作用是放大回波信号。超声波在水中一往一返，被海水吸收和散射损失是很大的，故接收到的回波信号是微弱的，不能使指示器作出指示。接收放大器的主要作用是放大回波信号和排除干扰。

接收放大器的增益一般是可调的，最大增益在 120～130 分贝之间。增益太低固然放大量不够，而增益太高也不实用。因为过分提高增益后，对于噪声也起着同样的作用，将使噪声也出现在指示器上，以致无法辨认真正的目标了。

（六）换能器指向性

探鱼仪的换能器在其发射和接收超声波时，都呈现一定的方向性，对于相同的频率，换能器面积越大，指向性越尖锐。

尖锐的指向性能够使发射声能集中，减少其它方向对接收的干扰，提高仪器对同一深度上的分辨能力。但过尖锐的指向性又容易漏掉目标，特别是在风浪的情况下。

（七）指示方式

回波的时间不可能用停表来记时，必须有特殊的设备来记时。指示器就是用作记录或显示回波强度和到达的时间的，并且折算成被测目标的距离，以便于使用者观察。使用者可以凭它所记录或所显示的形状、大小来判别鱼群的大小和类别。

指示器有用记录纸记录回波信号的记录器，有用示波管指示和音响指示等形式的记录器，各有利弊。大型的探鱼仪装置包含上述几种指示器，中小型探鱼仪大多数采用记录器。近年有回波强度显示不同颜色的彩色探鱼仪；有用电子扫描的多笔式记录器取代传统的机械记录装置的探鱼仪。

(八) 电源

电源设备的类型很多，有变流机组，它是一个直流电动机和一个交流发电机组成的机组，把船上的直流电源变成交流电流，然后供给各分机。变流机组体积较大，运转有噪音，效率也较低，但是它的瞬间过载能力强，所以目前还有些仪器使用它。中小型探鱼仪大多使用半导体逆变器以及开关式稳压电源，这些装置体积小，效率高。

三、水中超声波的性质

超声波在海水中传播时，因受外界环境中水文、生物和地理等因素的影响会发生许多变化。

声波在海水中传播时，由于海水的压缩和膨胀引起摩擦，产生能量损失。另一方面，海水中存在着微小浮游生物等，声波遇到时由于产生散射和振动而消耗了能量，即所谓吸收衰减。一般来说，声频越高，水温越低，吸收衰减越严重。

声波在水平方向传播时，由于水深、温度、压力及盐度的不同会向声速低的一边弯曲，其中水温的影响最大。如果水深不同，水温呈等温层时，声速可无大变化呈直线传播，若随深度的增大，水温下降，呈负梯度状，这时声波总是向下弯曲对着海底而去，所瞄准的目标物往往会丢失。例如当水深 30 m，有负 1℃ 的温差，于 950 m 处，声线将下弯到深度 30 m 处。若随深度的增大，水温上升，呈正梯度状，这时声波的传播路线总是向上弯曲。在温跃层、寒暖流交汇处或风浪较大海区则经常会出现向下或向上弯曲两种兼而有之的情况。但声波朝垂直方向传播时则没有上述现象。

四、探鱼仪的探测能力

一般指探测鱼群或海底可能达到的深度或距离。决定探鱼仪探测能力的因素有探鱼仪的发射频率、指向角、发射功率、接收灵敏度以及传播条件等，而距离分辨力和方位分辨力是其具体表现。

(一) 距离分辨力

其大小与脉冲宽度有关。脉冲宽度越窄，分辨力越好，但脉冲宽度过窄时，接收放大反射信号的电路要有较宽频带，而这会使内部噪音加大，反而使最大探测距离缩短。因此，若以最大距离为主时，尽可选取宽脉冲。

（二）方位分辨力

方位分辨力是准确取得鱼群等目标物方位时必须具备的能力，它取决于探鱼仪的指向角。若指向角小，其方位分辨力越好；指向角大，方位分辨力就差。

（三）探测方法

使用探鱼仪作业时，为了能在最短时间内探索各个不同水深和水温区域内鱼群分布情况，应使探索航向与等深线或等温线成一定角度。在风浪天气作业时，必须使航向与波浪成30°角较合适，避免顶浪、横浪探测。为准确探测鱼群，作业时一般采用以下几种方法。

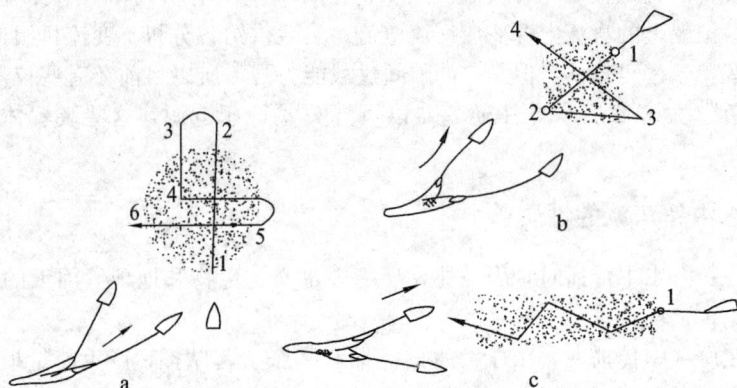

图1—5　鱼群的探测法

a. 四向探测法　　b. 交叉探测法　c. 折航探测法

（1）四向探测法：海船在1处发现鱼群即继续向前行驶，到达2处鱼群消失即调头行驶，到3处又发现鱼群，一直驶到4处向左转弯，行驶一段时间后若鱼群消失即向右转弯，在5处又发现鱼群，在6处鱼群又消失。经过这样一连串的探测后，鱼群的范围大小即可知道。

（2）交叉探测法：渔船在1处发现鱼群后继续向前行驶，到2处鱼群消失转航向探测，至3处又发现鱼群消失，再转换航向直到4处发现鱼群消失，即可推知鱼群范围大小。

（3）折航探测法：在1处发现鱼群后即向左右作曲折航行探测。

（4）直线探测法：渔船测到鱼群后，继续往前行驶，至鱼群消失立即回头放网。

五、探鱼仪映象的分析

对探鱼仪映象进行解释，是使用探鱼仪的一个重要环节。对同一记录资料，具有不同经验和判断能力的人，可能得出不同的结论。根据记录映象的色泽、形状、大小来判断地形、底质以及鱼群的大小等，这就是映象解释的内容。

（一）海底的记录

1. 探测作用区　换能器发射的超声波是按一定的圆锥角发射的，而超声波在传播过程中亦随深度的增加而减弱，所以只有在某一范围内探鱼仪才能探测到目标，在记录器上显出记录，这个范围称为探测作用区。

2. 发振线和海底回波的记录 发射器发射超声脉冲的瞬间,一部分能量通过输入电路或内部电路的耦合,使接收放大器获得一个信号,此信号经过放大器放大后在记录纸上记录出来。依次把发射信号在记录纸上记录下来,形成一条记录线,我们称为发振线或零位线。发振线的开始点对应于发射器发射超声脉冲的开始时刻。超声波传播到海底后,被海底反射回来,回波信号经放大器放大后在记录纸上记录下来。连续记录形成一条海底回波记录线,称为海底线(图1—6)。

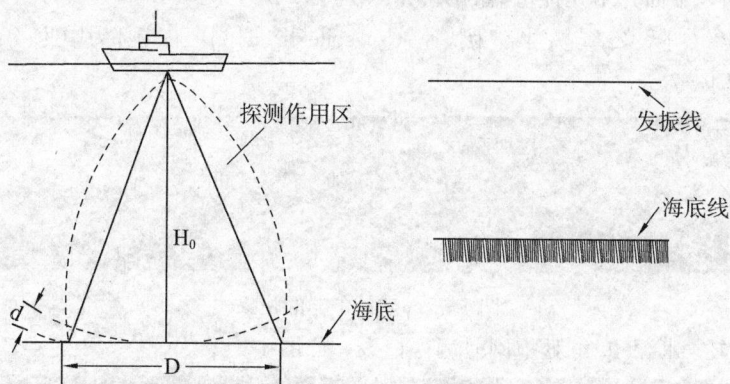

图1—6 发振线与海底线记录的形成

3. 多次反射记录 在水较浅的海区进行探测时,记录纸上不单有正常的海底线记录,还会出现二次、三次等海底反射记录,这是由于超声波多次反射的结果。发射的超声脉冲被海底反射回来后得到第一次海底记录,此一反射波到达船底及海面时,分别由船底及海面反射回海底,再由海底反射回来,得到第二次海底记录,因为经由船底反射的反射波较海面反射波所走的距离近,所以二次回波为两条。

4. 不同底质的记录 不同底质对声波的反射效率是不同的,泥底反射能力较差,沙底较强但不如岩石底,故此反映在记录映象上是有所不同的。

岩石底质的反射能力最强,它对边缘声线也有一定的反射,使接收换能器接收到更多的回声,使海底记录变宽,色泽浓。

砂泥海底的反射能力较弱,回声记录较窄。

泥底反射最弱,回声记录较淡,但是声波能渗透到深层再反射回来,所以海底记录变得较宽。

因为影响记录映象的因素较多,故利用探鱼仪记录映象分辨底质还需要使用人员不断积累经验才可作出准确的判断。

(二)特殊情况下的记录

风浪大时,船体会作左右摇摆和前后纵倾,这样就会出现不正常的记录。因船体不断倾斜,加上有时船体升到波浪峰顶,有时又处在波谷,这样探测到的海底距离就有起伏,所以记录成锯齿状。当倾斜度太大时,不可能接收到反射回波,记录便成空白。

船舶急转弯时船体向一侧倾斜,船舷与海水发生剧烈的摩擦,产生大量气泡,超声波被大量吸收,相应的记录为发振线拉长,海底线变得模糊不清,甚至空白。

（三）探鱼仪映象的分析实例

探鱼仪不能记录出鱼或鱼群的形状，而是记录成各种不同的符号，如斑点、带状、流星、山峰、小鸟、覆瓦或不规则的线条等。这些记录的形状与鱼本身的外形、体长等无关，主要取决于鱼群的结群性质、垂直分布及活动性等。在掌握了足够的记录映象资料并对各渔场有足够的熟悉后，则不难进行鱼种的判别。为加强对鱼类映象的鉴别，下面介绍几种鱼类的映象供参考。

1. 狭鳕（明太鱼）　左半部为快速（8 n mile/h）时测，右半部为中速（6 n mile/h）时测。如图1—7。

图1—7　鳕鱼鱼群的映象

2. 带鱼　水深49 m处拖网时测得记录。如图1—8。

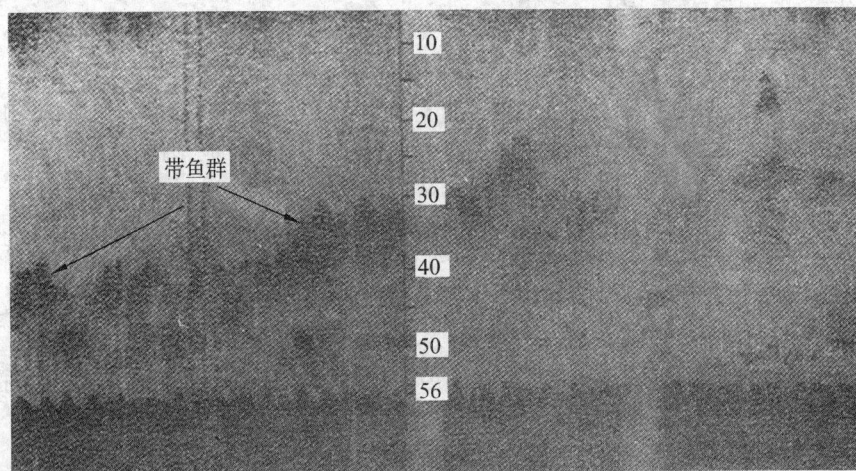

图1—8　带鱼鱼群的映象

3. 鲐鱼　由海洋岛返回大连时在大莫顶和裙子岛之间测得记录。如图1—9。

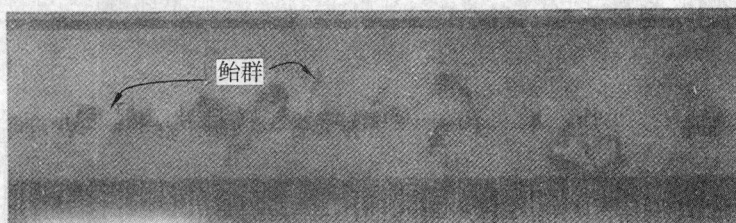

图1—9　鲐鱼鱼群的映象

4. 竹筴鱼　水深30 m发现鱼群瞄准下网围捕，渔获7 000尾。如图1—10。

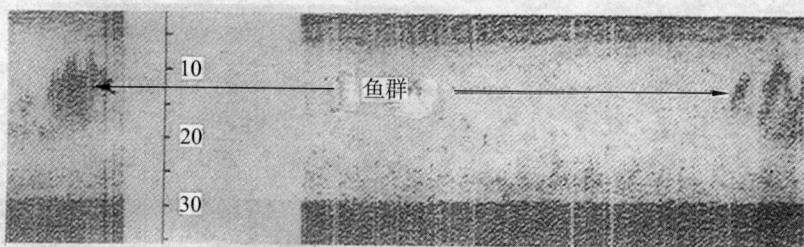

图1—10　竹筴鱼鱼群的映象

六、探鱼仪的使用

（一）记录式垂直探鱼仪

正确操作探鱼仪是发挥其探鱼作用的重要一环，这不仅要求我们掌握探鱼仪的原理，而且要求我们熟练地去操作各种控制旋钮。垂直探鱼仪的种类较多，但其操作方法大致相似，这里仅就其共性的方面加以介绍。

1. 准备　在启动仪器之前，应详细阅读该型探鱼仪使用说明书，了解其性能、工作条件及特殊要求，弄清各开关旋钮的用途及所在位置。

2. 电源电压调整　一部新装的探鱼仪或临时装的探鱼仪一定要查对供电电源，要注意电源电压以及极性是否符合要求。启动仪器前先把电压调整旋钮旋到最低位置，然后逐步加足电压到规定值。

一部分半导体探鱼仪直接使用船电工作，一般要求负极接机壳（地）。如果船电正极接地，则要求妥善处理，比如把船电供电系统改为负极接地或配专用电源等，否则将引起电源短路。

3. 量程选择　垂直探鱼仪扩展量程常用的方法有两种，一种是分段扩展，一种是压缩记录映象扩展量程。使用时根据海区的深度选用探测量程，对深度较大的海区可先选用较大的量程来探测，如发现某一水层有鱼群记录时，再转换到相应的量程上仔细观察。

4. 零位线（发振线）调整　为了方便而又准确读取水深，应该把记录的零位线调整在船的吃水深度上。一般调整的方法可上下移动量程标尺或专用的零位调整旋钮。

5. 灵敏度调整　灵敏度旋钮是调整接收放大器增益的，应结合作业的对象和海况的具体情况灵活调整。一般认为调节到出现第二次海底回波记录为宜。

浅水测深时应该把灵敏度旋钮放低，否则得不到确切的水深记录，因而影响到航行安全。

6. 记录笔的调整　干式记录器在使用过程中钨丝记录笔常因磨损而过短，此时就应该调换或把备用钨丝拉出，通常钨丝伸出约1 cm。笔尖用镊子或尖嘴钳向上弯曲约90度，长度约2～3 mm，这样可使记录笔在纸上平滑地移动。记录笔对记录纸和导电针对导轨的压力要适中，一般以能接触再稍许加一点压力为好。导电针压力过重，容易折断也易磨损导轨；记录笔压力太重，就可能把记录纸拉毛。

（二）FCV-251 彩色探鱼仪 （如图 1—11）

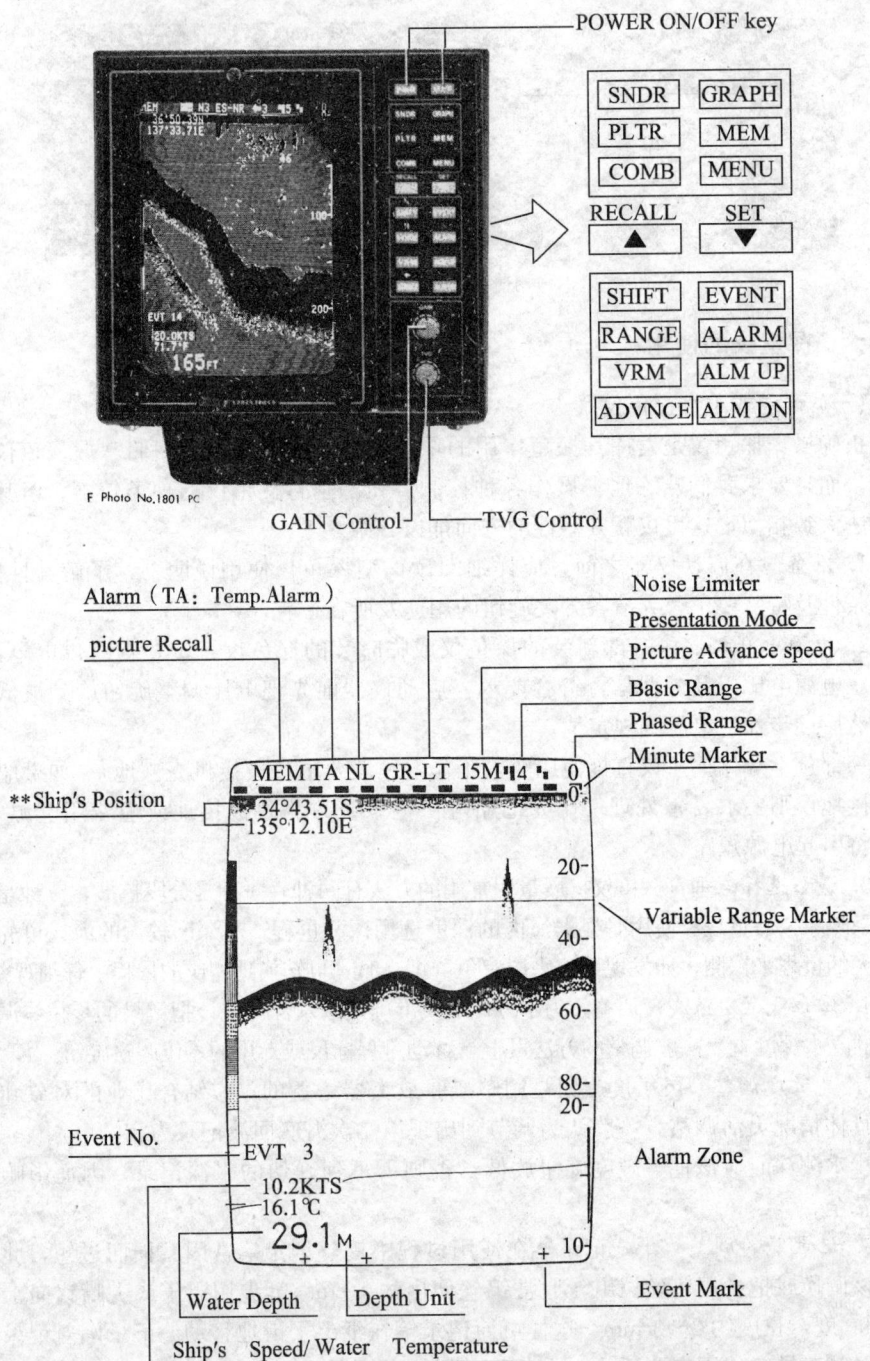

POWER ON/OFF key

SNDR	GRAPH
PLTR	MEM
COMB	MENU

RECALL ▲   SET ▼

SHIFT	EVENT
RANGE	ALARM
VRM	ALM UP
ADVNCE	ALM DN

F Photo No.1801 PC

GAIN Control — — TVG Control

Noise Limiter

Alarm（TA：Temp.Alarm）

Presentation Mode

picture Recall

Picture Advance speed

Basic Range

Phased Range

Minute Marker

MEM TA NL GR-LT 15M 14   0

**Ship's Position   *34°43.51S
135°12.10E

20-

40-
Variable Range Marker

60-

80-
20-

Event No.   EVT 3
Alarm Zone

10.2KTS
16.1℃
29.1 M
+   +   + 10-

Water Depth   Depth Unit
Event Mark

Ship's   Speed/ Water   Temperature

图 1—11　FCV-250/251/25 彩色探鱼仪结构及功能

1. FCV-250/251/25 面板按键名称及功能

功能键	第一功能	第二功能
PWR 电源	按 PWR 键接通探鱼仪电源	同时按 PWR 和 OFF 断开探鱼仪电源
MENU 菜单键	将第一功能转接到第二功能 第一功能为回波图像显示 第二功能为菜单显示	从第二功能转到第一功能。第二功能为菜单显示，第一功能为回波图像显示
SNRR 回波图像模式键	按▲或▼键可选择"常态图像显示"模式或"海底锁定扩展显示"模式	选择适合白天或夜间观察的屏幕背景颜色
GRAPH 图表键	选择图表显示画面（如有水温传感器连接时，可显示水温变化曲线）。再按▲或▼键，可设定图表图像前进移动速度	选择深度测量单位：m（米），FT（呎），FA（哩）
PLTR 航迹标绘键	选择航迹标绘显示模式（如有 GPS 卫导仪或罗兰 C 全自动接收机与本探鱼仪联机）	航线开（ON）或关（OFF）。
COMB 组合显示模式键	在回波图像显示画面：按 MEM＋COMB 为"回波＋回波图像"组合模式。按 PLTR＋COMB 为"航迹＋回波图像"组合模式。按 GLTRH＋COMB 为"图表＋回波图像"组合模式	调节屏幕亮度。
EVENT 事件键	按▼键，可存储当时的事件（绘出记录）。如发现鱼群或水深的突然变化，需要对此作出标记。按 EVENT，再按▲键，可调出存储的事件标志	选择机内噪声抑制器功能：OFF（不抑制）、N1（低抑制）、N2（中等抑制）、N3（强抑制）
MEM 记忆键	用于存储或重现回波图像。按 MEM，再按▼键，存储图像。按 MEM，再按▲键，再现存储的图像	设置温度显示补偿值
SHIFT 移相显示键	设置位移量程。显示起始深度，按▲键或▼键选择深度	选择自动（ON）或手动（OFF）量程

续表

功能键	第一功能	第二功能
RANGE 量程键	选择回波图像基本量程和航迹标绘量程	改变基本量程
ALM UP 设置上报警区键	设置上报警区	选择底部锁定扩展量程
ALM DN 设置下报警区键	设置下报警区	
ALARM 报警键	选择报警功能：OFF（不报警），BA（海底报警），FA（鱼群报警）	选择发射脉冲重复频率
VRM 活动深度键	移动活动测深标志线的测量范围	选择船速资料来源：INT（来自速度传感器，如计程仪），EXT（来自 GPS 卫导仪或罗兰 C 导航仪），OFF（航速无显示）。
ADVNCE 图像前进速度键	选择图像从右向左移动的前进速度	选择低频率发射（声呐 1）时干扰电平

2. 按键的基本操作规则

(1) 按键的功能。大多数按键具有第一功能和第二功能。MENU 键用于改变所用按键的功能。每按一次 MENU 键，其功能在第一和第二功能之间转换，并在屏幕上显示键的布置图。

(2) 第二功能键的操作是通过三步来完成的：按 MENU 键，显示第二功能模式（菜单模式），再按所需要的功能键。按▲或▼键，改变所选功能的设定值。如要回到正常图像显示，再按 MENU 键，便由第二功能转换为第一功能。

3. 图像显示模式

三种基本显示模式：(1) 回波常态图像显示，按 SNDR 键，可显示回波常态图像；(2) 曲线图像显示，按 GRAPH 键，可显示曲线图像，其回波图像显示在屏幕的 2/3 之上，屏幕剩余部分显示水温曲线（当图像前进速度设置很低时，能观察到水温的长期变化）；(3) 航迹标绘显示，按 PLTR 键，可显示本船的航迹图像（本仪器应与定位设备联机）。

4. 各项设定内容的操作

(1) 屏幕亮度设定：按 COMB，再按▲键亮度增加，按▼键亮度减低。

(2) 选择屏幕背景颜色：按 SNDR，再按▲或▼键设定所需要的背景颜色。

(3) 设定基本量程：观看菜单中"RANGE"处显示的设定值，按 RANGE 键，直到显示你所需改变的量程值，再按▲键或▼键，直到显示你所需要的量程值（要更改其他量程范围值，可重复上面的操作）。

（4）海底锁定扩展量程的选择：按 ALM UP 键，再按▲键或▼键显示"B/L RANGE"。

（5）噪声抑制设定：按 EVENT 键，再按▲或▼键，选择所需要的 N1、N2、N3、OFF。

（6）雪花干扰抑制电平设定：按 ADVNCE 键（低频率发射）或按 ALM DN 键（高频发射），再按▲键，直到在"CLUTLER"处显示所需要数字。

（7）自动海底跟踪接通设定：按 SHIFT 键，再按▲键，接通海底自动跟踪。

（8）发射重复频率选择：按 ALARM，再按▲键（发射重复频率升高）或按▼键（发射重复频率降低）。直到在"PLUSE RATE"处显示所需数字代码为止。

（9）温度补偿设定：按 MEM 键，再按▲键或▼键设定所需要的补偿值。水温传感器与本仪器联机时，显示出水温数据可能有微小的偏差，可在−3℃～+3℃或−6℃～+6℃之间设定补偿值。

（10）深度单位选择：按 GRAPH，再按▲键或▼键设定所需要的深度测量单位，关掉仪器电源，重新启动电源后，设定值生效。

（11）选择船速资料来源：按 VRM 键，直到"NAV"处显示出你需要航速信息来源为止。如果没有航速信息输入，应选择"OFF"。这时即使输入船位及温度信息，也无显示。如选择"INT"，但存在速度误差时，再按▲键或▼键选择速度补偿，补偿范围在10%以内。例如航速实际为 10 kn，而显示速度11 kn，则选择−10%。

（12）移相量程改变：需要移相显示时，按 SHIFT，再按▲键或▼键选择所需要的移相显示量程（基本量程大于500 m 时，移相量程间隔10 m；基本量程小于500 m 时，移相量程间隔1 m）。

（13）回波图像存储（记忆）和调出：存储时，按 MEM 键后再按▼键，屏幕上回波图像停止前进并被存储，按 SNDR 键，屏幕上图像恢复正常前进。调出时，按 MEM 键，再按▲键，原来被存储的回波图像调出显示在屏幕上。再按 SNDR 键，恢复正常图像显示（只能存储一副图像，如再存储，则前次存储的图像被自动抹掉）。

（14）用活动深度标志测量目标深度：按 VRM 键，再按▼键（深度标志线下移或按▲键深度标志线上移），使标志线移动压住目标回波上边沿。

（15）报警设置：有鱼群报警（FA）和海底报警（BA）两种形式。按 ALARM 键，再按▲键或▼键，选择报警形式即 FA 或 BA；按 ALM UP、ALM DN 键和▲键、▼键，设置报警范围，按 ALMUP 键，可设置上报警范围，用白竖条指示。按 ALMDN 键，可设置下报警范围。当上下报警范围的白条重叠时，此重叠部分则为报警范围。要关掉设置的报警时，按▲键或▼键使白条消失，再按 ALARM 键消除"FA"或"BA"指示（回波太弱时，不能触发报警。另外离船底太近的物体不能报警）。

(三) YS-1 型多波束水平探鱼仪

1. 主要技术特性

YS-1 型多波束水平探鱼仪是为远洋渔船设计的探鱼声呐。它可装备在 250 t 以上的渔船上。该机采用多基元平面阵换能器、延迟线预形成多波束及时分割发射，在 90°扇面内有 12 个探测波束，顺序旋转发射，多波束接收。用 P 型显示器显示出鱼群的方位、距离、分布范围等信息，信息率比单波束探照灯式水平探鱼仪有很大的提高。

整机技术特性如下：

(1) 探测量程：0～100 m、0～250 m、0～500 m、0～1 000 m、0～2 000 m；

(2) 脉冲宽度：1 毫秒、2 毫秒、4 毫秒、8 毫秒；

(3) 工作频率：25 KHz；

(4) 波束扫描扇面 90°；

(5) 波束数：发射波束 12 个，接收波束 12 个，监听、记录波束 1 个；

(6) 换能器基阵：收、发合一，垂直开角约为 10°，水平开角约为 10°；

(7) 指示方式：平面位置（PPD）显示及音响器；

(8) 水平搜索范围：0°～360°；

(9) 俯仰范围：+5°～-90°；

(10) 整机功耗：小于 1 000 W；

(11) 最大使用船速：12 kn；

(12) 电源：交流电 50 Hz、220 V。

2. 操机

YS-1 型声呐显示器和配电箱面板布置如图 1—12 所示。

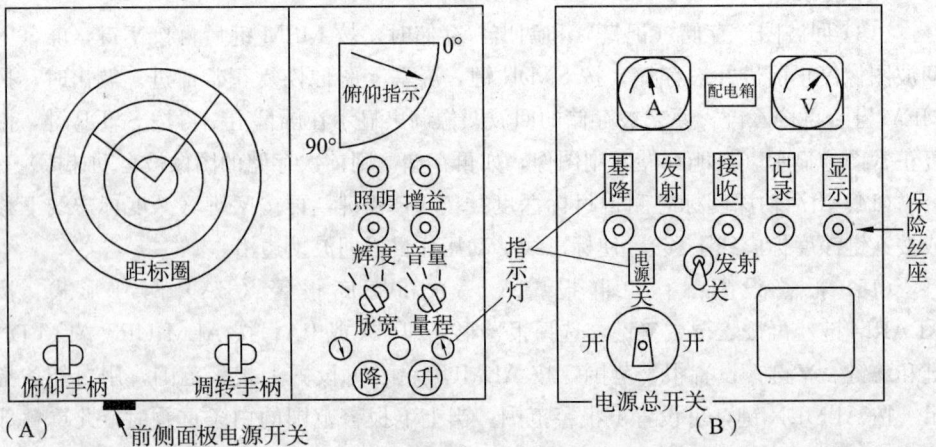

图 1—12　YS-1 型显示器和配电箱面板布置图

A. 显示器面板　　B. 配电箱面板

操机程序如下：

（1）起动"BD-3"变流机组，并将输出电压调节到220 V±10％、50 Hz。

（2）接通配电箱上"总电源开关"，其电源指示灯亮，电压表应指示220 V。

（3）按动显示器分机前侧板上电源开关。这样接收放大器、显示器及基阵部分已供电。拨动基阵回转手柄，使荧光屏上的90°扇面置于船首方位。

（4）确认船底离海底水深大于3 m（在港时）；无绳索、网衣钩缠（在作业区时）时，按下显示器面板上的基阵下降按钮，基阵缓慢下降，中间乳白色指示灯亮，基阵下降完毕"向下"指示灯亮。

（5）扳动配电箱上的发射开关，"发射"指示灯亮，发射器工作，开始发射超声脉冲。

（6）根据航速、海况及声呐条件，选择适当"量程"、"脉宽"及调整"辉度"与"照明"。若混响干扰严重，可适当调整基阵的俯仰角。

（7）调整"增益"旋钮（即混响增益旋钮），使荧光屏上90°搜索扇面的背景噪声隐约可见。

（8）按操作者的听觉适当调整监听"音量"旋钮。

（9）发现鱼群时，可操纵回转手柄，移动90°搜索扇面，并调整渔船航向、航速跟踪鱼群。当接近鱼群时，要仔细改变俯仰角，以防丢失鱼群。

（10）关机时，首先关配电箱上的发射开关，停止发射。

（11）按动显示器面板上的基阵上升"按钮"，基阵徐徐上升，上升结束时"上升"指示灯亮。

关闭显示器上电源开关及配电箱上总电源开关，并关闭变流机组。

第六节　网位仪

网位仪由探测器、接收换能器、接收放大器及显示器等组成。有NM-850AT型和SHWY-1型数字网位仪。

一、探测器

探测器由四个部分组成：有向上、下方探测的键控发射器、接收放大器、传送信息的传送发射器和探测温度单元。

探测器安装在拖网网盖上，它的作用是探测网口上、下方鱼群所处的位置、水深以及温度，并将信息发回船上。图1—13为探测器的外形及安装示意图。整个探测器密封在一个金属圆筒内，由电池供电。为了节省用电，电源部分安装有水压开关，只有探测器下沉到一定深度，电源才能接通。

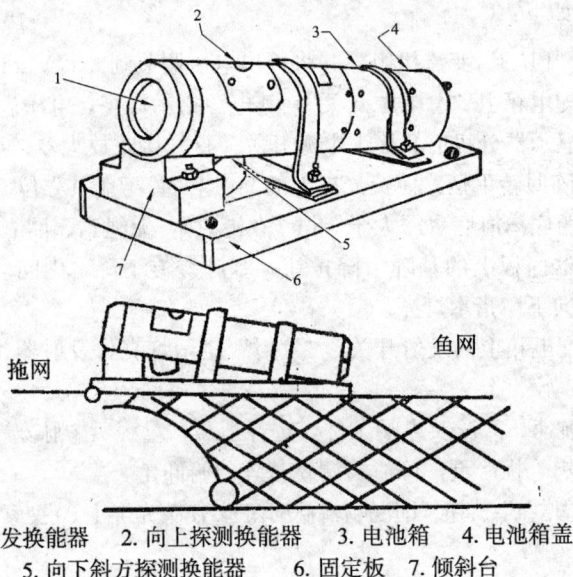

1. 回发换能器　2. 向上探测换能器　3. 电池箱　4. 电池箱盖
5. 向下斜方探测换能器　6. 固定板　7. 倾斜台

图 1—13　网位仪探测器

二、接收系统

接收系统包括接收换能器及接收放大器两部分，它的作用是接收来自探测器发回的探测信息。从探测器发回的超声波要通过由本船推进器产生的水花及湍流干扰才能到达船上。为了减少这种干扰，接收换能器的接收点需要加以选择。一种方法是船底安装，在船底同一个位置安装三只不同方向的换能器，接收时选择一个受干扰最少的换能器作为接收信息，如图 1—14A。另一种方法是使用潜水器，如图 1—14B。为了远离干扰源，潜水器用撑杆撑离船侧，也有用 50 m 左右的电缆拖曳潜水器于船的后方。

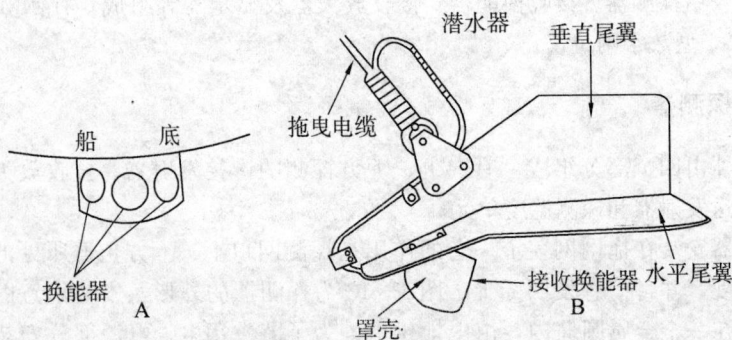

A.船底安装式　B.潜水器式

图 1—14　网位仪接收换能器

三、SHWY-1 型数字网位仪

SHWY-1 型数字网位仪是中、上层拖网（变水层拖网）网位的基本监测仪器。它可以实时、准确地测定中、上层拖网网具的上、下网纲离海面的深度及网口的高度，数字显示直读测量值。其安装与操作方便、安全、可靠，易于海上作业。可作为中、上层拖网的助渔仪器，也可以作为中、上层拖网网具的实验研究的监测仪器。

1. 特点

(1) 10.4 寸彩色液晶显示器；

(2) 内置高速处理器，功能强大；

(3) 拖网状态以及渔群动态清晰可见；

(4) 显示和打印可同步进行；

(5) 可同时显示整体记录和部分记录（200 m 或 400 m）；

(6) 图表和数字同时显示海水温度；

(7) 可储存高达 20 个历史记录。

2. 性能

(1) 记录范围：① SYN-200CR：0～10 m，0～20 m，0～50 m，0～100 m，0～200 m；

② SYN-400CR：0～10 m，0～20 m，0～50 m，，0～100 m，0～200 m，0～400 m；

(2) 温度范围：−30℃～+24℃；

(3) 接收方式：50 KHz 调频超声波；

(4) 电源：+10～+36VDC；

(5) 频率：SYN-200CR：180 KHz；SYN-400CR：75 KHz；

(6) 发射方式：50 KHz 调频超声波；

(7) 有效距离：2 000 m；

(8) 功耗电流：250 mA～300 mA。

第二章　渔具材料与工艺

渔具材料是指直接用来制造渔具的材料，主要包括网线、网片、绳索、浮子和沉子等属具。根据设计要求，将渔具材料装配成完整渔网的全部工艺称为渔具工艺，主要包括网片剪裁、网片缝合、网衣修补技术等。

第一节　网线和网片

一、网线

网线主要用于编织、修补、缝合网片以及扎缝渔具等。网线应具备下列基本的物理和机械性能：一定的粗度并且粗细均匀、足够的强度、良好的柔软性、弹性、结构稳定及光滑耐磨。

（一）网线的种类和结构

（1）按制造网线的原材料可分为：植物纤维网线（如棉线、麻线等）；合成纤维网线（如锦纶线、涤纶线、乙纶线、丙纶线、维纶线等）；混合网线，即用不同纤维制成的网线（如维纶、乙纶混合线等）。

随着化纤工业的迅速发展，各类合成纤维大量生产，在网线制造方面，植物纤维几乎完全被合成纤维所替代。渔用合成纤维主要有聚酰胺类、聚酯类、聚乙烯类、聚丙烯类和聚乙烯醇等。它们在我国的商品名称依次为锦纶、涤纶、乙纶、丙纶和维纶。渔用合成纤维应具有强度高、密度小、弹性好、耐腐蚀、耐磨损等优良特性。使用合成纤维材料制成的网具，使用期长，不易腐烂，不需要防腐处理，有利于改善劳动条件和提高经济效益。

（2）按网线的结构可分为单丝、合股捻线和编线三类。

单丝为直接纺制的粗而连续的合成纤维丝，具有较高的强力和韧性，可直接在渔具上使用，如制作刺网和钓线。

捻线是由若干根单纱或单丝捻制而成的。捻线根据捻合的次数又可分为单捻线和复捻线，其结构是将若干根单纱（或单丝）加捻成股，再将数股（一般为三股）以与股相反捻向加捻成网线。这种结构的网线较为紧密、稳定、表面光滑。网线加捻的方向称为捻向，捻向有"S"和"Z"向之分，如图2—1所示。

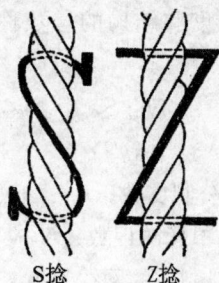

S捻   Z捻

2—1 捻向的表示方法

编线是由若干根偶数线股（如6、8、12、16根）成对或单双股配合，相互穿插或编织而成的新型结构网线。主要优点是，由于股线不经加捻，与同粗度的捻线相比，编线强力较高，结构稳定，具有良好的柔软性，使用中不会产生扭转，网结比较牢固。这种网线在国外网具上已有应用。

（二）网线的粗度

1. 纤维、单纱的粗度 由于纤维和单纱的截径都很小，横截面也非真正的圆形，并且其间又存在一些空隙，因此用直径和横截面积来精确表示其粗度确有困难。所以，多采用单位重量的长度和单位长度的重量来衡量纤维或单纱的粗度。粗度指标有支数和纤度两种。

① 支数（N）。纤维、单纱单位重量的长度称为支数。即：$N = \dfrac{L}{G}$

式中：L——纤维或单纱的长度；G——纤维或单纱的重量。

② 纤度。纤维、单纱单位长度的重量称为纤度。由于纤维或单纱采用的长度单位不同，纤维可用旦尼尔和特克斯来表示。

旦尼尔（D）：纤维、单纱每9 000 m长度的重量克数称为旦尼尔。即：

$$D = 9\,000\frac{G}{L}$$

式中：D——表示换算为旦尼尔数的符号。

当材料的比重相同时，旦尼尔数愈大，则纤维（单纱）愈粗；旦尼尔数愈小，则纤维（单丝）就愈细。

特克斯（tex）：纤维（单纱）每1 000 m长度的重量克数称为特克斯，是线密度单位。即：$\text{tex} = 1\,000\dfrac{G}{L}$

式中：G——纤维（单纱）的重量（g、kg）；L——纤维（单纱）的长度（m、km）。

当材料比重相同时，特克斯数愈大，则纤维（单纱）愈粗；特克斯数愈小，则纤维（单纱）愈细。

2. 网线的粗度　网线的粗度通常用结构号数、综合线密度和直径表示。

① 结构号数：表示网线的粗度和结构的号数称为结构号数。有以下两种表示方法：

$$N_m/S \times n$$

$$\text{tex}/S \times n$$

式中：N_m——单纱或单丝的公制支数；tex——单纱或单丝的线密度数；S——每根线股中所含单纱或单丝的根数；N——线股数量。

结构号数适用于比较同种材料制成的网线粗度。

单纱的公制支数（N_m）是用单纱每克质量的长度来表示：

$$N_m = \frac{L}{G}$$

② 综合线密度：网线 1 000 m 长度的质量的克数称为综合线密度，用 $R\text{tex}$ 表示。网线的 $R\text{tex}$ 值越大，表示网线越粗。$R\text{tex}$ 值可以通过实测或查阅网线规格表得到。

③ 直径：网线直径是渔具计算中的一个重要参数，是由实际测量得到，单位为 mm，一般用圆棒卷绕法测量。单丝和编线都用直径来表示。

（三）渔用合成纤维网线的主要性能

目前渔业上最常用的网线有锦纶复丝捻线、锦纶单丝、涤纶复丝捻线、乙纶单丝捻线和维纶短纤维捻线。

1. 锦纶网线　锦纶俗称尼龙，化学名称为聚酰胺，缩写为 PA。渔用锦纶常为复丝或单丝。主要性能：

（1）密度为 1. 14 g/cm³。

（2）强度高，是合成纤维网线中强度较高的一种，但浸水后强度会降低 10%～15%，打结后强度约降低 10%～20%。

（3）有较高的耐磨性，在常用合成纤维网线中占首位。

（4）弹性高，伸长大，耐受冲击负荷，但网结牢固性较差。

（5）浸水后不收缩，反而伸长约 1%～3%。

（6）抗光性差，在阳光下暴晒过久会降低纤维强度。

（7）抗腐蚀性好，耐碱但不耐浓酸。

2. 涤纶网线　涤纶的化学名称为聚酯，缩写为 PES。渔用涤纶纤维一般为复丝，所制成的网线多用于围网，在定置网和其它网具上也有应用，是一种性质优良的渔具材料。主要性能：

（1）密度较大，为 1. 38 g/cm³，制成的网具有较大的沉降速度，所以特别适用于围网。

（2）强度高，与锦纶网线相似，但浸水后强度不会降低。

(3) 弹性较好，伸长度较小，亦即抗拉性能好，在作业过程中网具不易变形。

(4) 表面光滑，水阻力小，脱水快，有利于提高捕捞效率。

(5) 抗光性良好，在日光作用下强度下降极小。

(6) 吸湿性低，浸水后不收缩也不伸长，有利于保持网具尺寸。

3. 乙纶网线　乙纶的化学名称为聚乙烯，缩写为 PE。乙纶纤维一般为单丝形态。我国渔用乙纶单丝的线密度一般为 36 tex，直径为 0.1～0.15 mm。由于乙纶单丝捻线价恪较低，渔用性能良好，因此在渔业中应用最为广泛。主要性能：

(1) 密度为 0.94～0.96 g/cm^3，是渔用合成纤维中密度小于水的一种。

(2) 吸湿性极小，浸水后伸长和强度几乎无变化。

(3) 强度低于 PA 和 PES 网线，弹性和伸长较小，但永久伸长较大。

(4) 柔挺性良好，网线表面光滑，制成的网具滤水性良好，水阻力小。

(5) 耐热性较差，在 80℃以上环境中，强度会下降 50%～60%，收缩 5%～10%。

(6) 耐光性较差，长期暴晒后，强度会降低。

4. 维纶网线　维纶的化学名称为聚乙烯醇，缩写为 PVA。渔用维纶纤维的形态一般为短纤维和复丝，制成的网线的性能不如前几类，目前在渔业上应用不广。在我国仅把它与乙纶、涤纶纤维混合制成混合网线。主要性能：

(1) 密度为 1.26～1.3 g/cm^3，类似于棉纤维。

(2) 干态强度较高，但湿态和打结后强度降低较大。

(3) 吸湿性，常用合成纤维网线中最大的，完全浸水后吸水量可达 30%左右。

(4) 耐腐性和耐光性良好。

(5) 热缩性和缩水性都较大，经热处理后会收缩约 9%，遇油后收缩 4%，下水后又会收缩 2%，总共会收缩约 15%。

二、网片

(一) 网片的结构和种类

网片是由网线通过网结或绞、插、辫等方法编织而成。网片可分为有结网片和无结网片两大类。组成网片的基本单位是网目，它是由目脚和网结（或连接点）构成。网目形状呈菱形、方形或六角形。就一个菱形网目而言，是由四个网结（或连接点）和四个目脚所组成。就整块网片而言，一个网目包含两个网结和四个目脚。

1. 目脚　网目中相邻两网结（或连接点）之间的网线，它决定着网目尺寸的大小和网目形状。在同一网片上，目脚长度应保持相等。

2. 网结　有结网片中目脚间的连接结构称网结。无结网片中目脚间的连接结构称为连接点。网结的主要作用是限制网目尺寸和防止网目变形。其主要形式有死结、活结、双死结等（如图 2—2）。

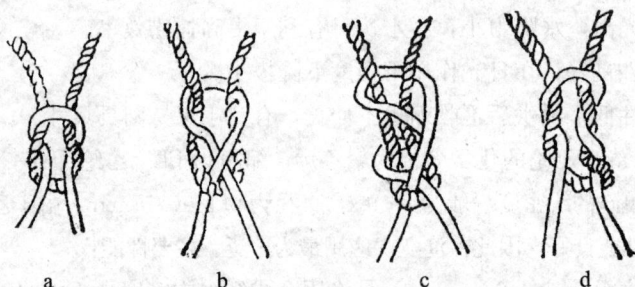

图 2—2　网结的类型

a. 活结　b. 死结　c. 双死结　d. 双活结

（二）网片的规格与标识

1. 网目规格　网目大小用目脚长度、网目长度和网目内径三种尺寸表示。

（1）目脚长度（a）。当目脚充分伸直而不伸长时，网目中两个相邻网结（连接点）中心点之间的距离称为一个目脚长度。

（2）网目长度（2a）。当网目被充分拉直而不变形时，其两对角网结（连接点）中心点之间的距离为网目长度。

（3）网目内径。当网目被充分拉直而不变形时，其两对角网结（连接点）内缘之间的距离为网目内径。

2. 网片方向　是标志网片制造及其网片使用方向，有纵向、横向和斜向之分。

（1）网片纵向（N）。在有结网片中，与编结网片网线总走向相垂直的方向。无结网片纵向为网目最长轴方向。

（2）网片横向（T）。在有结网片中，与编结网片网线总走向相平行的方向。在无结网片中，与纵向相垂直的方向。

（3）网片斜向（AB）。网片中与目脚平行的方向。

3. 网片尺寸　是指网片纵向和横向的尺度（两尺寸数字间用乘号连接），可用网目数表示，也可用拉直长度（m）表示。如，PE36 tex6×3×3，R2140×2～60 mm（90 T×100 N）SJ。此表示乙纶双线双死结网片，网线由 54 根线密度为 36 tex 的单丝捻合，其综合线密度为 2140 tex，目大为 60 mm，网片尺寸为横向 90 目、纵向 100 目。

第二节　绳索

绳索是由若干根绳纱（或绳股）捻合编织而成，直径大于 4 mm 的有芯或无芯索类的总称。渔具上用的绳索统称为纲索。主要用于固定渔具的形状和尺寸，承受作用在渔具上的外力,保证渔具的强度;曳引渔具,敷设定置渔具及系泊渔船等。

一、绳索的种类与结构

绳索的种类繁多,按其用途分为一般绳索和专业用绳索。在渔用绳索中,按其材料分为植物纤维绳、合成纤维绳、钢丝绳和混合绳。按其结构分为捻绳和编绳。捻绳按其股数分为单、2、3、4和6股绳。按其捻合的工艺分为Z捻绳、S捻绳或单捻绳、复捻绳、复合捻绳等。捻绳与编绳又可分为有芯绳和无芯绳。

目前,在渔业中应用比较广泛的绳索是:白棕绳、聚酰胺(尼龙)绳、聚乙烯绳、聚丙烯绳、聚氯乙烯绳、聚乙烯醇(维纶)绳、钢丝绳、夹棕钢丝绳、包棕钢丝绳以及聚丙烯裂膜纤维与钢丝的混合绳。

(一)植物纤维绳

植物纤维绳的结构形式有三种:一种是由植物纤维先捻制成绳纱,再以2~3根绳纱捻制成绳索,此绳索称为单捻绳。其制纱多为S捻,制绳多用Z捻,手工捻制的麻绳多属此类。另一种结构形式是由机械加工制成。先将纤维梳理、并条、捻制成绳纱,再以若干根绳纱捻制成绳股,然后再以3股、4股或6股合并捻制成绳索,该绳索称为复捻绳。其捻向配合为Z/S/Z。第三种较粗的绳索是用3根或4根复捻绳为股,然后再合并捻制成绳。这种粗绳称为复合捻绳(亦称缆绳)。

(二)合成纤维绳索

合成纤维绳的结构和复线的结构相同,即由若干根单丝(复丝或裂膜纤维)先捻制成股,再将若干股(一般为3~4股)捻制成绳索。较粗的合成纤维绳索,采用捻制方法,其结构稳定性较差,在多次缠卷下将产生蓬散现象。因此,近年来,有采用编织的方法来制造这种绳索(如八股编绳),其具体结构情况与编线相同。

制造绳索的合成纤维,从其使用形态上来看,长丝、短纤维、单丝和裂膜纤维均有使用。长纤维制品的强度高而伸长小,短纤维制品的强度小而伸长较大。维尼龙绳主要是用短纤维制成,尼龙、聚乙烯、聚丙烯、聚氯乙烯绳则多用长丝(或单丝)制造,聚丙烯还可用裂膜纤维的形态来制造绳索。

(三)钢丝绳索

钢丝绳是由钢丝捻成股,再由股捻制成绳索。钢丝绳的结构形式有单捻式、两重捻式和三重捻式。

(四)混合绳索

此种绳索是用不同材料按一定的数量比例混合制成的。目前,渔业上所使用的混合绳索主要是植物纤维与钢丝、合成纤维与钢丝混合制成。其结构形式有包芯绳与夹芯绳两种。

包芯绳是以钢丝绳为绳芯,外围包有植物纤维或合成纤维绳股的复捻绳;夹芯绳以钢丝绳股作芯,外层包以植物纤维或合成纤维绳纱捻制成绳股的3股或6股复捻绳。

二、绳索的使用和保养

(一) 植物索和合成纤维索的使用与保养

1. 解开绳捆的方法　要注意保持绳索原有的捻度，以免由于产生增捻和退捻现象而引起绳索自身的纠缠。为此，解开绳捆的方法有如下数种。

(1) 将绳捆的内端串向绳捆的中心轴孔，反向引出而解捆，每引出一圈后将绳索反捻向回转一次。

(2) 将绳捆的中心轴孔套在垂直针轴上（或水平套在木架的轴上），拉引绳捆的外端以解捆。

(3) 将绳捆抛入水中，从其外端拉引到船上以解捆，这样可借水的阻力来调节其增捻或退捻现象的产生。

2. 绳索截断和使用前须经拉伸处理　新绳初次入水使用时会产生膨胀、增捻和缩水等现象。拉伸处理的目的是为了保持其捻度和结构的稳定性。

3. 绳索使用力的选择　为了延长绳索的使用期限，使用中应保持绳索的工作载荷相当于其断裂载荷的 1/6。一般不应超过其断裂载荷的 25%～30%。

4. 绳索在使用中应防止急剧的弯折　绳索在手操机械上使用时应保持轮径等于绳索直径的 10 倍；而在传动机械上使用时，轮径应等于绳索直径的 20 倍。

5. 绳索放置时应盘放成轮状　这是为了使用时能顺利引出而不致发生扭卷。为了保持绳索的捻度，盘放绳索的方向应与其捻向相反。

6. 防护措施　绳索在使用和存放时要避免磨损、潮湿、油污、烟尘和盐分的腐蚀。使用后须经淡水冲洗并干燥之。

(二) 钢丝索的使用与保养

钢丝索的耐久性与使用和保养方法有关。如果保养得好，使用期限比植物纤维索要长得多。其主要的使用和保养方法如下。

1. 要经常保持涂油状态　这是钢丝索最基本的保养方法，以防生锈和腐蚀。如发现生锈，须及时用钢丝刷刷去锈斑，然后再涂上油。

2. 要防止索表面的损伤和急剧弯折　钢丝索卷在鼓轮上要防止压叠，鼓轮直径应大于索直径的 15 倍（对于特别柔软的钢丝索可选为 10～12 倍）。

3. 使用中的保养方法

(1) 钢丝索在海水中使用后要用淡水冲洗并晒干。

(2) 钢丝的断裂部分要用细钢丝缠裹起来，或剪断之，然后将钢丝头插入股隙之间，防止使用时刺伤手。

(3) 钢丝索上每米长度内的钢丝断裂数量达到 10% 时，就不宜再用于重要之处。

第三节　浮子和沉子

浮子和沉子是渔具的重要属具。通过装扎和调配浮子和沉子，能使渔具在水中形成一定的形状和保持在所需的作业水层，达到捕捞的目的。

一、浮子

目前渔业上使用的浮子，绝大多数是由塑料制成的。主要有泡沫塑料浮子和硬质塑料浮子，前者以具有中心孔的球形和圆筒形居多，适用于围网和刺网；后者是中空的密闭结构圆球形，并带有耳环或有中心孔，以便于结缚绳索，适用于拖网。我国制造的 ABS 硬质塑料浮子一般耐压水深为 $200 \sim 300$ m。此外，软塑料气球式浮子常用于流刺网和延绳钓的渔具。

浮子的浮力是指浮子在水中负重的能力。浮子的静浮力可由下式计算：

$$Q = G\frac{r_1 - r}{r}$$

式中：Q——浮子的静浮力（g）；r——浮子单位体积的重量（g/cm³）；r_1——水的单位体积重量（g/cm³）；G——浮子的质量（g）；$\frac{r_1 - r}{r}$称为浮率，以 q 代表。

由上式可知，浮率是指浮子单位质量所具有的浮力，浮率越大，浮力亦越大。

浮子静浮力的测定方法是在盛有水的容器中，先测定一重物在水中的重量 G_1，再测定浮子与重物共同浸在水中的重量 G_2，两次重量之差即为该浮子的静浮力。

二、沉子

目前使用的沉子主要用铅、铁、陶瓷、石头或用铁链、钢丝绳和硬质橡胶等材料制成。沉子的作用是使网具在水中下沉，因此，沉子材料的密度应越大越好，沉子的沉降力可用下式计算：

$$Q_1 = G_1\frac{r - r_1}{r}$$

式中：Q_1——沉子的沉降力（g）；G_1——沉子在空气中的质量（g）；r——沉子单位体积的重量（g/cm³）。$\frac{r - r_1}{r}$被称为沉降率，即单位质量的沉降力，以 q_1 代表。

沉降率越大，沉降力也越大。沉子沉降力的测定：直接把沉子沉没在水中，称出其在水中的重量，即为沉子的沉降力。

第四节　网片剪裁

在生产实践中，大多数网具是由不同尺寸和形状的网片缝合装配而成。这些网片可以用手工增减目编结，或者将整幅网片按一定剪裁方法剪裁获得。网片剪裁是网具工艺中的一项重要工序，准确的剪裁既可节约网料，减少网具装配中的劳力消耗，还能保证所要求的网具的捕捞性能。

一、网片剪裁的基本知识

所谓网片剪裁，就是按照所给定的剪裁斜率，经过严格的计算，将整块矩形网片剪裁成所需要的、不同形状的网片。

(一) 网片剪裁形式

网片剪裁是由不同的剪裁单元组成，根据网片本身的结构特点，网片剪裁有下列三种形式：

1. 边旁　沿网片纵向，剪断结节处相邻的两个目脚，在结节处便形成一个边旁，俗称"双"，符号用"N"表示。习惯上也用"＜"表示。

2. 宕眼　沿网片横向，剪断结节处相邻的两个目脚，在结节处便形成一个宕眼，俗称"偏眼"，符号用"T"表示。习惯上也用"V"表示。

3. 单脚　沿网片斜向，在目脚中间，剪断相平行的目脚，在结节处便形成一个单脚，俗称"单"，符号用"B"表示。习惯上也用"′"表示。

按所需的网片形状，剪裁方法可分为全边旁剪裁、全宕眼剪裁、全单脚剪裁、边旁和单脚混合剪裁、宕眼和单脚棍合剪裁等。

(二) 网片的类型

在生产实践中，能否正确认识网片、检验网片和剪裁网片都有着极为重要的作用。根据网片纵、横向目数的不同结构特点，网片的类型可分为两大类：一是整目网片；二是半目网片。

凡是纵向目数之和与横向目数之和均为整目数的网片，称为整目网片。若纵向目数之和与横向目数之和均有半目，或其中之一有半目的网片，称为半目网片。根据半目数所处的纵、横向位置不同，半目网片又分为纵向半目网片、横向半目网片和纵、横向半目网片。

二、剪裁斜率与剪裁循环

所谓网片的剪裁，就是将矩形网片按照网图的设计要求，以不同的斜率剪裁成各种不同形状的网片。剪裁中的斜边叫作剪裁斜边，剪裁斜边倾斜度的大小通常用剪裁斜率来表示。所谓剪裁斜率即剪裁边纵向目数与横向目数的最小简约比，又称剪裁比。它的一般表达式用 $k=\dfrac{m}{n}$ 表示，在生产实践中，多用纵进目数与横进目数之比表示，如 $4:3$，$2:3$，$5:2$ 等。

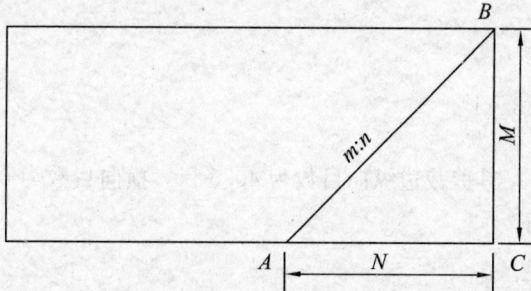

图 2—3 剪裁循环

剪裁斜率在网片中的几何意义是：

设：K——剪裁斜率；

A、B——网片的剪裁边；

M——网片剪裁边的纵向目数；

N——网片剪裁边的横向目数；

m——简约后的纵向目数；

n——简约后的横向目数；

e——纵向目数与横向目数的最大公约数。

$$K=\frac{M}{N}=\frac{em}{en}=\frac{m}{n}$$

在实际剪裁中，若直接采用边旁和宕眼剪裁，势必造成剪裁边凸凹不匀的阶梯形状，从而导致剪裁边受力不匀并容易撕网。为了减少剪裁边的阶梯状，使剪裁尽量均匀并趋近于直线，我们将剪裁斜率换算成剪裁循环，所谓剪裁循环就是在保证剪裁斜率的前提下，由直剪和斜剪按一定规律组合而成的一种最小剪裁单位。剪裁边的纵进目数与横进目数的最大公约数为剪裁循环数。

如何将剪裁斜率换算成剪裁循环呢？当 $M>N$ 时，即剪裁斜边的纵向目数大于横向目数，则该剪裁边为边旁斜剪。

$$E'=\frac{M-N}{2N}=\frac{e\,(m-n)}{2en}=\frac{m-n}{2n}$$

式中：E'——剪裁循环；$m-n$——纵剪边旁数；$2n$——斜剪单脚数。

同理，当 $M<N$ 时，即网片剪裁边的纵向目数小于横向目数，其剪法应为宕眼斜剪。

$$E'=\frac{N-M}{2M}=\frac{e\,(n-m)}{2em}=\frac{n-m}{2m}$$

式中：$n-m$——横剪宕眼数；$2m$——斜剪单脚数。

例1：有一网片，其剪裁边纵向目数为80.5目，横向目数为60目，求剪裁边的剪裁斜率和剪裁循环？

解：

$$K = \frac{M}{N} = \frac{80}{60} = \frac{4}{3}$$

$$E' = \frac{m-n}{2n} = \frac{4-3}{2 \times 3} = \frac{1^N}{6^B}$$

例2：有一网片，其剪裁边纵向目数为40.5目，横向目数为60目，求剪裁边的剪裁斜率和剪裁循环？

$$K = \frac{M}{N} = \frac{40}{60} = \frac{2}{3}$$

$$E = \frac{n-m}{2m} = \frac{3-2}{2 \times 2} = \frac{1^T}{4^B}$$

三、网片对称剪裁计算

所谓对称剪裁，就是经剪裁后的网片，其一边不动，另一边掉头后"双"必须完全对称。为了便于研究和掌握对称剪裁的规律，我们将整个剪裁分为开剪、续剪和落剪三部分。开剪就是开始剪的一个剪裁组，落剪就是最后剪的一个剪裁组，续剪就是按照所给定的剪裁斜率进行连续剪裁的剪裁组。

实践证明：当高度目数为含有半目的网片（纵向半目网片），只要一边的开剪为边旁，落剪为单脚，另一边的两端恰巧相反，这就给网片的掉头对称提供了良好的条件。

任何形式的剪裁，经简化后都可归结为两种形式：一种是边旁斜剪，一种是宕眼斜剪。而边旁斜剪又分：一边旁多单脚和多边旁一单脚两种情况。

根据纵向半目网片的特性，对称剪裁必须符合下列三条基本法则：

（1）如果剪裁循环是一边旁多单脚时，其中包括一边旁一单脚情况，若以边旁开剪，则落剪必须比开剪多剪一个单脚；反之，若以单脚开剪，则落剪必须比开剪少剪一个单脚。

（2）如果剪裁循环是多边旁一单脚时，若以边旁开剪，则落剪必须比开剪少剪一个边旁；反之，若以单脚开剪，则落剪必须比开剪多剪一个边旁。

（3）如果剪裁循环是一宕眼多单脚时，其中包括一宕眼一单脚和多宕眼一单脚情况，若以边旁开剪，则落剪必须比开剪多剪三个单脚。同时，落剪中的宕眼数，必须与开剪后面第一组的宕眼数相同。反之，若以单脚开剪，则落剪必须比开剪少剪三个单脚。

例1：有一网片，其纵向目数为100.5目，斜边的剪裁斜率为4—3，求对称剪裁形式？

解：$E' = \dfrac{4-3}{2 \times 3} = \dfrac{1^N}{6^B}$

$e = \dfrac{100 \cdot 5}{4} = 25 \cdots\cdots 0.5$

式中：e——剪裁循环数。

将多余半目化为单脚，然后从剪裁循环中取出一组（$1N6B$）与单脚配成 $1N7B$ 作为落剪。所以，对称剪裁方法为：开剪 $1N6B$，续剪 $1N6B$，落剪 $1N7B$。

例 2：有一网片，其纵向目数为 60.5 目，斜边的剪裁斜率为 $5-7$，求其对称剪裁形式？

解：$E' = \dfrac{7-5}{2 \times 5} = \dfrac{2^T}{10^B} = \dfrac{1^T}{5^B}$

$e = \dfrac{60 \cdot 5}{5} = 12 \cdots\cdots 0.5$

由于 $2T10B$ 可以化为两个 $1T5B$，所以剪裁循环数实际为 24。将多余的半目化为一个单脚，然后取出一组（$1T5B$）与单脚配 $1T6B$ 作为落剪，则对称剪裁形式为：开剪 $1N3B$，续剪 $1T5B$，落剪 $1T6B$。

例 3：有一网片，其纵向目数为 47.5 目，斜边的剪裁斜率为 $9-10$，求其对称剪裁形式？

解：$E' = \dfrac{10-9}{2 \times 9} = \dfrac{1^T}{18^B}$

$e = \dfrac{47.5}{9} = 5 \cdots\cdots 2.5$

将剩余的 2.5 目化为一个边旁和 3 个单脚。取一组（$1T18B$）与一个边旁组成 $1N18B$（因为开剪时，宕眼无意义）作为开剪，再取一组与三个单脚组成 $1T21B$ 作为落剪，则对称排列形式为：开剪 $1N18B$，续剪 $1T18B$，落剪 $1T21B$。

四、网片的复组对称剪裁

复组剪裁是网片剪裁中较为复杂的一种形式，也是生产实践中经常遇到的一种剪裁方法。所谓复组剪裁，就是剪裁循环经化简后，出现两种不同形式的剪裁小组。

为使复组剪裁掉头对称，必须满足两个条件：一是开、落剪要符合对称法则，二是除开、落剪外，其余各剪裁小组，都能以续剪中某一个或一对剪裁小组为中心进行对称排列。即以某剪裁组为中心，其余各剪裁组都能互相对应。

复组剪裁中，经化简后总存在两种形式：一种是多直剪一单脚情况，此种称为直剪复组；一种是多单脚一直剪情况，此种称为单脚复组。而直剪复组，又分为多边旁一单脚和多宕眼一单脚两种。单脚复组也可以分为多单脚一边旁和多单脚一宕眼两种。如剪裁斜率 $K = 6:1$，其循环小组形式为 $2N1B$，$3N1B$（多边旁一单脚）。

如剪裁斜率 $K = 9 : 5$，其循环小组形式为 1N2B，1N3B，1N2B，1N3B（多单脚一边旁）。又如剪裁斜率 $K = 2 : 5$，其循环小组形式为 1T2B，1T1B，1T1B（多单脚一宕眼）。

在生产实践中，为了减少缝合边的阶梯形，使缝合边受力更加均匀合理，要求剪裁边应尽量均匀，并趋近于直线。为此，必须将复组剪裁循环化为最简单、最均匀的剪裁小组。使复组中各剪裁小组之间的直剪数或单脚数只能相差为一，为了达到这一目的，就要确定复组中剪裁小组的组数。其组数的确定，取决于复组中的直剪数和单脚数的多少。若直剪数小于单脚数，则组数为直剪数；若单脚数小于直剪数，则组数为单脚数。如剪裁斜率 $K = 11 : 3$，则 $E = \dfrac{m-n}{2 \times n} = \dfrac{11-3}{2 \times 3} = \dfrac{8^N}{6^B}$，故组数为 6，其剪裁循环形式为 1N1B，2N1B，1N1B，2N1B，1N1B。又如剪裁斜率 $K = 2 : 5$，则 $E' = \dfrac{m-n}{2 \times n} = \dfrac{11-3}{2 \times 3} = \dfrac{8^N}{6^B}$，故组数为 3，其剪裁循环形式为 1T1B，1T2B，1T1B。

复组的出现，主要是由于直剪数或单脚数，不能平均分配在所划分的小组内而造成的。因此，凡是直剪数或单脚数不为组数整除者，都出现复组形式。否则将为单组形式。关于复组中小组形式的化分与确定，可用两数不整除定理来计算，即两数不整除时，总可用下式来表示：被除数＝除数×商数＋余数。

其中：除数——代表总组数；被除数——代表比总组数大的直剪数或单脚数。

在复组剪裁中，复组经化简分组后，只能存在两种不同形式的剪裁小组。其中一种形式的组数与直剪数（单脚数）为：组数＝总组数－余数；直剪数（单脚数）＝商数。

另一种形式的组数与直剪数（单脚数）为：组数＝余数；直剪数（单脚数）＝商数＋1。

例1：有一网片，其剪裁边的斜率 $K = 6 : 1$，求剪裁方法？

解：$E' = \dfrac{m-n}{2n} = \dfrac{6-1}{2 \times 1} = \dfrac{5^N}{2^B}$

根据两数不整除定理：$5 = 2 \times 2 + 1$。则一种形式的组数与直剪数（单脚数）为：组数＝总组数－余数＝2－1＝1；直剪数＝商数＝2；即：2N1B。

另一种形式的组数与直剪数（单脚数）为：组数＝余数＝1；直剪数＝商数＋1＝2＋1＝3；即：3N1B。

例2：有一网片，其剪裁边的斜率 $K = 7 : 2$，求剪裁方法？

解：$E' = \dfrac{m-n}{2n} = \dfrac{7-2}{2 \times 2} = \dfrac{5^N}{4^B}$

根据两数不整除定理：$5 = 4 \times 1 + 1$。则一种形式的组数与直剪数为：组数＝总组数－余数＝4－1＝3；直剪数＝商数＝1。

另一种形式的组数与直剪数为：组数＝余数＝1；直剪数＝商数＋1＝1＋1＝2；
即：$2N1B$。

所以 $5N4B$ 可化为：$1N1B$，$1N1B$，$1N1B$，$2N1B$。

五、网片的剪裁计算

为了正确地进行网片剪裁，并充分合理地利用网料，在剪裁施工之前，首先要对设计网图上各块网片的网目数进行核对，然后按网片的实际目数来确定所需的网料数量及拟定剪裁计划。大多数网具都是由各种梯形网片（直角梯形、正梯形、斜梯形、不等腰梯形）装配而成。梯形网片应有五个参数：上、下底边横向目数、纵向目数和两侧斜边的剪裁斜率。

（一）整除网片的剪裁计算

所谓整除网片就是网片纵向目数（不包括半目）为剪裁循环整除的网片，即高度余目数为半目的网片。由于网片经剪裁后，其横向目数发生横向偏移的变化，即理论计算出来的数值与实际剪裁出来的横向目数不相符。因此，在计算时须加以修正，这个修正值我们称横向修正系数，通常用 C 来表示。各种网片的剪裁计算方法如下：

1. 直角梯形网片的剪裁计算

（1）在直角梯形网片 $ABCD$ 中（图 2—4），

设：T_1——直角梯形网片的大头目数；

T_2——直角梯形网片的小头目数；

N——直角梯形网片的纵向目数；

$m:n$——直角梯形网片的剪裁斜率；

C——直角梯形网片横向修正系数。

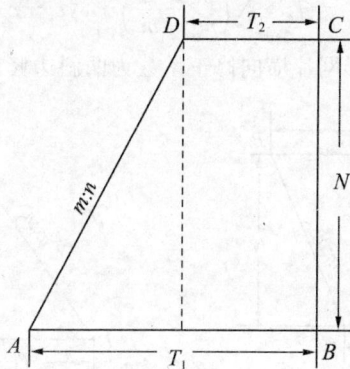

图 2—4

当剪裁斜率为边旁斜剪时，C 为零。因为边旁开剪时，其开剪是边旁，它不影响网片的横向目数。

当剪裁斜率为单脚斜剪时，C 为 1。因为单脚斜剪时，其开剪的两个单脚实际为一边旁。由于剪裁两个单脚应完成纵、横向各半目，而实际开剪的两个单脚为一边旁，只完成纵向一目，而横向的一目没完成，故 C 为一目。

当剪裁斜率为宕眼斜剪时，则 C 为开剪中少剪的宕眼数加一。因为宕眼在横向边缘开剪无意义，所以开剪的宕眼数没完成，再加上开剪时两单脚实际为一边旁，其网片横向又少完成一目，故 C 为少剪的宕眼数加一。

根据剪裁斜率的定义，可推导出直角梯形的计算公式：

$$T_1 = T_2 + N\frac{n}{m} + c$$

注意计算时 N 为不包括半目的整数。

2. 正梯形网片的剪裁计算

在正梯形 $ABCD$ 中（图 2—5），

根据剪裁斜率的定义，可推导出正梯形网片的剪裁计算公式：

$$T_1 = T_2 + 2N\frac{n}{m} + 2c$$

当斜边的剪裁斜率为边旁斜剪时，$2C=0$。

3. 斜梯形网片的剪裁计算

在斜梯形 $ABCD$ 中（图 2—6），

设：$m:n$——斜梯形网片 BC 边的剪裁斜率；

$m_1:n_1$——斜梯形网片 AD 边的剪裁斜率；

C_1——斜梯形网片 AD 边的修正系数；

C_2——斜梯形网片 BC 边的修正系数。

根据剪裁斜率的定义，可推导出下列公式：

$$T_1 = T_2 + N\left(\frac{n_1}{m_1} - \frac{n}{m}\right) + (c_1 - c_2)$$

由上式可看出，斜梯形网片横向修正系数为两斜边修正目数之差。

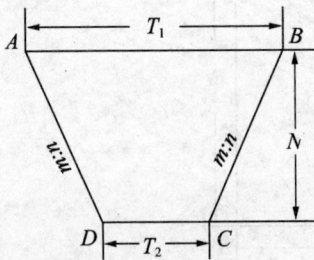

图 2—5

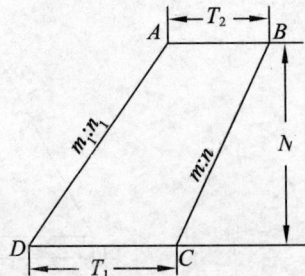

图 2—6

现将斜梯形网片横向修正系数总结为下列五种情况：

（1）如果两边均为边旁斜剪或单脚斜剪，则斜梯形横向修正系数（$C_1 - C_2$）

为零。

（2）如果一边为边旁斜剪，另一边为单脚斜剪，则斜梯形横向修正系数（C_1-C_2）为1。

（3）如果一边为边旁斜剪，另一边为宕眼斜剪，则斜梯形横向修正系数（C_1-C_2）为开落剪中少剪的宕眼数加1。

（4）如果一边为单脚斜剪，另一边为宕眼斜剪，则斜梯形横向修正系数（C_1-C_2）为开、落剪中少剪的宕眼数。

（5）如果两边均为宕眼斜剪，则斜梯形横向修正系数（C_1-C_2）为开、落剪中少剪的宕眼数之差。

4. 燕尾形网片的剪裁计算 所谓燕尾形网片，即两横边平行，两斜边的剪裁斜率不相同且向不同方向倾斜的网片。根据剪裁斜率的定义可推导出燕尾网片的剪裁计算公式：

$$T_1 = T_2 + N\left(\frac{n_1}{m_1} + \frac{n}{m}\right) - (C_1 + C_2)$$

横向修正系数 C_1 和 C_2 的值可根据上述原则来确定。

（二）不整除网片的剪裁计算

生产中经常遇到网片纵向目数不为剪裁循环所整除的情况，即高度余目数不为半目的网片，此种网片称不整除网片。

对于斜梯形网片，可用下式计算（图 2—7）：

$$T_2 = T_1 + x_1 + x_2$$

式中：T_1——斜梯形网片大头目数；

T_2——斜梯形网片小头目数；

x_1——边旁斜剪的横向实偏目数；

x_2——宕眼（或单脚）斜剪横向实偏目数；

$x_1 = A_1 + B_1 + D_1 - 0.5$；

$x_2 = A_2 + B_2 + D_2 - 0.5$；

A_1、A_2——开剪横向实偏目数；

B_1、B_2——续剪横向实偏目数；

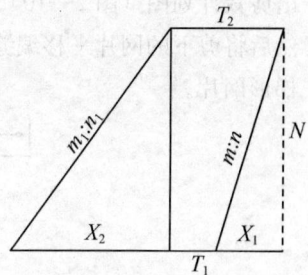

图 2—7

$D_1 - 0.5$ 和 $D_2 - 0.5$——落剪横向实偏目数中减去一个单脚。

同理，对于正梯形网片，可用下式计算：

$$T_2 = T_1 - 2x_1$$

六、网衣的联合剪裁

所谓网衣的联合剪裁，就是将几块相同的或不同的网片，换算成矩形网片，然后按照梯形网片的尺寸和斜率进行剪裁。这样做，既可以合理使用材料又可以省工省力。

(一) 两块相同的直角梯形网片的联合剪裁

这种剪裁最为简单，当直角梯形网片的大头和小头目数分别为 T_1 和 T_2 时，则所需矩形网片的横向目数为：$T = T_1 + T_2 + 0.5$。剪裁计划如图 2—8 所示。

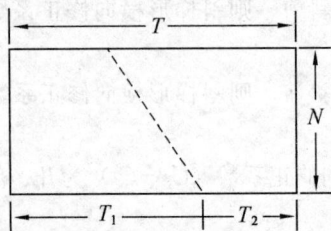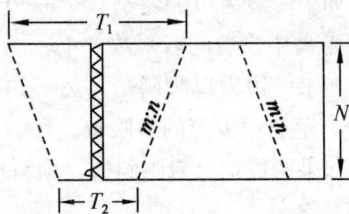

图 2—8   图 2—9

(二) 两块相同的正梯形网片联合剪裁

根据正梯形网片的大头和小头目数，首先计算出两块正梯形网片所需要的矩形网片，其计算公式同上。然后作出剪裁计划图（如图 2—9），剪裁时从右角若干目处，按剪裁斜率进行第一次剪裁，将剪下的直角梯形网片平移与另一直角边编缝，再从右上角数 T_2 目，按剪裁斜率进行第二次剪裁，即得两块相同的正梯形。

(三) 两块相同的斜梯形网片联合剪裁

先计算出两块相同的斜梯形网片所需要的矩形网片，其计算公式同上。然后作出剪裁计划图（图 2—10）。剪裁时先按其中一个剪裁斜率由任意目数处剪裁一次，然后将剪下的网片平移编缝，再回到起点数 T_2 目，按另一剪裁斜率剪裁，得两块斜梯形网片。

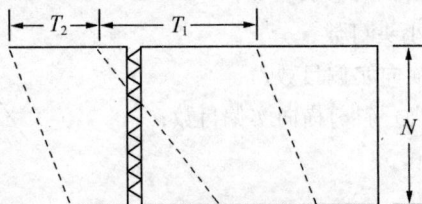

图 2—10

(四) 四块纵向目数相等且一剪裁斜率相同的斜梯形网片联合剪裁

剪裁四块斜梯网片所需矩形网片的横向目数为：

$$T = T_1 + T_2 + T_1' + T_2' + 1.5$$

式中：T_1——为斜梯形网片的大头目数；

T_2——为斜梯形网片的小头目数；

T_1'——为另一斜梯形网片的大头目数；

T_2'——为另一斜梯形网片的小头目数。

剪裁时，在网片右下角任意目数处剪第一剪，但第一剪必须为斜率相同的，将剪下的网片平移编缝，然后回到第一剪的起点数任一块斜梯形网片的小头目数，按斜率要求剪第二剪，在第二剪的终点数另一块斜梯形网片的小头目数剪第三剪，但第三剪也必须为斜率相同的，再由第三剪的终点数小头目数剪第四剪，即得四块斜梯形网片。剪裁计划和剪裁方法如图2—11所示。

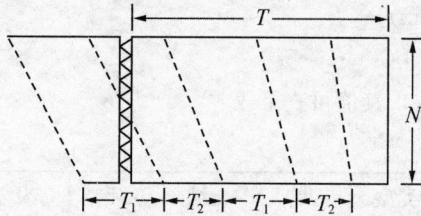

图2—11

（五）两块相同的斜梯形网片和一块纵向目数相等且一剪裁斜率相同的正梯形网片联合剪裁

剪裁这三块梯形网片所需矩形网片的横向目数为：

$$T = T_1 + T_2 + \frac{T_1{'} + T_2{'}}{2} + 1$$

剪裁时，在网片右下角数正梯形网片小头目数之半处剪第一剪，但第一剪必须为斜率相同的，将剪下的网片掉头平移编缝，然后回到第一剪的起点处数任意一斜梯形网片的小头目数，按斜率的要求剪第二剪，再由第二剪的终点数小头目数剪第三剪，但第三剪也必须为斜率相同的，这样即得两块斜梯形和一块正梯形网片。剪裁计划和剪裁方法如图2—12所示。

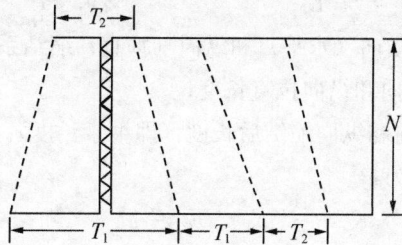

图2—12

第五节　网片的缩结与缝合

一、网片用线量的计算

网片用线量决定于材料种类、网线粗度、网结类型、网目网片的尺寸等因素。

常用下式计算：$G = \dfrac{(2a + Cd)\ N}{500\ L}$

式中：G——网片的用线量（kg）；

L——每公斤网线长度（m/kg）；

$2a$——网目大小（mm）；

d——网线直径（mm）；

N——网片总目数；

C——网结耗线系数，其值可查下表。

网结耗线系数表：

网结类型	活结	死结	双死结	双线死结
C	14	16	24	32

二、网片缩结

按网具设计和作用要求，以一定的长度比例将网片装在纲索或框架上称为缩结。网片的缩结直接影响着网片的形状、面积和目脚张开的大小，因此，能否合理地选取网片的缩结系数，对节约材料、增加网片强度和提高渔获率有重要意义。

（一）缩结系数 （E）

表示缩结的程度，即纲索长度与网衣拉直长度的比值。因网片有纵向和横向之分，缩结系数也有横向（水平）缩结系数（E_1）和纵向（垂直）缩结系数（E_2）之分。

$$E_1=\frac{L}{L_0} \qquad E_2=\frac{H}{H_0}$$

式中：E_1和E_2——横向（水平）和纵向（垂直）缩结系数；

L_0和H_0——网片横向和纵向拉直长度；

L和H——网片横向和纵向缩结后长度（即纲索长度）。

E_1和E_2之间的关系为：

$$E_1{}^2+E_2{}^2=1$$

由上式可以看出，E_1从零增加到1时，E_2将从1减少到零，反之亦然。因此E_1和E_2的数值是在0～1范围内变化。

（二）缩结系数与网片面积、网片张力之间的关系

缩结系数的改变会引起网目（或网片）形状的变化，因而也影响到网片缩结后面积的变化。

从几何学中得知，菱形网目呈正方形时面积为最大。当网片的缩结系数$E_1=E_2=0.707$时，网目呈正方形，整个网片的面积也为最大。为提高网片利用率，缩结系数应尽量接近0.707。但在实际选择时，还应考虑其它因素。

缩结系数除了与网片面积有关外，还直接影响到目脚上的张力大小。当网片在垂直拉力作用下，如横向缩结系数E_1值越小，目脚张力就越小；E_1值越大，目脚张

力越大。在设计和装配网具时，必须根据网具各部分的受力情况来选择缩结系数。如机轮拖网的下中纲部分网衣的受力较上中纲部分网衣大，选取上中纲的 E_1 值应比下中纲的大一些。

（三）斜边缩结系数的计算

用 E_1 和 E_2 值可计算网衣直目边的纲索长度，网衣斜边的纲索长度用斜边缩结系数来计算。如已知网衣斜边的斜率和横向缩结系数，则斜边缩结系数 E_3 可用下式计算：

$$E_3 = \sqrt{E_1^2\left(\frac{1}{K^2}-1\right)+1}$$

式中：E_3——斜边缩结系数；K——网衣斜边的斜率。

网衣斜边的纲索长度为：

$$S = H_0 \cdot E_3$$

式中：S——网衣斜边纲索长度；H_0——网衣纵向拉直长度。

三、网片的缝合

网具是由许多不同形状的网片缝合而成，因此，网片的缝合是网具装配过程中的重要工序之一。网片的缝合方式通常有编缝、绕缝和活络缝三种，其中以编缝和绕缝两种方法应用较广。在进行网片缝合时，除注意缝合技术之外，还必须进行精确的缝合计算与合理的配置，才能完美地完成缝合工作。

（一）编缝

将两块网片的纵边或横边，与原网片用相同的结节进行缝合的一种方法叫作编缝。纵边编缝是将两块网片的纵边缝合，横边编缝是将两块网片的横边缝合。编缝的方法分为目对目编缝和并目编缝（吃扣编缝）两种。

1. 目对目编缝 目对目编缝是缝合两块网目大小相同、边缘目数相等的网片。两块网片的缝合边缘，通常一边全部为边旁（或宕眼），另一边的两端各有一个单脚，而其余部分都是边旁（或宕眼），才能进行编缝（如图 2—13）。

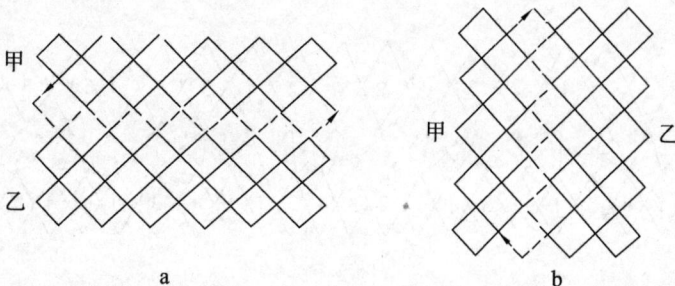

图 2—13

编缝的步骤：先将甲乙两块网片一端的单双脚对齐，用网梭缝线与甲网片上的单脚相连接，将网梭穿过乙网片上的第一个网目，使缝线在两块网片中间的长度等于两个目脚的长度，然后在这个网目上做一个结节。再将缝线穿过甲网片的第一个网目做一个结节，要求两个结节之间的缝线长度等于一个目脚的长度，并顺次将甲乙两块网片的各个网目交互做成结节，最后将缝线落在甲网片另一端的单脚处，做一个牢固的结尾结。

2. 吃扣编缝 吃扣编缝是将两块横向（或纵向）边缘目数不等的网片相缝合，由于两块网片的边缘目数不同，编缝时就要求将多目边的多余目数均匀地缝合在少目边的网目中，因此，编缝前必须进行吃扣计算。为了使吃扣均匀，还必须将计算的结果进行合理配置，然后进行编缝，才能使缝合的网具有良好的形状。

设：T_1——多目边网目数；T_2——少目边网目数；X——吃扣数。

假若我们将多目边比少目边多余的目数（T_1-T_2）平均分配在少目边的空档中，那么少目边的空档数应该是（T_1-T_2）个，要将少目边分成（T_1-T_2）个空档，必须将少目边分成（T_1-T_2+1）组才行，所以，少目边每组的网目数（吃扣数）应为：

$$X=\frac{T_2}{T_1-T_1+1}$$

式中：T_1-T_2——吃扣总次数。

例：一块网片的边缘目数为 20 目，另一块网片的边缘目数为 25 目，求两块网片的吃扣编缝方法。

解：吃扣数 $X=\dfrac{T_2}{T_1-T_2+1}=\dfrac{20}{25-20+1}=3$ 目……2（目）

吃扣总次数 $T_1-T_2=25-20=5$ 次

由计算可知，如果完全按 3 扣吃一扣编缝，则最后会余下 2 目，显然余下的 2 目，需要进行 4 扣吃一扣，共吃 2 次，那么 3 扣吃一扣的次数，就应该从吃扣总次数中减去 2 次，即 5-2=3 次。故吃扣次数应为 3 扣吃一扣的 3 次，4 扣吃一扣的 2 次。为了均匀起见，在两端应该是 4 扣吃一扣 1 次，往里均以 3 扣吃一扣进行缝合，如图 2—14 所示。

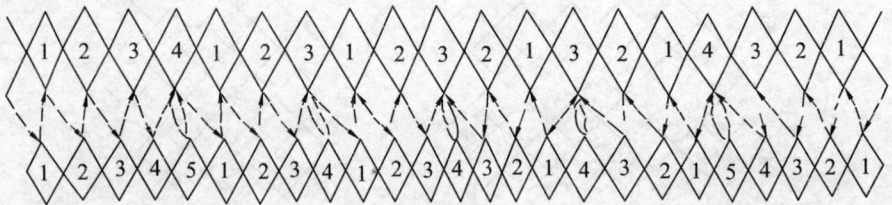

图 2—14

（二）绕缝

绕缝是缝线在网片上不逐目作结（网片间增或不增半目）或逐目作结而网衣间不增半目的缝合。也就是在两块网片边缘用缝线缠绕网目目脚的一种缝合，通常不必每目作结，因而是较简便的一种缝合方法。这种方法既容易缝合，也容易拆开。因此在各种网具装配中得到广泛应用。

根据网片缝合的部位不同，绕缝的形式有横边绕缝、纵边绕缝和斜边绕缝。横边绕缝和纵边绕缝时，先将网片的边缘互相对齐，网目互相合并，用带有缝线的网梭，穿过第一对合并的网目，打一双套结，然后依次穿绕各对合并的网目，每隔适当的间距打半结，到结尾处再做一个双套结。

根据网具的使用要求和缝合边的受力要求，缝合边上绕进的目数有半目、一目、一目半、二目和三目等目数。半目绕缝是在网片的边缘目脚处绕缝，是最简便的缝合。一目绕缝较为牢固，应用最普遍。若缝合边在作业时受力很大，容易破裂，则可采用一目半、二目或三目绕缝，使缝合边具有较高的强度。

绕缝时也会遇到目对目绕缝和不等目绕缝两种情况，不等目绕缝要求不严格。一般以拉紧长度为基准绕缝。不等目绕缝的计算与编缝基本相同。

斜边绕缝按剪裁斜率不同而有区别。当两网片剪裁斜率相同时，绕缝应单脚对单脚、边旁对边旁逐一合并，然后用缝线穿过对应的网目，每隔一定距离做一双套结，并将目脚的线头嵌入双套结中（如图2—15）。当两网片剪裁斜率不同或网目尺寸不相等，但两网片拉紧长度相等时，只能将两网片拉直相绕，这种绕缝在多片式拖网中常遇到。

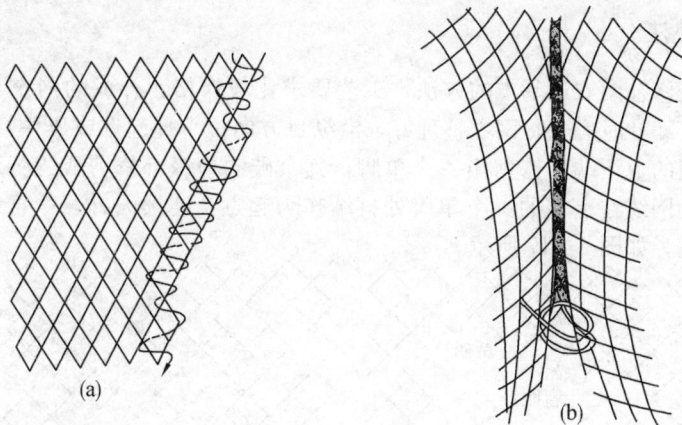

图2—15　两斜边绕缝

（三）活络缝

活络缝是利用缝线或细绳做成线圈穿套缝边，使网衣连接起来的缝合。如图2—16所示。也就是用活络结（抽结）缝接网衣。这种方法的特点是缝合和解开简便迅速，适用于网衣缝边需要频繁地封闭和解开的部分，如拖网网囊的取鱼口。

制作活络缝的方法是，先用缝线（可用细绳或粗线）在缝口的一端作结缚牢，再将缝线折成一个活线环，穿过缝口两边对应的网目，再将缝线重折成环，穿过缝口两边第二组网目，并套入前一个线环中抽紧，如此反复作环穿套，直至将缝口完全封闭。剩余的缝线仍可同样自行作环穿套，最后将其末端穿入最后一个线环中抽紧即可。需要解开时，只需解下反套入环中的线头，用力抽拉，缝口就会迅速打开。

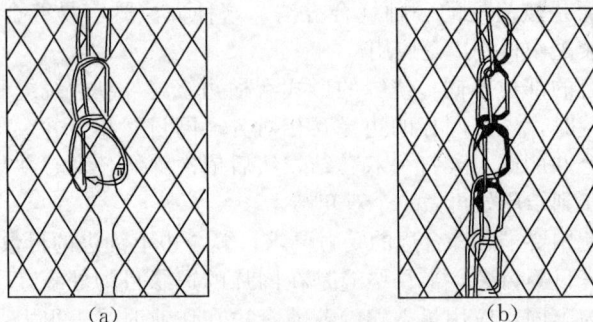

（a）　　　　　　　　　　　（b）

图 2—16　活络缝

第六节　网具的修补技术

网具在作业中经常会发生破损，网片破损不大时，一般可采用编补的方法。破损较大时，如发现缺网衣，可采用嵌补的方法，如有较大幅度的撕裂，可采用分段编补的方法。

一、编补法

编补法是修补网衣最基本的方法，工艺要求比较严格，补成的网衣与原网衣的要求应相同。编补时应先将网衣整理好，沿纵目方向拉直挂起（或压住），继而加以修剪，在破洞的上下端各修剪出一个单脚，其余破洞边缘都修剪成边旁或宕眼，然后将缝补用的网线在上端的一个单脚处打结作为起点，连续编补，一直编到下端的一个单脚结束，如图 2—17 所示。

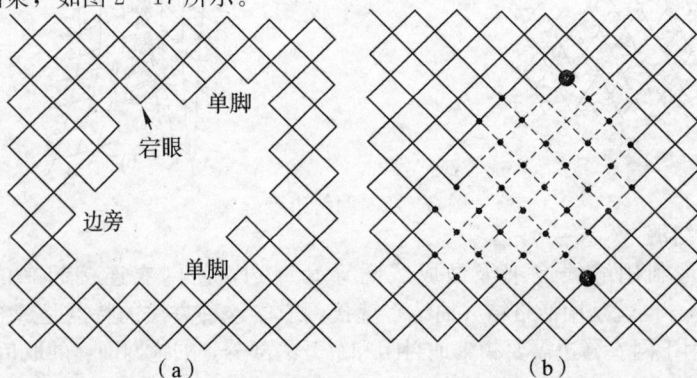

（a）　　　　　　　　　　　（b）

图 2—17　网片破洞的修剪和编补
a. 破洞的修剪　b. 破洞的修补

二、嵌补法

破损网衣的破洞很大时，可采用嵌补法，这种方法可以节约补网的时间和劳力。具体方法是：先将网衣破洞的周围修剪成矩形，再将嵌补用的新网片剪成矩形并嵌入破洞内，四周采用编缝的方法连接。在修剪嵌补用的网片时，矩形的四角都不要留有单脚，这样编补线可在任意点上生脚起补。嵌补用的新网片的纵、横向目数应比破洞矩形的纵、横向目数各少一目。如网衣破洞横向目数为 5 目，纵向目数为 4 目，则嵌补用的新网片的横向目数应为 4 目，纵向目数为 3 目（如图 2—18）。如果网衣斜边破裂范围较大，也可采用嵌补，如图 2—19 所示。

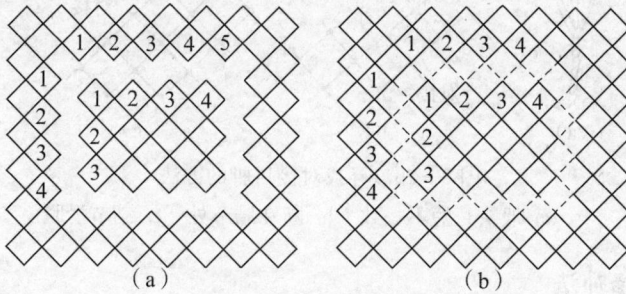

图 2—18 网衣的嵌补法

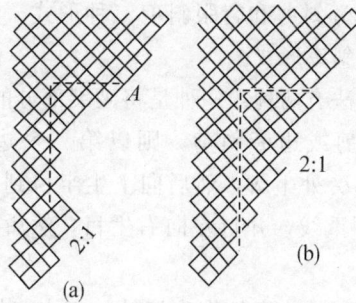

图 2—19 斜边嵌补法

三、网衣大破时的修补方法

网衣大破是指破损长度达数米至数十米。修补时，为了能使较多的人共同参与修补工作，首先必须找出裂缝两侧能对接的目脚，并把它们连接起来。如果能在裂缝两侧找到较多的目脚对接点，就可以使较多的人共同参与修补工作。

在裂缝两侧找出能对接的目脚，是一项技术性较强的工作。两侧能对接的目脚虽然可按其断裂后股头的长短加以试配，但必须具有相当的实践经验。如果将对接目脚对错了，即使只相差一节，在编补时就会产生很多困难，甚至不能进行编补。因此必须仔细观察和通过多方面的搭凑找出对接的目脚。图 2—20 所示的是寻找对接目脚的三种基本方法，具体运用有赖于反复实践。

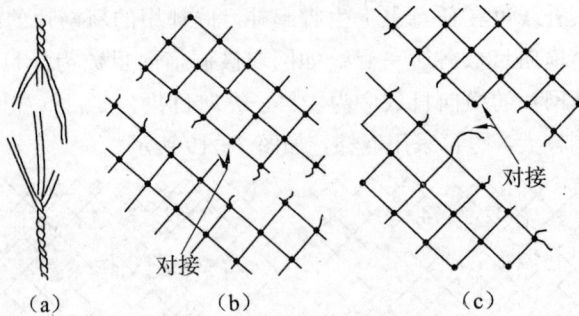

图 2—20　寻找对接目脚的方法

a. 股头长短不一致　b. 断在结节处　c. 结节滑脱

四、斜边修补法

网片斜边的破裂，其修补方法是随着网片斜边剪裁斜率的不同而异，网片斜边的剪裁斜率有单脚斜剪、边旁斜剪和宕眼斜剪三种形式。因此，要求修补后的网片其斜边必须符合原来的剪裁斜率形式。

网片斜边破裂的编补方法有两种：一种是将破裂部分的斜边修剪成边旁直角边，如果斜边的斜率是单脚斜剪或边旁斜剪，则以第一个边旁作为编补的起点。如图 2—21a 所示。由第一个边旁处生脚，然后向下生半目到第二边旁，再由第二个边旁向上生目，生目后再向下重线，并自左向右生目，然后再重线，周而复始直至把网补完为止。

如果宕眼斜剪，则以第二个边旁处作为编补的起点，如图 2—21b 所示，由第二边旁处生脚。向上生半目到第一边旁，再由第一边旁处生宕眼，然后再向上生目，生目后再向下重线，并自左向右生脚到起点边旁处，然后再向下重线生半目，并自右向左生目，周而复始直至把网补完为止。

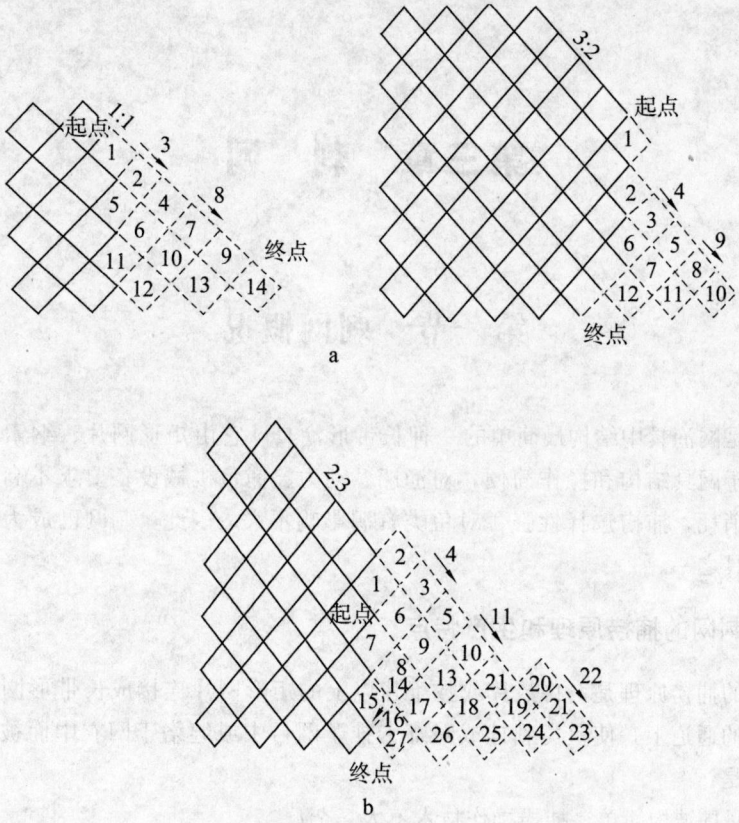

a

b

图 2—21

第三章　刺　网

第一节　刺网概况

刺网是网渔具中结构最简单的一种长带形渔具。它由矩形网片、纲索和浮沉子构成。由于网具结构和操作简便，对渔船、动力、捕鱼机械设备要求不高，节省劳力和能源消耗，捕捞选择性强，对鱼类资源影响不大，因此，刺网已成为海洋捕捞的主要渔具之一。

一、刺网的捕捞原理和生产特点

刺网的捕捞原理是：将数片或数十片以上的矩形网片连接成长带形网列横拦于鱼虾洄游的通道上，使鱼类刺挂或对虾卡挂于网目中或缠络于网衣中而被捕获。其生产特点是：

(1) 网具结构简单，捕捞操作技术不太复杂；

(2) 对渔船、动力和渔捞设备要求不高；

(3) 生产作业机动灵活，不受水域环境限制，作业渔场广阔；

(4) 网列长短和作业水层可以随时调整；

(5) 能捕捞上、下各水层集中或分散的鱼类和甲壳类，所捕鱼、虾类个体大而整齐，质量好；

(6) 刺网类渔具的缺点是：修补网具和摘鱼费工费时。

二、刺网结构和分类

由于刺网的作业渔场条件和捕捞对象生活习惯不同，其网具结构和作业方式也不同。

(一) 按网具结构特点区分

1. 单片型刺网　又称单层刺网，使用最广泛，结构最简单。我国海洋刺网以单片型刺网为主。它由一长方形网片缝缩在浮、沉子纲上构成，网片的网目尺寸有全网相同的，也有上下之间用两种或三种不同网目尺寸的。后者适用于同一渔场捕捞上下水层中不同大小的鱼类。

网片的上、下缘装有浮子纲和沉子纲，并结附白色泡沫塑料浮子和沉子。作业时，依捕捞对象、船只大小和水域环境，带网数十片或上百片，每片网长 20～50 m 左右，将网片连接成一网列，长度在 1 km～10 km 不等。每列网装有数个浮标，浮标由竹竿、竹筒和泡沫塑料浮子和沉子组成，浮标顶部结有彩色小旗，个别浮标用松树枝代替。

网具高度依刺网类型和捕捞对象而定，一般为 2～15 m。底层刺网矮，表层刺网高。

2. 双重型和三重型刺网 由二片不同网目尺寸相叠构成的刺网称双重刺网。由两片网目尺寸相同的大网目网衣，中间夹一片小网目网衣构成的刺网称三重刺网。二重刺网和三重刺网适用于捕捞同一水层中栖息的不同鱼种和不同大小的鱼类。比单片刺网的渔获量高，但由于摘鱼费事，不适合大规模生产。

3. 框格型刺网 它是在单片刺网的基础上，装有若干垂直和水平交叉的框格线（又称中弦或中纲），或装有若干斜方向框格线，使主网衣松弛，可提高网具的缠络能力，它主要用于内陆水域。

4. 无下纲型刺网 是一种下缘不装纲索的单片刺网，俗称散腿流网。这种刺网下部网衣柔软，具有刺挂和缠络双重性能，对提高渔获率有利。但需增加网具高度，以保证有效捕鱼面积。

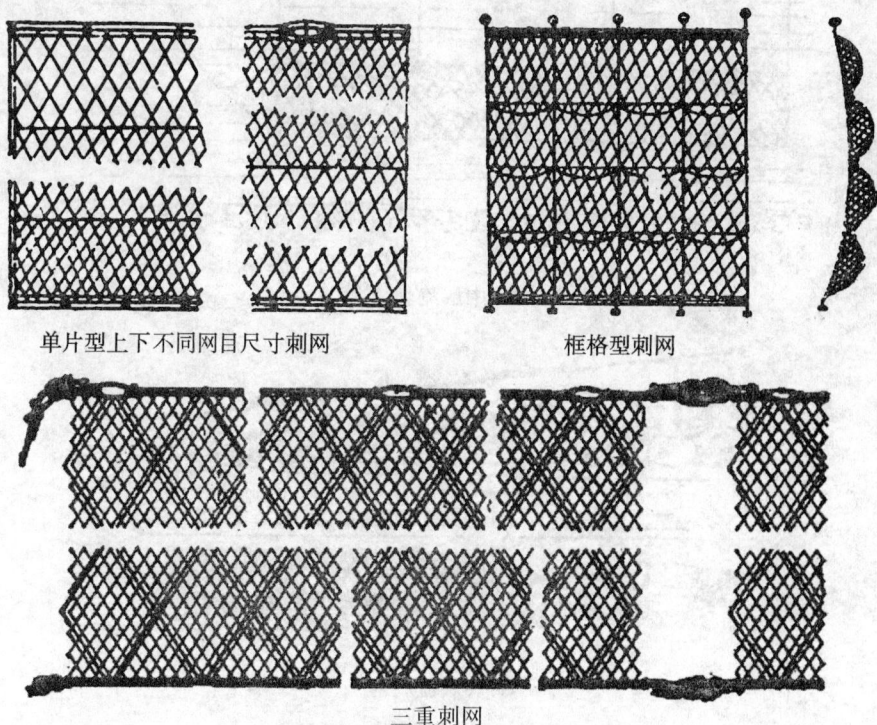

单片型上下不同网目尺寸刺网　　　　　　框格型刺网

三重刺网

图 3—1　刺网结构类型

（二）按作业方式区分

1. 漂流式刺网　又称流刺网、流网。作业时网具随流漂移拦截捕捞对象。这种作业方式比较机动灵活，作业范围广阔，不受渔场水深限制，能根据捕捞对象的活动水层，自由调节网具作业水深，在单位时间内扫海面积大，渔获率较其他刺网高，在海洋作业中使用最多（图3—2）。

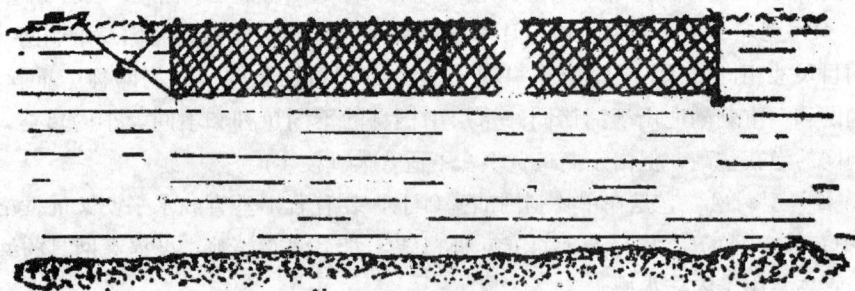

a. 表层流刺网

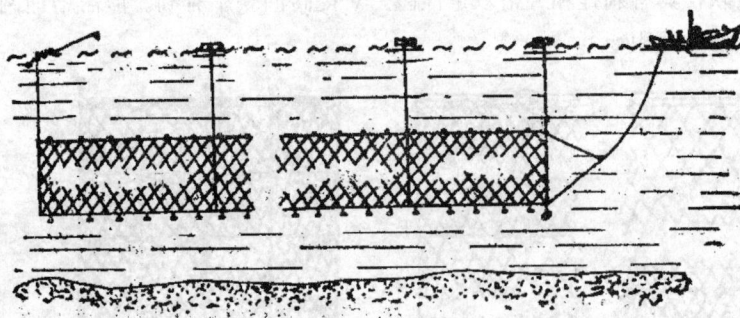

b. 中层流刺网

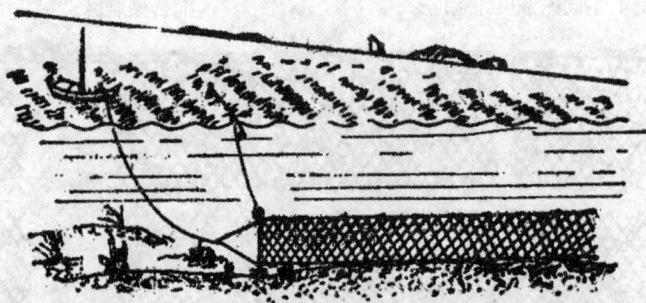

c. 底层流刺网

图3—2　流刺网作业示意图

2. 定置式刺网 俗称定刺网。利用桩、石块或锚等将刺网敷设在鱼、虾等水生动物的洄游通道上。一般多设于沿岸浅海水域，依敷设水层不同分为上层定刺网和底层定刺网，以底层定刺网为最多。这类刺网只适用于特定的渔场，生产效率较低（图 3—3）。

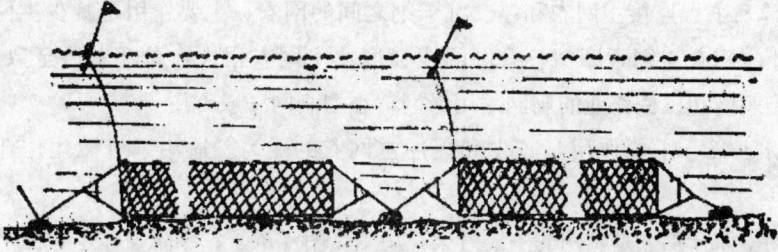

图 3—3 定刺网

3. 包围式刺网 俗称围刺网（见图 3—4），利用一列刺网包围较密集的鱼群，然后采用惊吓的手段，如声驱、电驱、投石等，使鱼四处逃窜而刺缠于网上。主要在我国南方沿海使用较多，如广东黄花鱼刺网。

4. 拖曳式刺网 俗称拖刺网（见图 3—5），依靠两只渔船拖曳一列刺网，使鱼刺挂或缠络于网上。主要适用于南海，如广东的海鳗刺网，长江流域的内陆水域也有使用。

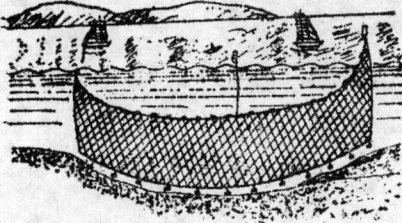

围刺网

图 3—4 围刺网

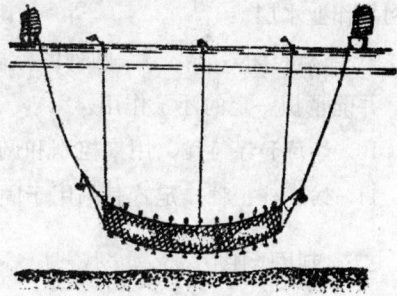

托刺网

图 3—5 拖刺网

第二节 刺网结构和装配

一、刺网基本结构

刺网一般由网衣、纲索、属具三部分组成。网衣部分有主网衣、缘网衣等；纲索部分有水扣绳、浮子纲、沉子纲和侧纲等；属具有浮子、沉子、带网纲、叉纲浮标以及锚、沉石、桩等。

1. 主网衣　用于刺缠鱼类。要求网目大小均匀，尺寸需依捕捞对象的刺挂体周而定；网线粗度在保证足够强度下越细越好；网目结节要牢固，不易滑动，不变形，通常用死结或变形死结编结。

2. 缘网衣　连接主网衣和浮、沉子纲之间的网衣。主要作用是减少主网衣的受力和防止主网衣与纲索摩擦。缘网网线强度比主网衣稍大，高度1目至数目不等。一般大型刺网和机械作业的刺网才用缘网，小型刺网一般不用。

3. 水扣绳　主要作用是减少和缓冲主网衣的受力。适用于机械化作业的大型刺网。

4. 浮、沉子纲　是刺网的主要骨架，用来结附浮沉子、浮筒等，并承受网具负荷。一般上下各使用2条，捻向相反，以防起放网操作中产生增退捻而扭结。

5. 侧纲　用以加强网具两侧强度，减少起放网时网侧受力，同时起维持网型和保持网具高度的作用。

6. 叉纲　连接网列与带网纲的纲索。

7. 带网纲　用作渔船与网列的连接，使网具不致流失，也可用以调整网列方向。

8. 浮、沉子　用来伸展网具、保证网衣捕鱼面积，并能与其它浮、沉力配合调整网具作业水层。

9. 浮标和沉石　浮标是网列的标志。作业时可依浮标位置判别网列的方位和状态，并能承担一定的浮子作用。

10. 浮筒和浮筒绳　用来控制和调节网具作业水层，承担渔获下沉力。

11. 锚、碇、桩　定置刺网用于固定网位。

二、刺网网图

刺网网图内容有：网具主尺度、网衣展开图、网具装配图和作业示意图。如图3—6。

单片刺网主尺度用以每片网具结附网衣的上纲长度×网衣拉直高度（或侧纲长度）表示。如图3—6：鲭鱼流网28.50 m×11.0 m，即上纲长度28.50 m，网衣拉直高度11.0 m。

鲳 鱼 流 网

28.50m × 11.00m

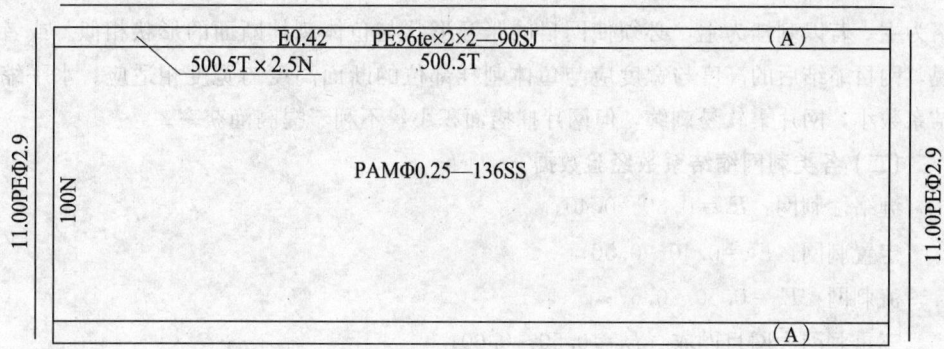

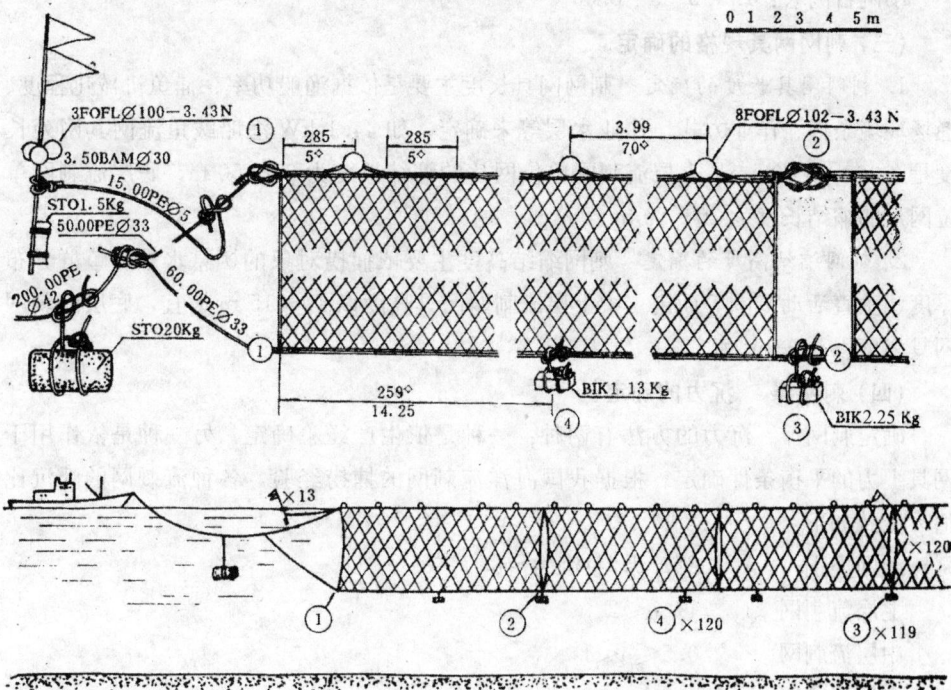

图 3—6 刺网网图

三、刺网装配

（一）刺网缩结系数的选择

刺网缩结系数取决于捕捞对象的体形特征，首先确定是以刺挂为主，还是以缠络为主。若以刺挂为主，必须使网目的张开形状与鱼体刺挂断面的形状相似。或者说，网目缩结后的高度与宽度应与鱼体刺挂部位的断面高度与宽度相适应。水平缩结系数小，网片柔软易刺缠，但网片捕捞面积小，不利于提高渔获率。

（二）各类刺网缩结系数经验数据

缠络性刺网：$E_1 = 0.30 \sim 0.40$；

定置刺网：$E_1 = 0.40 \sim 0.50$；

流刺网：$E_1 = 0.50 \sim 0.67$；

三重刺网大网目网衣：$E_1 = 0.50 \sim 0.60$；

小网目网衣：$E_1 = 0.35 \sim 0.55$。

（三）刺网网具规格的确定

1. 刺网网具长度的确定　刺网网具长度主要是依据渔船功率、捕鱼机械化程度、渔场环境条件、作业方式、作业水层等来确定。如 44.1 kW 渔船鲅鱼流网其网列长度是 3 000～3 800 m。上层流刺网单位网片的缩结长度为 35～50 m，底层流刺网单位网片的缩结长度为 20～30 m。

2. 刺网缩结高度的确定　刺网缩结高度主要依捕捞对象的栖息水层、鱼群分布厚度、垂直活动范围等而定。中上层流刺网网具高度以 10～15 m 为宜，底层流刺网网具高度以 2～3 m 为宜。

（四）刺网浮、沉力的确定

确定刺网浮、沉力的方法有两种：一种是依生产经验确定，另一种是依作用于网具上力的平衡条件确定。根据我国海洋流刺网的捕捞经验，各种流刺网的浮沉比值 μ 大致如下：

刺网类别	总浮力/总沉力 $= \mu$
上层流刺网	$1 < \mu \leqslant 2$
中层流刺网	$0.5 \leqslant \mu < 1$
底层流刺网	$0.3 \leqslant \mu < 1$

（五）单层流刺网装配步骤

1. 量取浮、沉子纲长度　先量取单位网片所需的浮、沉子纲长度，并在上面作出穿结网衣部分的长度标记。然后在穿结网衣部分的浮、沉子纲上作出等分段长度和浮、沉子间距的标记。

丈量长度时，应使浮、沉子纲等长，其同一侧的两端绳环大小一样。

2. 网衣缩结装配 网衣缩结在纲索上有两种方法：一种是用水扣绳装配，另一种不用水扣绳装配。

（1）水扣绳装配有以下几种方式：

① 滑动式（图 3—7a）。两水扣间的一个网目常会被拉得很紧，使用较少，特别是海洋流网和大网目刺网都不采用。而是采用每目或每两目固结的方法（图 3—7b）。

② 掉目式（图 3—7c）。即两水扣间固结处留一目不穿进水扣绳，以减小固结处网目受力过大而破损。此种方法适于装配小网目刺网。

③ 悬吊式（图 3—7d）。即在两水扣之间用一根细绳把网衣悬吊在纲索上，此法适用于绞机起网，可减轻网衣的机械磨损。

（2）不用水扣绳的装配方法。此法较简便，只要将上、下缘纲直接穿进网衣的边缘网目，然后按缩结系数和等分段长度，把上下缘纲分别与浮、沉子纲合并给扎即可。此法适用于小型流网装配。

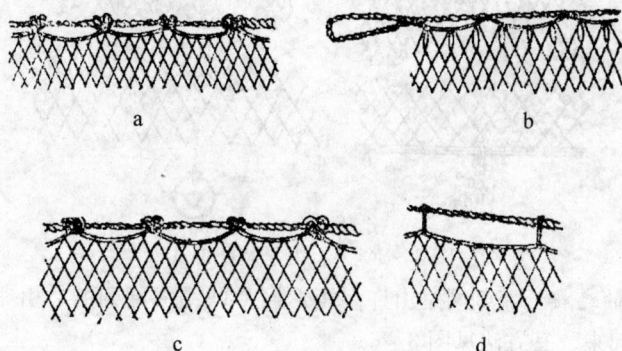

a

b

c

d

图 3—7 水扣装配

3. 浮、沉子装配 浮、沉子的装配方法与浮、沉子材料、结构类型、捕鱼特点有关。主要有以下三种装配方式：

① 穿入式（图 3—8a）。浮、沉子为中孔圆球形或圆柱形的都采用穿入式。装配时，直接将浮、沉子纲穿进浮、沉子，然后进行结扎即可。此法装配简便，作业时不易脱落，但破损时调换不便。

② 绑结式（图 3—8b）。浮、沉子直接绑结在浮、沉子纲上。

③ 悬吊式（图 3—8c）。将浮、沉子悬吊在浮、沉子纲上。

前两种方式可减少浮、沉子与网衣的纠缠，操作也较方便。第三种方法因浮、沉子易与网衣纠缠，操作不便，故较少使用。

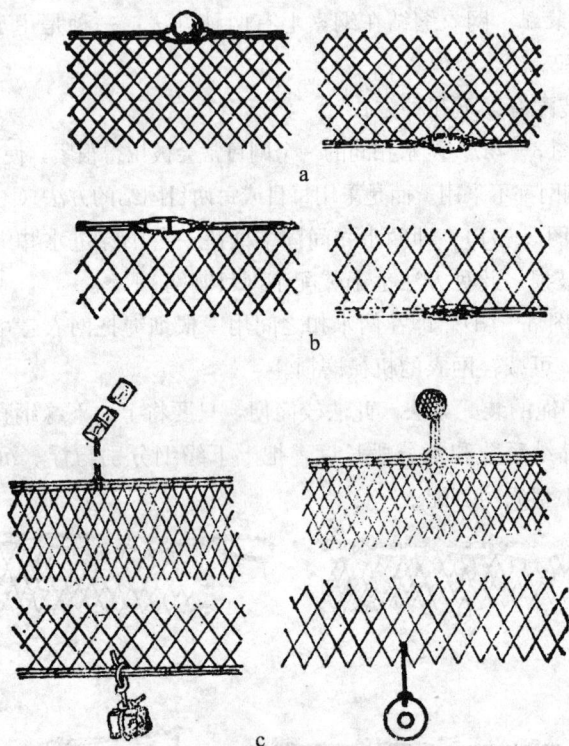

图3—8 浮、沉子装配形式

4. 网片间的连接 流刺网是由许多矩形网片联结成网列的，相邻两网片间需用细绳绕缝连接起来。其方法见图3—6。

5. 叉纲装配 流刺网叉纲装配时，将其一端直接与浮、沉子纲连接，另一端做成绳环与带网纲连接。

为不使叉纲因受力闭合而影响网具的伸展高度，有的采取在上、下叉纲上装置浮、沉子（图3—9），有的则采取适当放长上、下叉纲长度或在上、下叉纲间加装小撑杆。

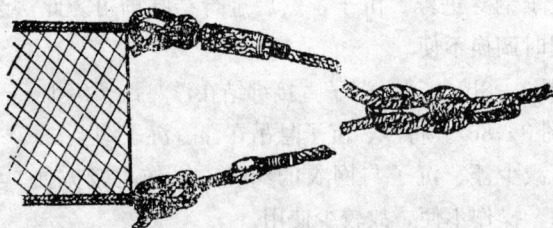

图3—9 叉纲与网头连接

第三节　海洋流刺网渔法

海洋流刺网虽分上、中、底层三种作业方式，但除浮、沉力配备等有所不同外，其网具结构和捕捞操作方法大致相同。

一、放网前的准备

（一）整理和检修网具

把网片依先后顺序连接成网列，并叠放在放网舷内。叠放时，沉子纲在舷向，浮子纲在艉向。对于撒腿流网，因不装沉子纲，为方便放网操作应将浮子纲放在舷向，下部网衣放在艉向。在叠放网具过程中应注意检查、修补网衣破洞，并把网片接头理出，便于与浮筒（或浮标）连接。

（二）结附属具

对采用带网纲作业的流刺网，应将带网纲与叉纲、网列连接好。带网纲的另一端要牢固地锁于系缆柱上。为缩短带网纲放出长度和稳定网列作业水层，通常根据需要在带网带中部或下端结附 1～2 块重 15～25 kg 的沉石。

一般每隔 8～10 片网结附浮标一支。浮标绳长度依渔场水深而定。一般取水深的 1.5～2.0 倍。在结附浮标时不再结附浮筒。

（三）进行渔场海况探测

包括观测风流大小和方向，周围生产船只作业动态等，以便确定放网位置、网列漂流方向、网列放出的长短及漂流时间等。

二、放网

（一）放网时间的选择

需依网具在水中能见度、捕捞对象活动水层和潮流、潮汐情况而定。

（1）一般地说，在白天，海表层的水透明度最大，海底层最小；在夜间，无论其表、底层，水透明度都很小。因此，流网作业最好选择在夜间，而放网时间在傍晚，次日凌晨起网。如果是阴天捕底层鱼，也可在清晨放网、午后起网。

（2）中上层鱼类一般活动于水透明度相对较大的水层，白天作业网具易被鱼发现，因此通常是傍晚放网，夜间作业，次日凌晨起网。许多底层鱼、虾有夜间起浮于中上层、白天下沉到底层的习性。因此，刺网捕捞这些鱼类应选择白天作业。若在夜间作业应适当调整浮、沉力，使网具相对上浮。如小黄鱼流网、对虾流网常依此原则进行作业。

（3）依潮流和潮汐情况选择放网，如山东的青鳞鱼流网选择在涨潮或退潮七八分的缓流时刻放网；浙江的比目鱼流刺网、大黄鱼流刺网选择在大潮汛期间作业。

（二）放网方向的确定

放网方向应依风流力大小和方向而定。一般以风情为主结合流向确定。但以横流、偏顺风放网为好。一般采用横流顺风放网。若风力大，则顺风在上风舷放网。若流力大风小，则横流在下流舷放网。

但不管何种放网方向，都应使网列方向与水流流向成75～90度交角为宜。

（三）放网方法

放网时先开慢车后停车，借惯性余速在左舷投放网具。先投放第一个沉石、浮标绳和浮标，然后依次投放网具，并根据网具漂出速度施行开、停车，直至把网具全部放完。最后投放带网纲，并系于船首柱上，让船网随风流漂移。

放出的网列要力求保持直线形状，以增加捕鱼面积和防止流向转变时网具集叠一起。

放网地点要尽量避开航道、障碍物和张网作业区，以防丢网。在流刺网船多的水域作业时，两相邻网列的距离至少要在1海里以上，以防网列相缠络影响产量。

（四）放网注意事项

（1）到达渔场后，船长应根据周围船只与海况选择适宜的网档，并避开定置网场和航道。

（2）放网前十分钟，通知船员做好准备，穿戴好护具，衣着利落，清理好脚下，待命下网。

（3）放网时底脚要尽量向远处投放，同时用竹竿或木棍逼着浮弦，防止网衣压入船底；放芒子者及时清出芒绳按顺序投放。

（4）有风天顺风放网，无风天横流向放网，用车要适当。

（5）放完网后应放出适当长度（根据天气情况确定）的带网缏并与锚缆扣子搭好；末端系在大桩上，用麻袋或网衣包垫，以防磨损。

（6）大风浪天一般不要放网，防止网列纠缠或撕破，并做好防风抗浪的准备。

三、漂流作业

漂流中应注意下列事项：

（1）船与网列漂流速度是否保持一致。若不一致应采取相应措施，以免网列变形。

（2）注意风流向的变化。若风向反向转变时，可采取调换带网方向，即渔船卸下带网纲驶向另一网端带网。若风流向都变化较大时，应立即起网，否则会造成网具集叠，增加起网困难。

（3）观察网列有无拖遇障碍物，或与邻船网列相缠，以及周围船只是否会损坏网列。

（4）观察网列漂流是否正常，防止网列集叠和压入船底。

（5）如遇雾天应加强对网列的巡视，携带舢板的流网船可放下舢板分段巡视，防止网具丢失。

（6）注意浮标或灯标以及用于船舶避碰的号灯、号型是否正常。

流刺网漂流作业的时间依捕捞对象和生产经验灵活掌握。一般漂流 6～8 小时。夜间作业时，一般傍晚放网，翌晨起网。

四、起网操作

起网前先将压载石移到起网舷相反的一侧，然后根据风力风向及潮流情况确定起网方向。一般在迎风舷或迎流舷起网。为此，有时需解开带网纲将船驶往网列的另一端起网。

起网时，先用绞盘或起网绞机收绞带网纲及叉纲，起至网片时，用绞机（或人力）绞引浮、沉子纲，边起网边摘渔获和整理网具。但有时把网具全部起上，再进行整理网具和摘取渔获。

五、刺网渔捞事故的发生、预防和处理

（一）放网事故发生原因及处理

（1）投放沉子纲的速度比浮子纲慢，易发生浮子纲与沉子纲纠缠。当风流情况不佳时，投放沉子纲速度要稍慢，浮子纲投放应尽量远离船舷边，以免网具被冲进船底，或与沉子纲纠缠，同时浮筒、浮标投放要远离浮子纲，以免与网衣纠缠。

（2）网具投放速度过快，网易缠络；网速比船速慢，网易撕损。网具投放速度要与船速密切配合。

（3）网具被压入船底事故。网具被压入船底造成缠挂车叶、舵叶。因此，每次需动车时，应观察网具无碍后才能动车。操舵时，舵不要过大，并尽量避免用倒车。

（二）起网事故发生原因及处理

（1）网具擦过艉后或贴近艉舷发生缠络车叶事故。起网过程中网具擦过艉后或贴近艉舷，造成缠车叶事故，要注意运用车舵，使网列始终保持在起网舷一边。

（2）起网舷甩向下风发生压网缠车叶事故。在起网过程中要经常运用车、舵进行调整，但开车时间不宜过长。注意控制不使起网舷甩向下风。

第四章　拖　网

第一节　拖网结构原理

一、拖网捕鱼原理和生产特点

拖网属过滤性运动渔具。它的捕鱼原理是依靠渔船拖曳具有一囊两翼或仅具袋形的网具，迫使渔具经过水域中的鱼、虾、蟹等捕捞对象，进入网内达到捕捞的目的。它的主要特点如下：

（1）拖网的捕捞对象非常广泛，能捕捞内陆水域和海洋中比较密集的鱼类、甲壳类、头足类、螺和贝类等。因此，拖网生产在海洋和内陆水域中占有很大比重，也是世界海洋渔业中的主要作业方式。捕捞产量占海洋渔获总量40%左右。

（2）拖网生产主动灵活，能积极追捕鱼群，捕捞效率高，作业范围广，各种水层、海区、深度均能捕捞。随着深水底层拖网的发展，可到1 000～2 000 m的深海海域作业。

（3）拖网类渔具形式多样，规模大小不一，分布亦比较广泛。有的小型拖网渔具，生产规模较小，运用较小的渔船，在内陆水域小水面和近岸浅海捕捞。也有生产规模较大的拖网渔船，可达深海远洋捕捞。目前世界上的大型拖网渔船，总吨位达5 000 t以上，船长100 m以上，船上装有各种水产品加工、保鲜设备，使拖网作业范围扩展到深海远洋。

二、拖网的分类

（一）按网具结构分类

可分为单片、单囊、多囊、有翼单囊、有翼多囊、桁杆、框架拖网 7 种作业方型。

1. 单片拖网　由带状单片网衣构成，形如拖曳刺网，但网具的网目大小不同于刺网，并不是以刺、缠作为捕鱼方式。主要在内陆水中使用，海洋中使用很少，如山东莱州带网。

2. 单囊拖网　由网身和单一网囊构成。

3. 多囊拖网　由网身和若干网囊构成。

4. 有翼单囊拖网　由两网翼和网身及一个网囊构成。这种类型的网具种类很多，如目前生产应用的机轮底拖网。

5. 有翼多囊拖网　多为两顶各一翼一囊的网连接而成。左右对称，网具中央有一根撑杆保持网口高度，双船作业。

6. 桁杆拖网　由桁杆、网身、网囊（兜）构成。

7. 框架拖网　网口完全固结在框架上，由网身、网囊组成。

（二）按拖网作业方式分类

可分为单船表层拖网、单船中层拖网、单船底层拖网、双船表层拖网、双船中层拖网、双船底层拖网和多船拖网 7 种作业方式。

1. 单船表层拖网　我国广东、福建的浮水缯，网具呈戽斗状，利用撑杆、档杆等使其伸出舷外张开网口，进行拖网作业，作业水深为 15 m 以内。主要捕捞鲻鱼、小带鱼、虾等。

2. 单船中层拖网　用一艘渔船，拖曳两块网板或其它形式的扩张器，将网具左右展开。其作业水层可通过曳纲的长短或辅以船速来调整。捕捞对象有大西洋鲱鱼、鳕鱼、鲹科鱼类和南极虾等。渔船和拖网渔具均大型化，能在深海远洋的中层水域捕捞作业。我国的远洋单船中层拖网，网口周长达 1 300 m，网具全长 200 m 以上。

3. 单船底层拖网　单船底层拖网的作业方式与单船中层拖网相仿，所不同的是拖网网型为有翼单囊拖网，作业时网板和网具均在海底移动，以捕捞底层鱼、虾类。大型远洋单船拖网渔船，均能兼作中层拖网和底层拖网作业。其作业规模可大可小，大型的可达深海远洋，小型的在沿岸近海水域作业。

4. 双船表层拖网　主要为一囊两翼拖网，但与一般底拖网不同，而是将网盖装在网口下方，与网腹前缘连接，形成箕状，防止鱼类向下逃出。主要捕捞颚针鱼和鳀等中上层鱼类。

5. **双船中层拖网**　网具结构基本与单船中层拖网相似。双船中层拖网在近海捕捞鲱鱼、鳀鱼、马鲛鱼等有较好的捕捞效果。

6. **双船底层拖网**　又称对拖网,网具结构形式基本与单船底层拖网相似,但无网板装置。两艘船共同拖曳一顶网具,捕捞底层鱼、虾类等。

图 4—1a　双船底层拖网

图 4—1b　单船底层拖网

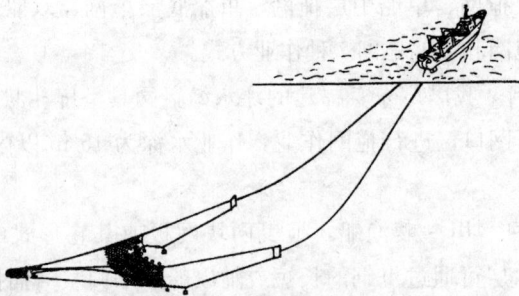

图 4—1c　单船中层拖网

三、拖网的结构

拖网一般由网衣、纲索、属具组成。我国目前较普遍使用的两片式拖网网衣由网翼、网身和网囊组成。纲索主要有浮子纲、沉子纲、力纲、空纲、手纲和曳纲等;属具主要有浮子、沉子和网板等。图4—2为两片式机轮对拖网的结构。

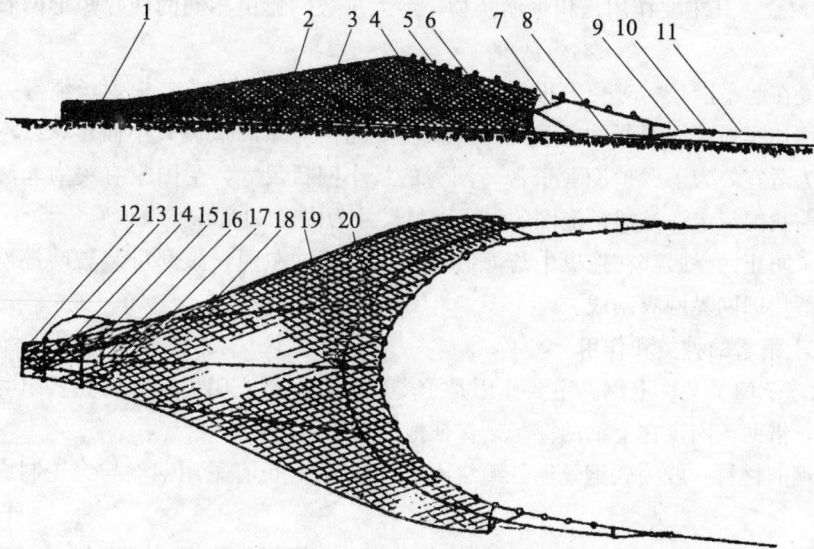

图4—2 两片式机轮对拖网结构

1. 网囊 2. 网腹 3. 网背 4. 下网翼 5. 上网翼 6. 上纲

7. 翼端纲 8. 下空纲 9. 上空纲 10. 转环 11. 曳纲 12. 囊底束纲

13. 网囊束纲引钢 14. 网囊束纲 15. 隔纲 16. 上中力纲 17. 辅助力纲

18. 力纲 19. 下中力纲 20. 网盖

(一) 网衣

网衣由网翼、网盖、网身和燕尾网组成。

1. **网翼** 又称网袖,由上、下网翼组成,下网翼又分为前网翼和后网翼(小网腿)。主要作用是扩大拖网的扫海面积,威吓、阻拦迫使鱼群进入网身和网囊中。同时在拖网中,网翼还有牵引整个网具在海底移动的作用。

网翼的长度不仅影响网口高度,同时由于这部分网衣与水流冲角较大,产生的阻力也较大,故网翼长度和网目大小,均直接影响整个网具的阻力和拖网速度,因此根据捕捞对象的习性和网具阻力决定网翼的长度。捕捞栖息于海底的鱼、虾和蟹可用长网翼,而捕捞游速较快的鱼类则宜采用短网翼。

近年来,国内外广泛采用大网目网翼(即所谓疏目拖网或大网目拖网),有的网翼网目已达到 20 m 左右,提高了拖网速度。

2. **燕尾网**　分上、下燕尾，主要用来减少网翼端网衣堆积和阻力。

3. **网盖**　亦称天井网或天桥，位于网口之上的正梯形网衣，在底层拖网中起着防止鱼类向上方逃逸的作用。

4. **网身**　网身的作用是将网翼、网盖拦入的鱼群，通过网身引导至网囊。在渔获物较多时，超过了网囊的容量，网身的后部也起着收集渔获物的作用。

5. **网囊**　其主要作用是积聚渔获物，绝大多数网囊由相同的两片矩形网衣缝合而成。

网囊在起吊渔获物时受力很大，因此网囊上加装钢丝绳或夹棕钢丝绳等力纲多根，以增加其强度。网囊的网目尺寸，依主要捕捞对象的鱼体大小而定，以不刺挂网目最为适宜。为了保护渔业资源，网囊的最小网目尺寸，受国家有关渔业法令限制，目前我国规定海洋捕鱼拖网的最小网目尺寸为内径 54 mm。

为了防止网囊腹部在拖曳中与海底摩擦而损坏，在网囊腹部可装置防擦网。防擦网一般用旧网囊网衣制成。

（二）纲索的种类和作用

1. **浮子纲**　又称上纲。主要作用是承受部分拖网网衣阻力，并将这些阻力传递至曳纲，借助于固定在上纲的浮子，保证拖网网口的垂直张开。

上纲的材料一般为软钢丝绳外缠绕网线（棕绳），也有采用钢丝与维纶制成的混合纲。

底层拖网的上纲，一般由左、右上边纲和上中纲三段组成，分别与左、右上网翼边和网盖前缘网衣结缚，上边纲与上中纲间用卸克连接。

2. **沉子纲**　又称下纲。主要作用是承受拖网网衣的部分阻力，并将这些阻力传至曳纲上。借助沉子纲本身重力及附加的滚轮、铁链等重物，使拖网在放网中迅速下沉，在拖曳时使网具紧贴海底压住网口，兼有驱赶鱼类进入网口的作用。

沉子纲一般由 3 段组成，大型拖网有分成 5 段的。即左、右边沉子纲和中沉子纲，分别与左、右下网翼和腹网前缘结缚，边沉子纲与中沉子纲间用卸克连接。

沉子纲的结构有 5 种形式：

（1）缠绕式沉子纲。在钢丝绳上依次缠绕做衬底用的旧网衣，用旧网衣捻成的绳股、防摩擦用的旧网衣。缠绕绳股的层次越多，沉子纲的粗度越大，所夹带泥沙的重量越大。这种沉子纲粗度大，不易陷入泥中，适宜于泥和泥沙底质使用，但耐磨性较差。

（2）滚柱式沉子纲。在钢丝上穿有塑胶滚柱。滚柱的大小和数量决定于沉子纲的重量。这种沉子纲比缠绕式沉子纲耐磨，可用于较粗糙的底质。

（3）橡胶片式沉子纲。在钢丝绳上穿有橡胶片、铁球、铁块和铁链，经压挤使橡胶片紧密排列。由于橡胶片系废旧汽车轮胎冲制而成，能耐粗糙海底的摩擦。但穿制和压挤工艺较为复杂。它适用于砾石海区捕捞底层鱼类用。

(4) 滚球式沉子纲。钢丝上穿有直径 250～400 mm 可滚动的铁球、滚轮和长度大于铁球半径的吊链，可使网衣脱离海底。这种沉子纲适用于礁石海区作业的大型底拖网。其结构如图 4—3 所示。

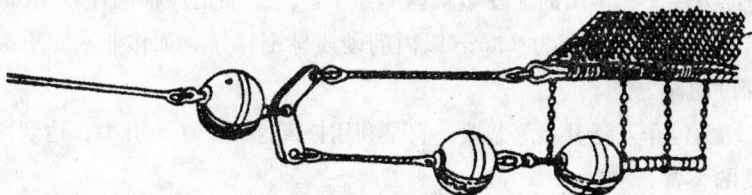

图 4—3　滚球式沉子纲结构

(5) 铁链式沉子纲。铁链直接结缚于下纲，铁链的直径和垂度决定于沉子纲重量。这种沉子纲适用于底质松软的海底，如捕捞虾类和贴底鱼类的双撑架拖网；也用于表层拖网，如捕捞鳗鱼和鲅鱼。

3. 空纲　装置在网翼前端，分上、下空纲。主要作用是威吓、拦集鱼类和延长网翼。它在拖网作业过程中，刮起的泥浆和水花形成屏障，起着威吓和拦集鱼群入网的作用。

4. 力纲　又称网筋。主要作用是加强网衣的强度，承受网衣在作业过程中所受的阻力，并传递至上、下纲，维持拖网作业过程中的网型。力纲的装置方式有：(1) 两片式拖网装置 2 根力纲。从下中纲两端连接处开始，沿网目对角线装配，到达网身侧边时沿边缝直至网囊末端。(2) 两片式拖网装置 4 根力纲。背、腹中力纲分别从上中纲中部和沉子纲中部开始，沿网目对角线装配，直至网囊末端。两根侧力纲分别从燕尾纲的中点，沿侧边缝装配，直至网囊末端。(3) 多片式拖网一般装置 4 根力纲，它们分别沿侧网的边缘装配，直至网囊末端。

5. 翼端纲　它是维持网翼端在作业过程中正常展开的重要绳索，同时防止起、放网过程中或拖曳过程中网翼端网衣被撕破。翼端纲的长度为网衣拉直长的 60%～70%；燕尾网翼端的纲索长度依网衣的剪裁斜率而定，一般为斜边拉直长的 95%。

6. 网囊束纲和网囊束纲引纲　网囊束纲亦称卡包纲，是围绕网囊可抽紧的钢丝绳，其作用是在渔获物充满网囊时，分隔渔获物便于起吊。网囊束纲引纲供牵引网囊束纲用。

7. 曳纲　拖曳网具的纲索。在单船底层拖网中，曳纲连接船和网板，为钢丝绳制。在双船底层拖网中，曳纲连接空纲，由 2 段组成，近船舶的 1 段大部分不与海底接触，为钢丝绳，另 1 段全部沿海底拖曳，除刮起泥浆、拦集鱼群作用外，还兼有稳定网具的作用，因此都采用较粗的混合纲。曳纲的长度根据作业水深和作业方式而定。

（三）属具

拖网属具主要有浮、沉力设备和网板。

1. 浮子和其他浮力设备

（1）静浮力浮子。常用的为硬塑料球形浮子，为了能适应拖网在较深海域作业，多采用带有耳环的耐压水深为 200 m 以内的硬质球形浮子，如作业水深更大，则需选用相应深度的浮子。

（2）水动力浮子及浮升板等装置。它是利用拖网速度产生上升力，达到进一步提高网口高度的装置。

2. 沉子和其他沉降设备

在拖网渔具上配备沉力，通常将铁球、铁块等穿入钢丝绳上组成沉子纲。在作业过程中为了调整沉降力，在沉子纲上缠绕一定重量的铁链、铅块等重物，但这些都是静沉力。随着中层拖网和深海拖网的发展，有时需要随拖速增加而增加沉降力，因此需要一些能产生沉降力的设备（如与水流方向形成一定冲角的沉板等）。

四、拖网渔具图

（一）拖网渔具图的类型

拖网渔具图是拖网设计、施工的重要技术语言，也是交流技术、检查和调整渔具的重要依据。拖网渔具图一般包括总布置图、网衣展开图、局部结构图和作业示意图四部分。

1. 总布置图（称总装配图）　用来表明已装配完整的拖网渔具。它概略地提供渔具外观形状和构件配置情况。一般以实物图的形式绘制，也可绘成平面图或投影图。图上应尽可能标明渔具各构件名称及主要尺度。

总布置图一般用较小的比例尺绘制，对有些难以按比例绘制的构件，可用符号、略语或局部放大图表示。但应注意不使渔具产生较大的失真。

2. 网衣展开图（简称网图）　把拖网各部分网衣展开成平面，并按一定规则绘制的平面图。它是网具设计、装配、检查、调整和进行技术交流的重要技术文件。在网衣展开图中须详细标明网衣的形状、规格、数量、配置情况以及所使用的网材料、编结方式、剪裁和缝合方式等必要的技术指标，同时还应尽可能标出主要纲索的数量、规格及配置情况，如图 4—4 所示。

3. 局部结构图　在渔具总布置图或网衣展开图中不能充分表明的部分，可用局部结构图来表示。它即可用来表示一个完整的部件（如拖网浮子、沉子、网板等），也可用来表示渔具某一组成部分的结构或装配（浮子与纲索、网衣的装配等）。

局部结构图可根据表达内容和性质的需要，分别用机械图、实物图或示意图等方式表示。若用以表明某部件或属具的结构时，图上应标出主要或详细的尺寸；若仅用于表明渔具某一组成部分的连接或装配方法时，则可不标注或仅标注出最主要的尺寸。局部结构图可单独绘制，也可附在其他图纸的相应部位，表明放大细节。

4. 作业示意图　反映捕捞作业方式或操作步骤的简图。由于是示意图，因此可不必按比例绘制，也无须反映渔具详细技术指标。

此外，还应在渔具图的最下端简要标明使用渔船功率、渔具所属类型式、主要作业渔场、渔期和捕捞对象等。

（二）我国拖网网图的识别与绘制

我国拖网网图习惯用网衣展开图为主来反映网具结构和技术指标。根据我国渔具制图标准，拖网网图绘制的一般原则是：

拖网一般由上、下两片网衣缝合而成，绘制时本应绘出拖网上下两片网衣，但由于上下片网衣是对称的，因此，一般取上片网衣和下片网衣各一半合并为一个图。具体方法是以网具纵向中心线为基准，在左边绘出上片网衣的一半，右边绘出下片网衣的一半。但在网图中标注的各部位尺寸则是实际施工的总尺寸。

绘制时，网衣尺度比例的选用，一般是网衣横向宽度以网衣拉直宽度的一半按比例缩小绘制，纵向长度以网衣拉直长度按比例缩小绘制。长度单位采用米（m）和毫米（mm）两种。较大的尺寸如纲索长度、网衣长度等用米（m）为单位，标注至两位小数。较小的尺寸如网目尺寸、网线直径、纲索直径和属具尺寸以毫米为单位，一般不用小数，必要时用至1～2位小数。具体标注时，单位代号均不需标出。

网图上的图线按下列规定选用：凡网衣、部件或属具的可见轮廓线及纲索用粗实线，线条粗度为0.4～1.2 mm；不可见轮廓线及尺寸界线用虚线，线条粗度为粗实线的一半左右；尺寸线、尺寸界线、指引线用细实线，线条粗度为粗实线的1/3或更细；轴线及对称中心线用点画线，粗度与细实线相同。其余图线可借用机械制图的有关规定。

现以图4—4所示的拖网网图为例，具体说明如下：

1. 图名　用于表示渔具的名称，一般标注在网图最上方的中心位置。根据新的渔具命名法，除按类、型、式三级命名外，式以下种的命名，可采用地方俗称，如广东拖风网、福建漏尾网等。

2. 主尺度（又称网具规格）　用于表示和比较渔具规模的大小，一般标注在图名的下方。其表示方法主要有以下两种：

111

（1）有翼拖网　网口网衣拉直周长×网衣纵向拉直总长（结附网衣的上纲长度）。例如，150.00 m×97.72 m（46.00 m），即表示网口网衣拉直周长为150 m，网衣纵向拉直总长为 97.72 m，结附网衣的上纲长度为 46.00 m。

（2）桁杆拖网　网口网衣拉直周长×网衣纵向拉直长度（桁杆长度）。例如，117.80 m×21.01 m（16.15 m），即表示网口网衣拉直周长为 117.80 m，网衣纵向拉直长度为 21.01 m，桁杆长度为 16.5 m。

3. 上、下纲及其他纲索长度　上、下纲及其他纲索一般用直线表示，并在其上标出纲索的实际长度，同时尽可能标注所用纲索的材料、直径等，若无法标注可列表说明。例如，上边纲 20.00WRφ12.5，即表示上边纲所用材料为钢丝绳，直径为 12.5 mm。46.00 和 56.66 分别表示上、下纲长度为 46.00 m 和 56.66 m。

4. 力纲　8—13.00 COMBφ23，2—61.00 WRφ15.5/18.5。表示力纲为两部分：网囊 8 根每根长 13 m，材料为直径 23 mm 的混合钢；网身 2 根，每根长 61 m，材料为钢丝绳，直径 15.5～18.5 mm。

5. 各部分网衣尺寸　各部分网衣的纵向长度用网目数（◇）和长度（NL）表示，并标注在网图左侧轴线的两侧。横向宽度仅用网目数表示，标注在相应网衣的宽、窄边上。例如，网身第一节的纵向目数是 100.5 目（拉直长度为 20.10 m），横向宽边目数为 375 目，窄边目数为 225 目。

6. 各部分网衣的材料规格　拖网各部分网衣的材料规格一般用材料代号、网线结构号数（或直径）、网目尺寸、结节类型来表示，并标注在各节网衣的左边，必要时也可在右边标注。例如，上网翼网衣的材料规格为"PE42Tex25×3　200"，表示上网翼网衣所使用的网材料为聚乙烯，网线是由纤度为 42Tex 的单丝，每股 25 根，共 3 股捻合而成，网目尺寸为 200 mm。

7. 各部分网衣的剪裁方式　一般用剪裁斜率表示，剪裁斜率应标注在该网衣的左右内侧。若该网衣左右对称，则仅标注在右内侧即可。如图 4—4 中，网身 1～6 段的剪裁斜率分别为 4∶3、5∶3、2∶1、5∶2、10∶3。

8. 属具的表示方法

（1）硬质球形浮子。用数量、材料、直径及静浮力表示。如图：75PLFLφ280～68.65 N，表示硬质塑料球形浮子，直径 280 mm，每个静浮力 68.65 N，共用 75 个。

（2）沉子。用数量、材料、质量表示。例如，10Fe 2.50 kg，表示铁沉子每个重 2.5 kg，共 10 个。

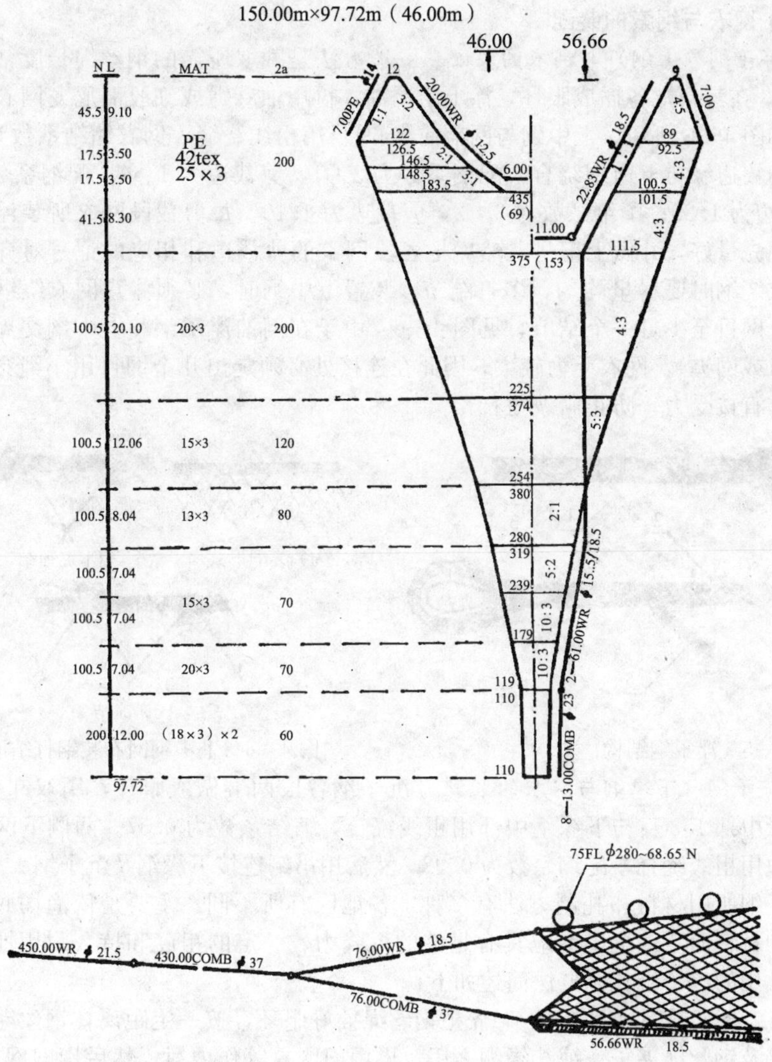

150.00m×97.72m（46.00m）

图4—4 对拖网网衣展开图

五、拖网的装配

现以我国8154型渔船使用的150.00 m×97.72 m（46.00 m）对拖网为例，说明网具装配。

(一) 网衣的装配

网衣的缝合。上、下网翼及网背、网腹、网囊的两侧，纵向上先扎边加固后用双线绕缝。网翼与网盖、网盖与网身，网身各段之间，以及网身与网囊之间的横向缝合，用与网衣不同颜色的网线编缝，作为区分各段网衣的标志，便于检查修补。

（二）网衣与纲索的装配

1. 浮子纲（上纲）与网衣的装配 一般方法是截取所需的钢丝绳长度（包括制作余量），在其两端各插成眼环，涂上防锈油，再用油麻绳或细股旧尼龙网衣等材料缠绕，如图4—5所示。上中纲与网盖前缘69目用粗线绕缝，网衣缩结系数为0.44。两侧上网翼边缘与上边纲绕合，配纲系数为3：1，剪裁边为1.64；配纲系数为2：1，剪裁边为1.29；配纲系数为3：2，剪裁边为1.10。每剪裁段网衣所装浮子纲的尺寸应预先量好，并做上记号，然后把各段网衣的剪裁边和相应的记号对齐并扎缚好。网衣绕纲时要尽量均匀，多打结节。装置上中纲时，必须注意网衣绕纲的均匀性，每个网目至少打一个结节，见图4—6。由于在网袖浮子纲和上中纲交界处（俗称三拼口或网夹），网衣受力较大，因此在连接处必须定出几个网目用小绳穿上，以减少网衣直接受力，防止撕破网衣。

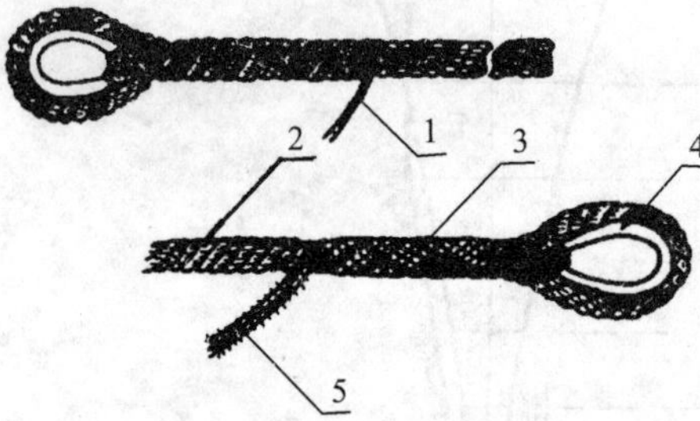

图4—5 浮子纲结构

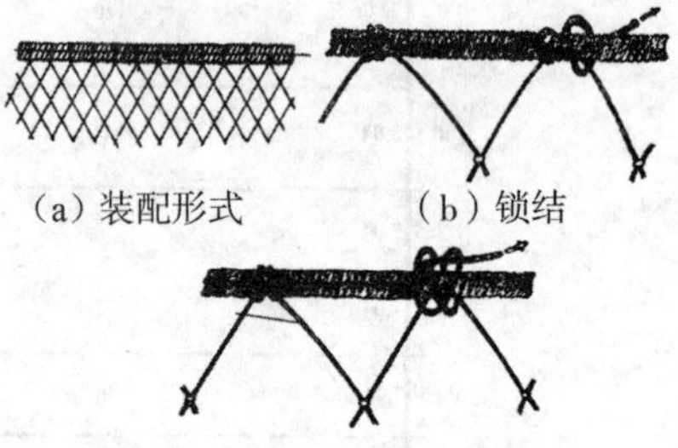

（a）装配形式　（b）锁结

（c）锁结

图4—6 上中纲网衣装纲打结形式

2. 沉子纲、下缘纲与网衣的装配 沉子纲各段两端做成眼环，用双卸克连接，网腹前缘中部153目与下缘纲中部用粗线绕合，缩结系数为0.37。两侧下网翼与下缘纲两边用粗线绕合，配纲系数为0.92。然后用吊纲连接下缘纲及沉子纲。

沉子纲所用材料和扎制方法有多种，各地区有所不同，主要是依渔场底质、生产习惯和材料而定。沉子纲应具有足够的沉降力、一定的粗度和持久耐用性。现将两种较常用的沉子纲扎制方法简述如下：

（1）缠绕沉子纲（图4—7）。先把钢丝绳插好眼环，按一定距离在钢丝绳上装上铁链吊纲及钢丝绳夹子作缚缘纲之用。再用旧网衣等作内衬，然后用旧网衣缠绕，再用旧网衣包好以防止磨损。沉子纲的粗度依网具所需的沉降力而定。扎制时，一般下中纲最粗，网袖下纲靠网口部较粗，向袖端逐渐减细。

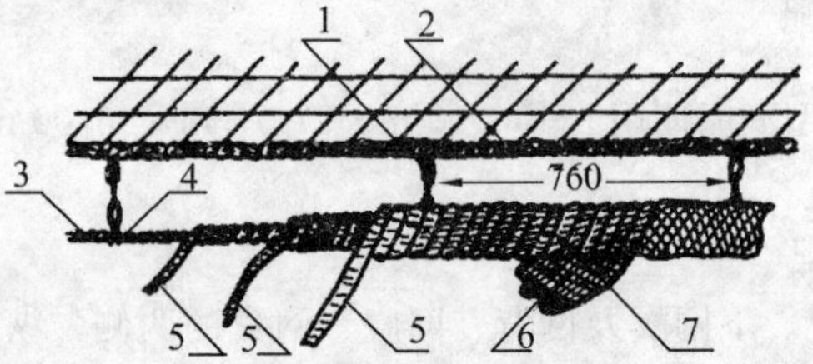

图4—7 缠绕沉子纲

1. 铁链吊纲　2. 缘纲　3. 钢丝绳　4. 夹子　5. 旧网衣绳股
6. 外包网衣　7. 沉子纲

（2）滚轮沉子纲。先把钢丝绳一端插好眼环，从另一端穿上圆柱形的橡胶或塑料滚轮及扎缘纲用的铁环，最后插好另一只眼环。滚轮沉子纲上所穿滚轮的数量依网具的大小和所需沉降力而定。一般在下中纲用较大的滚轮，网袖下纲采用中小号滚轮（见图4—8）。

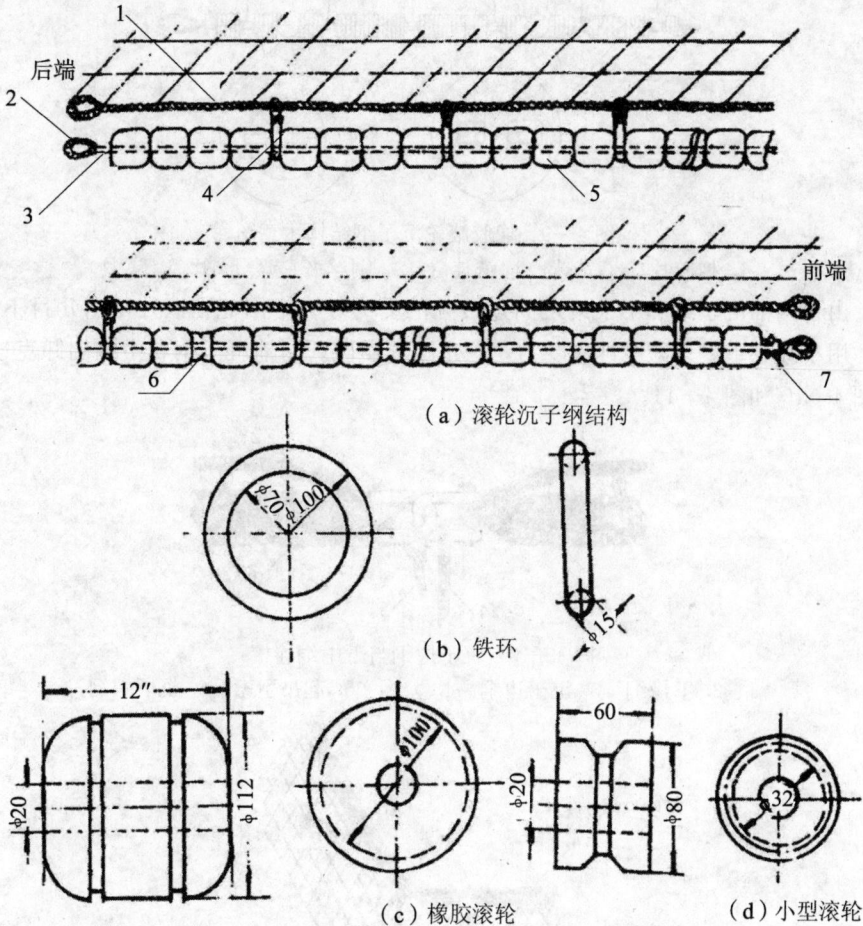

（a）滚轮沉子纲结构

（b）铁环

（c）橡胶滚轮

（d）小型滚轮

图4—8 橡胶滚轮沉子纲结构

1. 缘纲 2. 眼环 3. 钢丝绳 4. 铁环 5. 中型滚轮 6. 小型滚轮 7. 夹子

滚轮沉子纲的另一种结构，如图4—9所示。穿制时，先把钢丝绳一端插好眼环，从另一端穿上圆形橡胶片（旧轮胎冲制）、铁球和穿缘纲用的铁挂链等，然后用滑轮将橡胶拉紧，留出足够钢丝绳长度，插好另一眼环。沉子纲上所穿铁球数量、大小和两铁挂链间橡胶片的数量应视渔场底质、网具所需的沉降力而定。一般下中纲用较大的铁球和橡胶片，边纲的规格则小些。沉子纲两端靠近眼环处的橡胶片的内孔边有十字切口或多道切口，以便能够穿到眼环后的钢丝绳上。穿橡胶片时，要注意其方向的一致性，每一组的最后一片要反向使用。

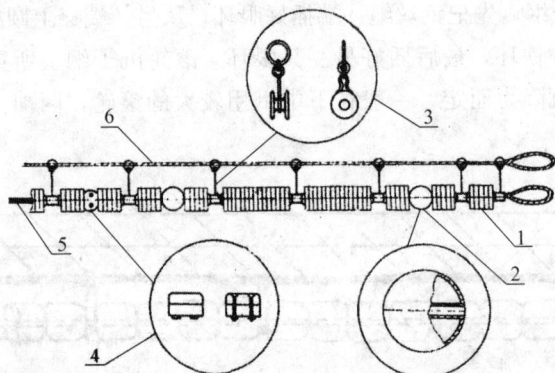

图 4—9　橡胶滚轮沉子纲结构示意图

1. 橡胶片　2. 铁球　3. 铁挂链　4. 钢丝夹　5. 下纲　6. 穿纲

　　由于网袖沉子纲和下中纲之间连接处的受力较大，因此在该处留出几目不予绕合，用小绳穿上，以减少网衣受力，防止网衣撕破。网袖沉子纲和中纲用卸克连接，见图 4—10 和图 4—11。

图 4—10　沉子边纲与下中纲连接

1、2. 下缘纲　3. 沉子边纲　4. 力纲　5. 起吊引索　6. 沉子中纲

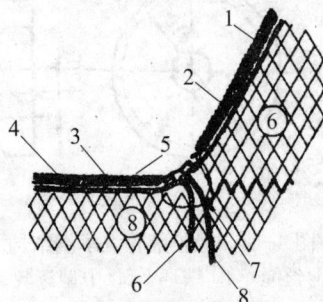

图 4—11　沉子纲三拼口装置

1. 沉子边纲　2. 下缘纲　3. 沉子中纲　4. 下缘纲　5. 铁链吊纲
6. 力纲　7. 小绳　8. 起吊纲引索

　　3. 空纲、力纲及其它纲索

　　(1) 空纲。上空纲的扎制一般和沉子纲相同，下空纲的扎制一般以钢丝绳为芯子，外缠旧网衣股绳，或用夹芯绳代替。

　　(2) 力纲。两力纲的一端做成眼环，外缠旧网衣，分别用卸克连接在中沉子纲的两端，然后沿直目而下结扎网衣至网身第 6 段为止。

因网片结构不同，所用材料不同，力纲的数量和装法也不相同。两片式机轮对拖网的力纲一般装置在腹网上，左右各一根，采用 6×24 股钢丝绳。制作法与浮子纲相同或采用包芯钢索。装配时应先在腹网的两侧三拼口，顺直目方向往后每隔一定网目数做上记号，再把力纲逐段扎好，左右两根力纲的长度和所装位置均要对称。在网衣绕力纲时，为了牢固起见，要绕进四根线。网衣和力纲的长度关系，一般掌握在水下受力后，网衣和力纲长度相同，如图 4—12。

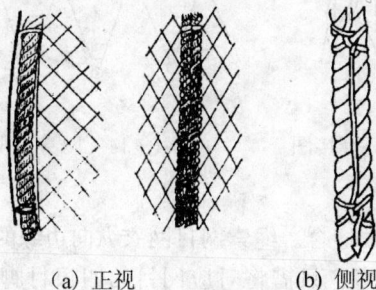

(a) 正视　　　(b) 侧视
图 4—12　力纲装配

(3) 网囊力纲与网衣装配。将 8 条网囊力纲按平均间距，纵向装置在网囊上，一端做成眼环，与囊底纲固结后沿网囊直目装至网身第 6 段处，其中侧边 2 条分别与力纲连接。

(4) 束纲、引扬纲、网囊加强力纲等的装配。网囊加强力纲与网囊力纲并扎。在距囊底 1.33 m 处的网囊力纲上各装 1 个铁圈，将束纲穿过铁圈与引扬纲连接。引扬纲沿网腹一侧力纲向前至网身第 2 节中部，将其前端结缚在该纲上。

(三) 大网目及绳索网的装配工艺

大型中层拖网网身前部的网目在 10 m 以上，最大超过 20 m，用合成纤维绳索制作，绳索直径可达 $10 \sim 14$ mm，采用手工编制方法。网身前部网衣的编制、缝合与装配工艺特点与一般机编网衣不同。

1. 绳索网的编织　由于手工编织的网片，结节易活动和网目易变形，采用绳索端部制成眼环相互套接的方法连接网目目脚，构成网目，如图 4—13 所示。眼环套接法具有拆装网目方便；装网场地小；劳动强度低；结节处眼环互相连环套接，即使某一只眼环散了，结节也不会散开等优点。以下介绍绳索网的具体编织步骤。

(1) 将绳索按每个目脚长度加上插接眼环的长度裁成段。

(2) 根据网图要求，把三根或四根绳端插接成眼环，并按图 4—13 所示方法套接在一起。

(3) 将各个套接在一起的网目，用一根绳索穿过相邻目脚连接点，再把同一网目的上下两列的两根目脚各扎成一个活结，以免各网目缠绕或产生套目，如图 4—14 所示。

(4) 解开打活结处目脚，依次与另一套接好的一列网目上、下行目脚再作眼环套接，直至按网图要求编织完毕。

117

在丈量绳索长度时应退掉多余的捻度，消除绳索内应力，以免网片编织后发生扭曲变形。另外，因为网目特别大，网衣不易摊开，在编结时可采用不同颜色的绳索套接，以便于装配时识别，网衣的编织从网袖前端向后进行。

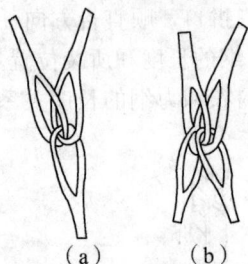

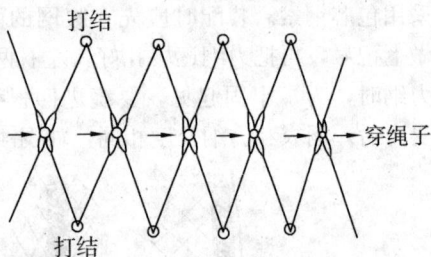

图 4—13　眼环套接图　　　　图 4—14　网身四角形网目编织图

2．网衣缝合

（1）绳索网目网衣间的缝合。绳索网目网衣纵向边缘的缝合不需要用缝线，其菱形网目部分的侧边都是边旁，只需将对应网目的四根目脚用眼环套接，六角形网目部分也是将对应网目的三根目脚套接即可，如图 4—15 所示。

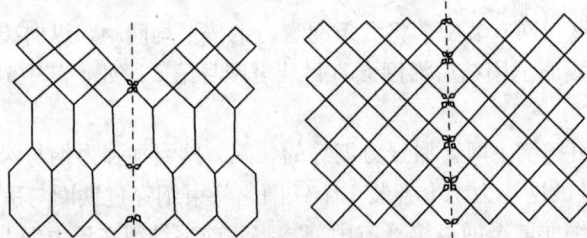

（a）三角形网目侧边缝合　　　（b）菱形网目侧边缝合

图 4—15　绳索网目网衣间的缝合

（2）绳索网目网衣与网线网衣间的横向缝合方法如图 4—16 所示。

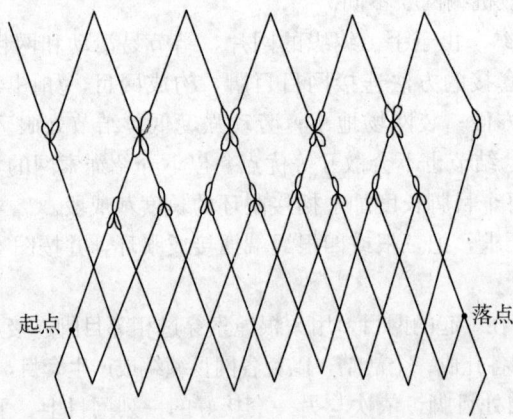

图 4—16　绳索网目网衣与网线网衣间的缝合

（3）网线网衣的侧边绕缝。网身后部用机编网片，由于中层拖网背腹网和侧网剪裁斜率不同，因此不能边旁对边旁、单脚对单脚绕缝，而是单脚对边旁绕缝。为增加绕缝边的强度，凡边旁处应绕进四根目脚，单脚处绕进五根目脚，然后再打一半结。

3. 网衣和纲索的装配

（1）上纲、下纲、侧纲及燕尾纲和网衣的装配。连接方式均采用直接式，装配时，先在网衣装纲边缘结缚一根与上述纲索等长的缘纲，再将两纲索拼缚，缘纲与网衣边缘的结缚有下列几种情况：

① 网衣装纲边缘剪裁斜率为 1：1，则缘纲长度与网衣边缘的拉紧长度相等。把各单脚处目脚分别插接到缘纲绳股的对应点上，并打半结结缚于缘纲上。

② 网衣装纲边缘为宕眼（如中纲部分），缘纲长度即为网衣缩结长度，装配时将右眼处目脚分别插入对应的缘纲绳股中，并结缚牢固。

③ 网衣装纲边缘斜率 K 为其它值时，则缘纲长度按配纲长度计算。

例：如图 4—17 所示，已知 $K=1：2$，网目尺寸 $2a=20$ m，$E_1=0.35$，求中缘纲长 AD。

$$AD=\sqrt{\left(\frac{E_1}{K}\right)^2+E_n^2}\times 2a=1.17\times 20=23.4 \text{（m）}$$

将 AD 三等分，根据三角形相似原理得：

$CG=1/3AE$，$BF=2/3AE$

因为 $AE=10$ m，所以 $CG=3.33$ m，$BF=6.67$ m。

即在网衣边缘 G、F 单脚处各留出目脚长度为 3.33 m 和 6.67 m，再加上插入缘纲的余量，然后把 A、B、C 点处目脚插入对应的缘纲绳股中，打结缚牢。当全部缘纲缚于网衣上时，再把上纲、下纲、侧纲、燕尾纲用维尼混合线扎缚于缘纲上，见图 4—18。

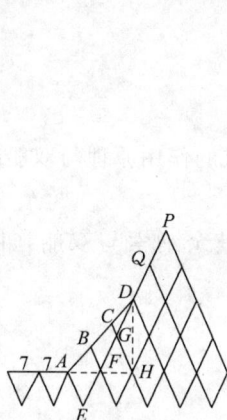

图 4—17 特殊目脚计算

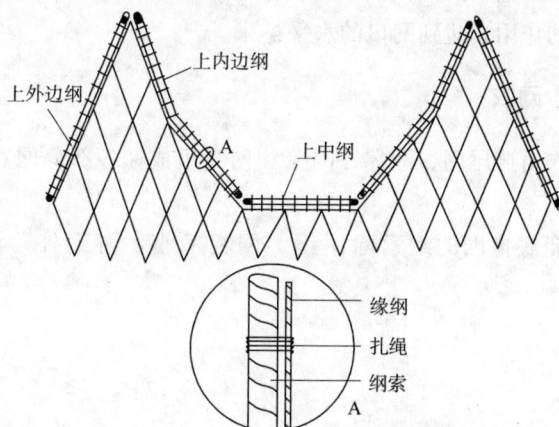

图 4—18 上纲、下纲装配

（2）力纲和网衣装配。中层拖网网身共装四根力纲，分别装配在四片网衣的缝合处，各从袖端两根燕尾纲相接处起装，沿网身网衣直目而下，直到缝合边，再沿缝合边一直装到网身末端。力纲的装配过程分绳索网衣装配和网线网衣装配两部分。网线网衣的力纲装配与底拖网力纲装配工艺相同，在装配绳索网衣力纲时，菱形网目部分力纲按网衣缩结后长度均匀绑缚于网衣上。六角形网目部分与长目脚重叠处，力纲和目脚等长并扎缚。为使力纲装配牢固，绑扎的网线在穿过力纲的绳股后，再与网衣结缚，打结部位如图4—19所示。

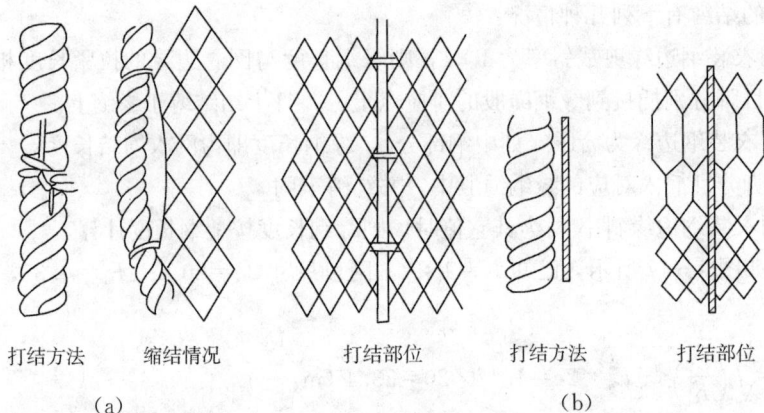

| 打结方法 | 缩结情况 | 打结部位 | 打结方法 | 打结部位 |

（a）　　　　　　　　　　　　　　　（b）

图4—19　力纲装配

第二节　单船拖网结构

我国机轮单船底拖网多数采用二片式拖网网型，其网具结构原理与双船底拖网基本相同。整顶网具由网衣、纲索、浮沉子、网板和属具组成。单拖作业是依靠两块网板的作用，达到网口的水平扩张。

一、网衣

网衣由燕尾网、网翼、网盖和网囊组成。各部分网衣的作用原理与双船底拖网相同。

单船底拖网的纲索除手纲、网板叉纲、游纲外，其余纲索与双船拖网基本相同。

1. 手纲　连接网板叉纲和空纲的纲索，起着扩大网板间距和刮起海底泥浆拦集鱼群的作用。手纲有单手纲、双手纲两种结构。单手纲为网板与空纲之间由一根纲索连接，双手纲为网板与空纲之间由上、下两根纲索连接。目前大多数采用单手纲结构。手纲材料为钢丝绳，也可采用混合纲，其长度根据作业条件而定，一般为40～60 m左右。

2. 网板叉纲　用来连接手纲和网板。

3. 游纲　作业时用来防止网板外倾倒伏，起网解开网板时，使曳纲和手纲连接，便于直接收绞网具。如图4—20a、b所示。

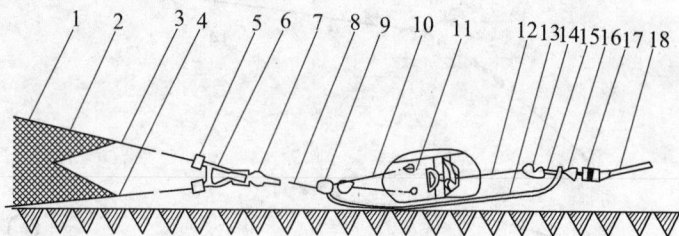

椭圆形网板连接图

1.网翼　2.网燕尾　3.上空纲　4.下空纲　5.卸克　6.铁撑架　7.转环　8.手纲

9.字环　10.网板叉纲　11.网板　12.铁链　13.游纲　14.中心钩　15.中心环

16.卸克　17.转环　18.曳纲

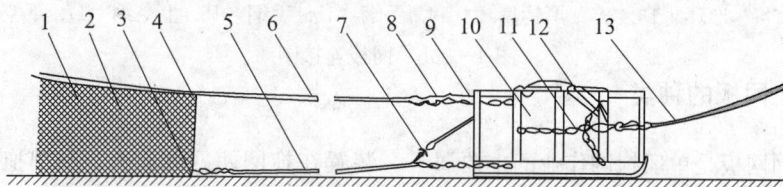

双手纲式网板连接图

1.上网翼　2.下网翼　3.下纲　4.上纲　5.下手纲　6.上手纲　7."丁"子铁

8.网板叉纲　9.浮子纲　10.网板　11.网板支链　12.中心钩　13.曳纲

图4—20a　网板连接图

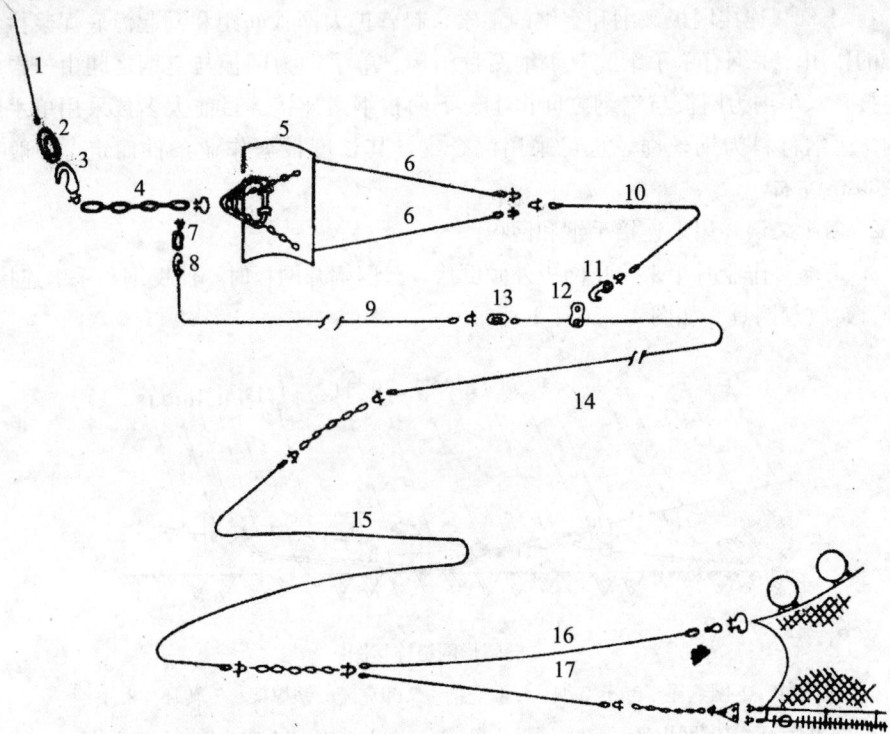

1. 曳纲 2."G"形钩扁环 3."G"形钩 4. 网板引链 5. 网板 6. 网板叉纲
7."G"形扁环 8."G"形钩 9. 流钢 10. 网板叉纲引纲 11."G"形钩
12."8"形环 13."G"形钩扁环 14. 手纲 15. 手纲 16. 上空纲 17. 下空纲

图 4—20b　网板连接图

二、网板的种类

拖网网板是单船拖网作业的主要属具，装置在拖网两网翼前方，利用拖曳中产生的水动力，保持网具的水平扩张。由于网板性能的优劣对拖网的渔获性能具有重要作用，因此各国拖网渔业的科技人员，进行了许多试验研究，取得了很大成效。拖网网板的理论研究和性能优良的网板不断出现，进一步提高单船拖网的捕捞效果。

拖网网板种类较多，目前生产上广泛应用的有下列几种：

1. 矩形平面网板　它是最早使用的网板，由于它的流体动力学特性效率不高，尤其在超过了 3 kn 拖速后，网板背部产生涡流较大，阻力迅速增大，扩张力减少。但由于其结构简单、牢固、造价低廉，操作方便，近海小型渔船仍在使用。

为了在拖曳中越过障碍，网板底角做成圆角，底部装有拖铁。网板由一个钢质底架和四周用槽钢加固的组合木板构成，网板的展弦比一般为 0.5 左右。图 4—21 为典型的矩形平面网板结构图（面积为 4.56 m^2，重量为 100 kg）。

目前世界上广泛应用于虾拖网和双撑架拖网的网板，大多数使用矩形平面网板，采用宽拖铁结构，宽度有的达 200 mm。同时在网板平面的木板间，留有不同宽的缝隙，缝隙的数量和间距的尺度，因使用单位而不同，有的间距达 100 mm，有的只有 20～30mm。图 4—22 为我国远洋船队双撑架拖网使用的宽铁矩形平面网板结构图。

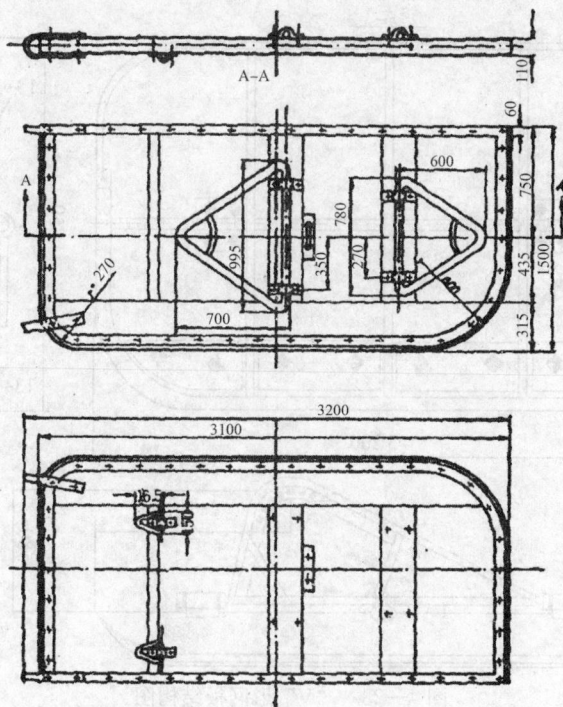

图 4—21 矩形平面网板结构图

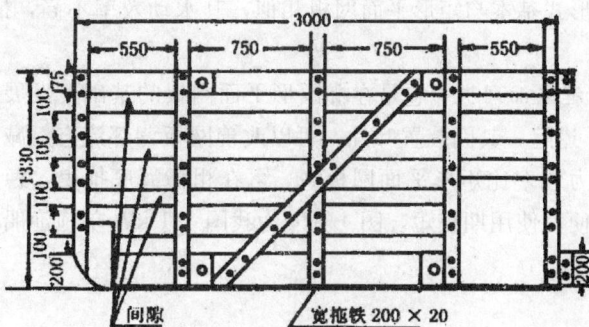

图 4—22 宽拖铁矩形平面网板结构图

2. "V" 形网板　它是在 20 世纪 50 年代发展起来的，为全金属结构，由厚壁钢管、实心圆钢和钢板制成，因网板面成 "V" 形而得名，一般用弓形架替代网板支链或三脚架，对称形的 "V" 形网板可左、右互换使用。图 4—23 为 "V" 形网板的结构图。

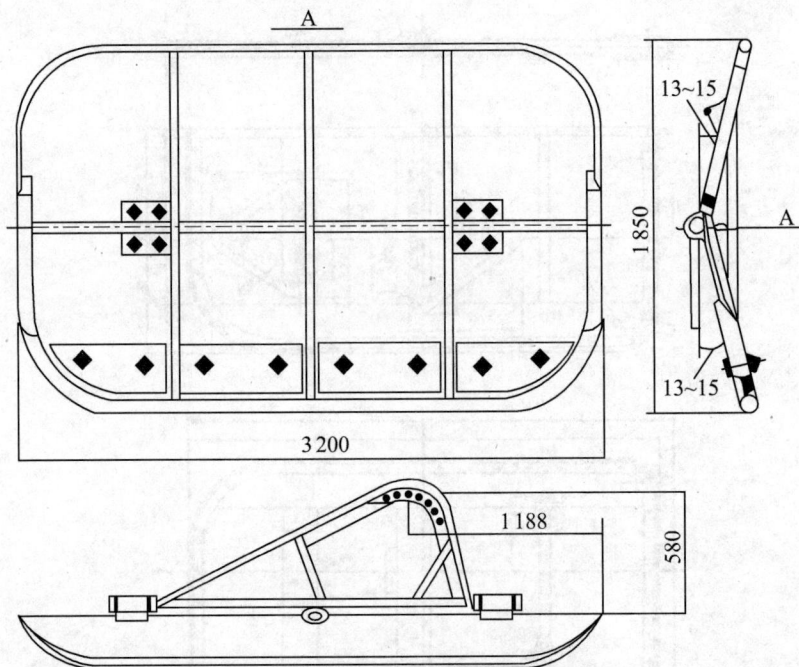

图 4—23　"V" 形网板结构图

"V" 形网板结构简单，稳定性好，操作方便。由于网板呈 "V" 形，在任何静止状态下，都是下半部卧于海底，所以一经拖曳就能正常扩张，这是它的最大优点。但由于它的结构形式基本与矩形平面网板相似，其水动效率不高，拖速超过 3 kn 后扩张力更差。

3. 椭圆形开缝平面网板　它是在椭圆形平面网板的基础上发展而成的，通常在网板中部开 1～3 道缝，其间装置叶片，可以改善网板背部流态，减少涡流，提高水动力效率。水动力效率比矩形平面网板高，可在粗糙海底拖曳，稳定性较好。但结构复杂，维修不便，使用期较短。图 4—24 为我国 441 kW 单拖渔船上使用的 2.3 m² 双叶片椭圆形网板。

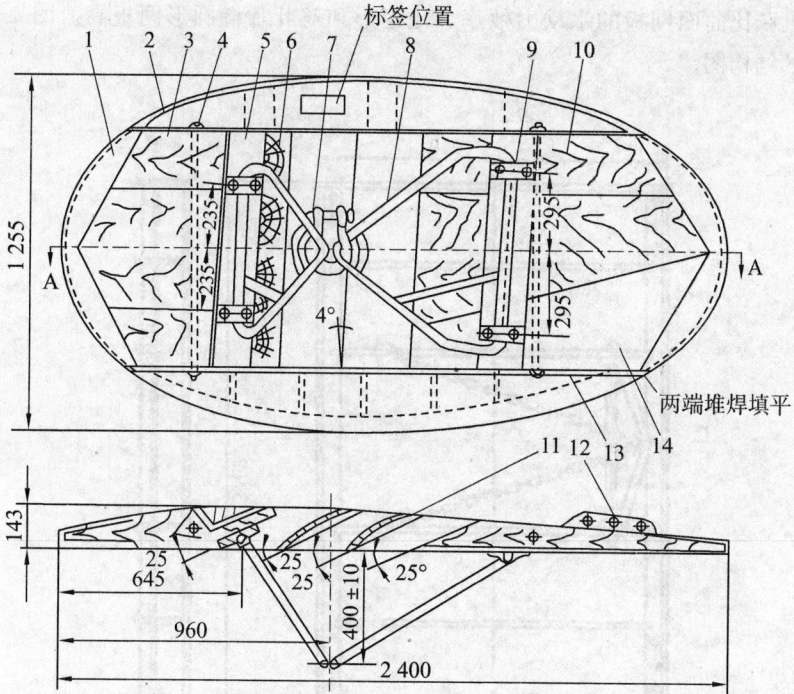

1. 网板主框架 2. 上翼木 3. 前网板木 4. 双头螺栓 5. 加强钢板
6. 前三脚架 7. C形卸克 8. 后三脚架 9. 三脚架底座 10. 后网板木
11. 叶片 12. 尾链固结链孔 13. 拖铁 14. 防擦钢板

图4—24 双叶片椭圆形平面网板结构图

4. 大展弦比曲面网板 展弦比大于1，故有立式网板之称。最初由德国人创造，只作为中层拖网网板使用。日本对网板进行了改进，采用不同的曲面形状，与原设计相比，网板重量较大，曲率较小，冲角较大，展弦比较小；有的采用铁木混合结构，有的在网板上部腹腔内安装耐压塑料浮子，网板下方安装可调节的沉板，使网板重心下降，提高其稳定性。广泛应用于大、中型单船底层拖网作业。

大展弦比曲面网板的水动力效率，比矩形和双叶片椭圆形网板高。图 4—25 为该网板的结构图。

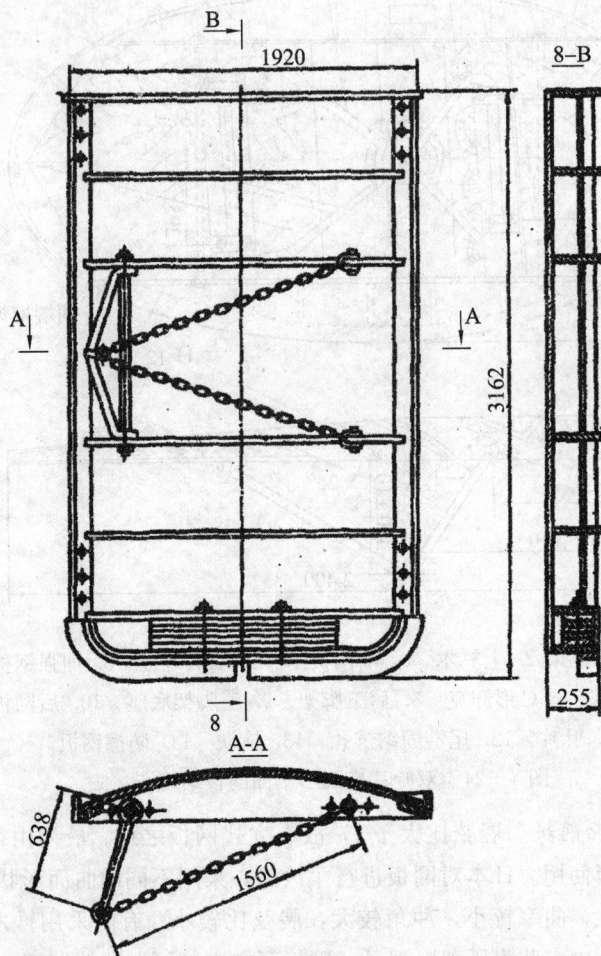

图 4—25　大展弦比曲面网板结构图

5. 全金属椭圆综合型网板　最早起源于法国，是椭圆形网板和曲面形网板相结合的产物，具有曲面网板能增加扩张力及椭圆形网板能逾越不平坦坚硬海底的特点。由于网板有上下两个箱形结构，而网板中部是开缝的曲面结构，因此网板在海底作业时，具有更好稳定性。采用全金属结构，增加了强度，简化了制作工艺和成本。目前这种网板在法国、西班牙、德国被广泛使用，我国部分渔船也有使用。图 4—26

为该网板的结构图。

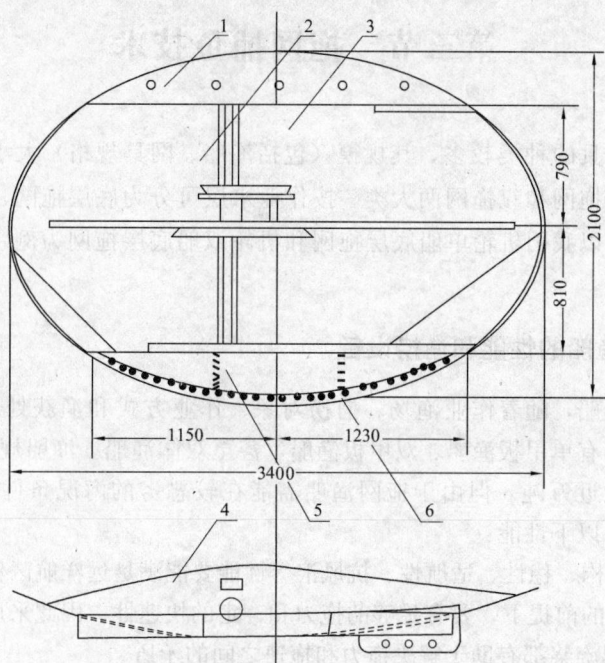

1. 上翼板　2. 前主体板　3. 后主体板　4. 中间加强板　5. 上翼板　6. 拖铁

图4—26　全金属椭圆形综合型网板结构图

6. 立式曲面"V"形网板　它是20世纪80年代一种较为先进的新型网板，应用于中、底层拖网作业。图4—27为网板的结构图。

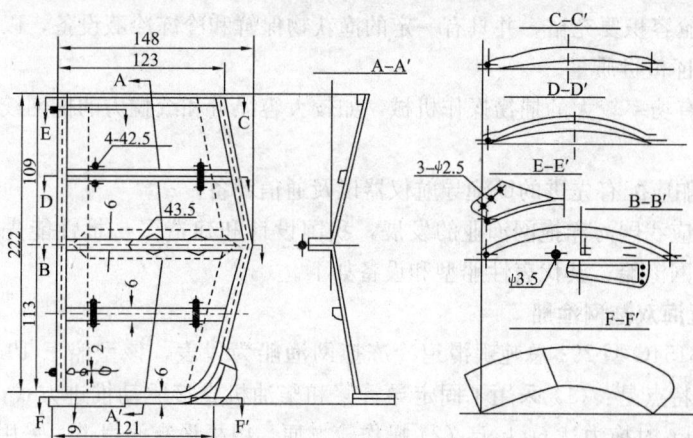

图4—27　立式曲面"V"形网板结构图

网板的主要特点为扩张力大，稳定性好。全钢结构，牢固耐用。通过调整拖铁重量可在各水层作业。

第三节　拖网捕鱼技术

我国拖网渔具的种类较多，其规模（包括渔船、网具规格）大小相差甚大，按使用渔船有单船拖网和双拖网两大类。按作业水层可分为底层拖网、中层拖网和深水底层拖网。现以我国机轮单船底层拖网和机轮双船底层拖网为例，分别说明其捕鱼技术。

一、拖网渔船的性能和渔捞设备

世界拖网渔船，随着作业渔场、捕捞对象、作业方式和渔获处理方法的不同，其种类也较多，有单甲板渔船、双甲板渔船，甚至双体渔船。渔船规模也大小不一，小者数吨，大者近万吨。但由于拖网渔船需能在较恶劣的海况条件下作业，因此，要求渔船应具备以下性能：

（1）船体结构、稳性、适航性、抗风浪等性能要能满足远洋航区作业要求。

（2）在节能的前提下，要有足够的拖力和一定的快速性。因此采用球鼻艏、导管桨或可变螺距螺旋桨都有助于解决拖力和拖速之间的矛盾。

（3）要有一定的续航力和海上自持力。在我国近海作业一般要求渔船续航能力在20天以上。若从事外海或远洋生产，续航力和自持力应进一步提高。

（4）作业甲板要求宽敞，干舷和舷墙高度在保证不上浪或少上浪的前提下，应尽可能低，以利于起放网操作。

（5）鱼舱容积要充裕，并具有一定的渔获物保鲜和冷冻冷藏设备，以增加海上作业时间，保证鱼货质量。

（6）要有功率较大的捕捞操作机械，如较大容绳量和绞拉力的拖网绞纲机械、起重吊杆等。

（7）船舶应配有先进的助渔导航仪器以及通信设备。

为了适应我国海洋拖网渔业的发展，我国设计和建造了一批性能先进、设备优良的中型拖网渔船，其代表性船型和设备如下。

（一）近海双拖网渔船

以 GY8154C 型 291 总吨艉滑道冷冻拖网渔船为代表，该型船于 1979 年首次建造。其主要特点是：（1）采用了固定导管桨和柴油机直接驱动推进方式，拖力较大，在拖速 3.5 kn 时拖力达 60 kN。（2）操作较方便，甲板设有艉滑道。采用液压驱动的串联式绞纲机，拉力 78.4 kN，线速度每分钟 70 m。尾部安装辅助绞纲机，网产 12 t 的渔获物可以从艉滑道一次拖上甲板。（3）抗风浪能力强，在 8 级风时仍能逆风拖网。（4）鱼类保鲜设备先进，适应能力强，既具备冻结、冷藏设备，将渔获物冻结至 -18℃（表面温度）并保冷，又有盘管冰鲜设备，使部分鱼舱维持 0℃～2℃。其低温冷藏鱼舱的容量 50 m³，冰鲜鱼舱 120 m³。因此这种渔船既可在近海捕捞产量较高的鱼类，又可将批量不大的优质鱼低温冷冻、冷藏，以满足国际市场的需要，但该船的主机有耗油较多的缺点。

由于综合性能较好，所以，成为 20 世纪 80 年代我国双船拖网渔船的主要船型。GY8154C 型渔船总布置图如图 4—28 所示。主要参数见表 4—1。

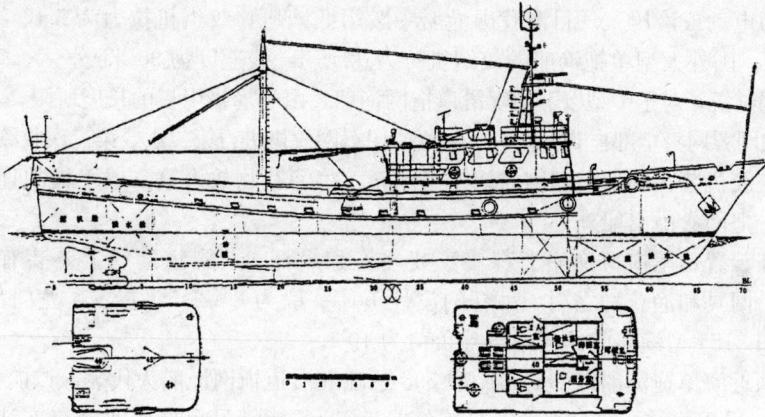

图 4—28　CY8154C 型 291 总吨 441 kW 渔船总布置图

表 4—1　　　　　　　　　　我国主要中型钢质拖网渔船参数

船舶型号	GY8154C	GY8157	GY8104G5	GY8166
总吨 GT	291	301	298	510
主机功率 kW	441	552	661	1029
总长 m	43.50	43.50	44.86	43.00
型宽 m	7.60	7.60	7.60	9.00
型深 m	3.80	3.80	4.00	6.40
设计排水量 t	428.0	451.0	482.0	751.0
航区	1	1	1	1
航速 kn	12.0	11.8	12.0	
系桩拉力 kN	71.36	76.17	117.7	156.0
3.5 kn 时拉力 kN	60.0	73.40		128.0
绞纲机拉力 kN	78.4	80.0	24.5	58.8×2
绞纲速度 m/s	70	70	38	90
鱼航容积 m³	170	190	224	
燃油量 t	47.5	66.8	72.7	
淡水量 t	43.3	43.6	54.9	
保鲜方式	冰鲜、冻结	冻结	冷藏	冰鲜

（据《中国钢质海洋渔船图集》，1991）。

（二）单拖网渔船

机轮单拖作业渔船的主要渔捞设备有拖网绞纲机、翼网绞机、渔获绞机和吊杆装置等。

绞纲机是拖网渔船的主要捕捞设备，作用是在起放网时绞进和放出曳纲，起吊网具及渔获物等。单拖渔船的绞纲机一般要装在驾驶台后，形式为串联式，传动方式大多为电动或液压式。目前我国渔船一般用低液压，绞纲机拉力为 5 t，线速度为 60 米/分，国外大型单拖渔船的绞纲机拉力达 15 t，线速度为 90 米/分。

翼网绞机，对于中型以下的艉滑道拖网渔船，由于渔捞甲板的长度所限，不能一次将网具的网翼网身全部拖到甲板，此时可应用翼网绞机进行第二次或第三次收绞网身。

渔获绞机装在艉部，起网时用于吊网囊，将渔获物放入第二层甲板的理鱼工场。放网时，把网囊吊出船外。

吊杆装置，尾拖型渔船上都要安装主桅和吊杆，艉滑道渔船上要装有龙门吊，专供起吊网具和渔获物之用，吊杆的设计负荷一般为 2～2.5 t 左右，龙门吊的负荷大些，如 8154 型渔船的龙门吊设计负荷为 10 t。

我国近海单拖渔船以 GY8104 型 298 总吨艉滑道拖网渔船为代表。该船主机功率 662 kW；采用冻结、冷藏保鲜、日冻结量 9.6 t，能满足单拖作业渔获冻结的需要。船员住室全部设于主甲板之上，生活条件较好，尤其适合气候较热的地区使用。但绞纲机的拉力和速度不够理想，现已有了改进。

（三）双撑架拖网渔船

双撑架拖网船在两舷各安装活动臂架，每根臂架长 10～20 m，重约 1 t，臂架端部离水面约 4 m。目前用其它船型改装而成，主要由 GY8104G5 型渔船和 GY8154C 型渔船上加装了臂架等设备。如图 4—29 所示。

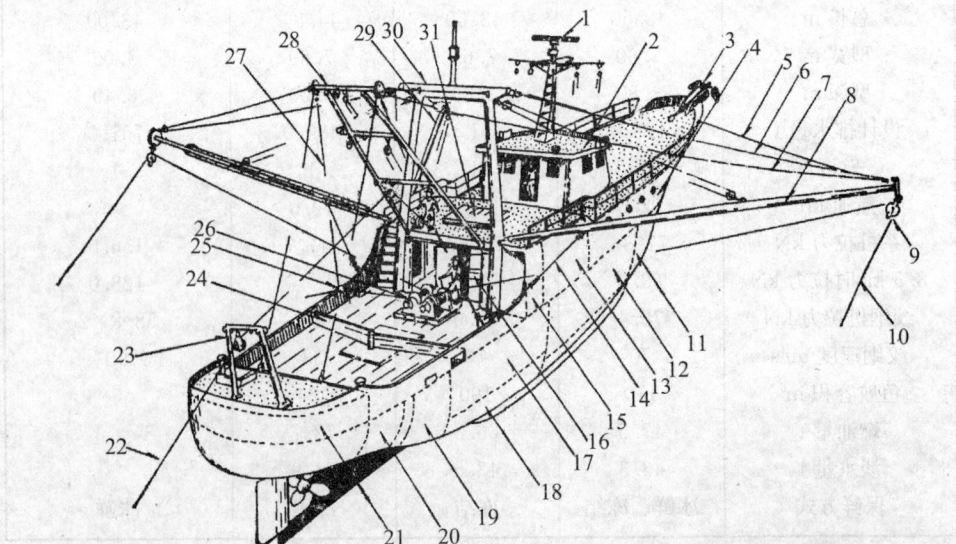

图 4—29　GY8104G5 型双撑架拖网渔船甲板布置图

（四）大型远洋单船拖网渔船

自 1985 年后，我国购置了 3 000 吨级以上大型远洋拖网渔船数十艘，这些渔船作业在太平洋、大西洋的有关海区捕捞狭鳕和竹筴鱼等。船上除了装备先进的助渔导航仪器外，还装有大功率、大容量的拖网绞纲机。同时船上装有加工冷冻鱼片、冷冻鱼段、冰冻鱼和制造鱼粉等设备，它既是大型拖网渔船，也是海上加工厂。大型远洋拖网渔船的主要技术参数为：总长 92 m，垂直间长 82.2 m，型宽 15 m，型深 9.55 m，吃水（不包括龙骨）5.40 m，航速 15 kn，总吨位 3 180 t，鱼舱容积 980 m³，鱼粉容积 660 m³，鱼油舱 81 m³，冻结能力每天 50 t，续航力 100 天，主机功率 1 764×2 kW（双机），绞纲机拉力和容绳量为单层绳 185 kN，10 层绳 117 kN，容绳量 3 000 m。

图 4—30 大型远洋单船拖网作业示意图

二、拖网渔场特点

机轮拖网主要捕捞底层和近底层比较集中的鱼类和甲壳动物（如虾、蟹等），也可捕捞一些中上层鱼类。如何正确选择和掌握主要捕捞对象的洄游、分布、以及渔场和渔期，是拖网捕鱼技术的重要内容。

国内外的拖网作业以底层拖网作业为主，底层拖网渔场的特点和要求是：

（1）海底平坦，障碍物少，底质以泥沙、沙泥为好，而坚硬或过软的海底，容易使网具磨损或"吃泥"。我国沿海渔场基本上都具备上述条件。

（2）渔场水深以 200 m 以内为好，即大陆架海域以内。因为这些海域海底坡度较小，底层和近底层鱼类、甲壳类等渔业资源丰富。

（3）流速不宜过大，一般不超过 3 kn，如流速过高，不易掌握拖网的中心渔场，同时网具和网板的正常展开也受到影响。

（4）捕捞对象相对集中，以提高捕鱼效率。

三、拖网渔场的选择和中心渔场的掌握

机轮拖网渔获量的高低，不仅与渔具的设计和装备、捕捞操作技术、渔具渔法的调整技术有着密切的关系，还与渔场的选择和中心渔场的掌握有着非常密切的关系，这也是捕捞技术的重要内容之一。

(一) 渔船出航前渔场选择方法

1. 根据历史资料和调查资料选择　根据历年的生产经验，以及最近对渔场、海况调查资料的分析研究，可以先行确定计划渔场。这种方法主要应用于生产企业的指挥、调度部门，作为编制一个航次或更长时间的安排、调度安排。以便分配渔船的生产渔场，这是渔船出航前后的渔场选择基础。上述方法也适合于生产规模较小的直接自行决定的船长。有关历史资料的掌握和应用，应密切结合近期的渔场、渔况等调查资料，或现场的探捕资料为主要依据。

2. 根据生产现场的渔、海况资料　根据目前海上渔船的生产情况，是选择渔场的主要方法。因此，船长在出航前，可在生产指挥、调度部门，详细分析目前已在海上作业的生产动态，判断渔场的发展趋势，作为选择渔场的参考。

船长在出海以后，根据调度提出的计划渔场外，还可根据生产渔船的通讯信悉，了解渔场的变动趋势，进一步确定具体生产渔区，或考虑是否要沿途试捕。

(二) 生产现场中心渔场的掌握

生产单位指挥机构掌握中心渔场位置的方法，一般是采取分散探捕、集中捕捞生产的原则。即在鱼群比较分散的时候，一般是将一定数量的渔船调配到各有关渔区作探捕生产，然后根据各渔区的生产情况进行分析确定中心渔场的位置，再调度一定数量的渔船，到生产成绩比较好和稳定的渔区生产。作为每一个生产单位（对拖网以一对渔船为一个生产单位）到达渔场后，要努力寻找中心渔场；同时发现中心渔场后，不使渔船脱离中心渔场，才能获得良好的生产成绩。探索中心渔场的方法主要有几下几种。

1. 根据渔获物的特征掌握中心渔场

(1) 观察渔获物的鲜活度。如渔获中活鱼及鲜度较高的鱼占多数，则可以推断这些鱼起网前不久被拖进网内，鱼群就在起网船附近，应向原放网地点航行较短时间后，再按上一网次的航向放网。如渔获物中死鱼和脱鳞鱼占多数，则可以推断这些鱼群是放网初期捕捞的，鱼群密集中心在放网地点附近。因此，起网后应向放网地点转移，航行时间可稍长一些，这就是生产上常用的"活鱼追死鱼回"的经验。

(2) 观察渔获物中的鱼体大小。如鱼体大小均匀，而且大部分是成鱼，鱼种又比较单一，产量又不太大，则可以推断它是一个较正常的渔场，应就地生产，并通过在周围探捕，进一步探捕中心渔场。

如渔获物中鱼种较多，同时个体大小不均，则可以推断它不是一个正常的渔场，

更不是中心渔场，应根据情况及时转移。

（3）根据渔获物的组成和适度、敌友鱼情况。如渔获物中主要捕捞的鱼种鱼体大小均匀，只是网产较低，则可判断为接近中心渔场，不应轻易转移，应继续在周围探索。

如在捕捞到大量河豚鱼时，则在其附近不可能捕到其他经济鱼类。如在大沙渔场捕捞小黄鱼时，若能先捕到黄鲫，在附近有可能找到小黄鱼鱼群，因黄鲫是小黄鱼的友鱼。当捕到一定数量的鲨鱼时，一般不可能是中心渔场，就是中心渔场也不可能待久，因为鲨鱼是凶猛鱼类，鱼群易被驱散。

（4）观察渔获物雌、雄比、性腺成熟度。这一特征多数用于产卵洄游鱼群，根据以往经验，小黄鱼、对虾等在产卵洄游过程中，一般是雌鱼（虾）在前，雄鱼在后，若捕到雄的群体多时，则说明前面尚有鱼群，如此时渔获并不好，应及早向前追捕；如捕到雌的群体多，则说明渔船处于中心渔场。

通常当产卵鱼群性腺 V 期个体占 50％以上时，则说明渔船处于鱼群中心或靠近中心，应抓紧就地生产或探索中心渔场。

一般鱼类胃中食饵丰富，说明渔场食饵丰富，鱼群能较稳定地栖息在本渔场中。如食饵不丰富，则说明渔场饵料不丰富，鱼群停留本渔场的时间不会很久，如生产成绩不好，应及早转移渔场。

2. 根据其他渔船的生产成绩　这种方法是生产实践中最常用的方法之一。其方法有如下几种。

（1）通过生产通讯进行分析对比。利用兄弟渔船的生产通讯，对比各海区和本渔区的渔情动态。

（2）观察附近生产渔船动态。观察它船的网获量及起网后动态，对帮助分析本渔场的鱼群动态有直接参考意义。

（3）分析本渔场大帮船的动态。通过通讯或目视观察，发现有大帮船集中生产的渔区，如本船的网产较低，则应作详细分析后，才能确定是否转移渔场，切忌不加分析、判断，片面地向大帮船靠拢。

3. 根据水深、地形掌握渔场

（1）沿渔场等深线拖网。由于渔场等深线的形成，与水系经常活动的路线有关。而多数鱼是随着水系而活动，同时同一种鱼群由于适温、适盐和生活习性的关系，往往会分布在同一等深线或水深变化不大的海域中活动和集群，因此沿着等深线拖网可获较高产量。

（2）在渔场深沟或水深突变地区拖网。渔场具有深沟、深潭底形或水深突变区，可沿深沟、深潭或突变区分布的方向拖网，往往可以得到较高稳定的产量。因为这种渔场水深变化梯度很大，相应地底层水温也会有所差异。这对适温性较强的鱼种，有可能限制在较狭小的区域内密集活动。

(三) 掌握中心渔场的拖网操作方法

渔船找到中心渔场后，常因水流、风压等影响，使船位脱离中心渔场，达不到稳产、高产的目的，如何使渔船保持不脱离中心渔场，有下列几种操作方法：

1. 来回拖网法　这种方法通常在水流较小的情况下进行。往往是第一网向某个方向拖网，起网后紧接着向相反方向拖网，即保持在原地拖网。

2. 顺风拖网，顶风转移网地　当风浪较大，渔船拖力不足，无法顶风拖网时，往往采取此种操作方法。如渔场宽广，有时昼夜产量悬殊，尽可能利用最有利时间顺风拖网，较不利时间作为顶风转移网地。在转移网地时，要注意和估算风压、流压对船舶的影响，航向应作必要的调整。

3. 顺风拖网，顶风回头拖网　当渔场风力较小或风力虽大，但渔船的拖力大。为了保持在中心渔场拖网，可采用顺风拖网、顶风回头拖第2网的方法。但在顶风回头拖网时，应考虑到绝对拖速较慢，因此在顺风拖网结束后，在进行回头顶风拖网前，顶风航行一段时间，目的使顶风拖网时仍能拖过中心渔场。

四、单船拖网操作技术

(一) 放网前的准备

放网前将网具按下水的先后次序，堆放和折叠于甲板上，将网囊置于艉滑道口，以便甲板渔捞员将其引入水中；结构较大和笨重的网囊，需采用专用的吊钩和尾部绞钢机松放。网板挂于网板架上，处于可投入的状态。

(二) 放网

当渔船选择好放网地点和拖向后，半速前进，驾驶员下令放网。船尾渔捞员将网囊从滑道松入海中，依靠水的阻力，顺次将网身、沉子纲、网翼和空纲拖入水中，此时全部浮子应正常浮于水面，否则说明网具有纠缠，应绞进处理。然后继续松放手纲、并与网板连接，使网板处于可随时松放状态。

松放网板时应快速前进，同时将两网板徐徐放入水中，两网板受水流冲击向左右展开，待确认网板无纠缠后，然后继续放出曳纲。为了使网板在松放过程中进行扩张，故每当曳纲放出一定长度后作短暂停止松放曳纲。在松放曳纲过程中，要始终保持左、右曳纲的松放长度和时间相同，这样才会使网具各部分受力均匀，网板亦易于正常扩张。待曳纲放至预定长度后，将拖网绞纲机控制开关锁住，便可进行拖网，此时渔船的车速亦已降到拖网速度。

关于放出曳纲长度，根据作业渔场的水深等因素而定，一般在水深200 m以内，曳纲的放出长度约为水深的3~5倍左右；水深较浅时，可适当增加至5~8倍左右；水深较深时则递减。

(三) 拖网

拖网时间一般为2.5~3 h，如渔场范围小和渔获物数量多，也有1~2 h的。拖曳时驾驶室的值班人员除了完成正常的避让、定位和记录外，还要经常注意和判别网板和网具在海底的作业状态。因为网板倒伏或网板与网具钩挂障碍物，在拖速、网板曳纲受力和展开等方面均有反映，如有上述情况应及时处理。

（四）起网

起网时船舶减为半速前进，同时收绞曳纲，当网板即将离水时，绞纲机绞收速度应降低，以便网板顺利收挂于网板架。然后收绞手纲、空纲，待网翼端绞收至绞纲机前停止收绞，采用牵引钢丝绳分段平拖网翼、网身进入甲板，此时船舶保持微速前进，防止网衣与螺旋桨纠缠。当部分网囊进入甲板尾部时，用吊钩吊进网囊，将渔获物倾倒甲板或理鱼间，至此起网工作全部完成，进行下一网次准备工作。

起网工作结束后进行渔获物处理，处理方式和方法根据船舶保鲜设备而定，一般为清洗、分类、分级、装盘称重、速冻、装箱冷藏等。

（五）单拖网操作注意事项

（1）松放网板时两网板应尽量做到同步，尤其对于铁木结构平面椭圆网板，其下水时有一平卧水面的过程。如两网板下水有先后，一网板的游纲极易套入另一网板，造成网板纠缠事故。

（2）曳纲松放长度应相同。这是一个非常容易疏忽的问题。因为曳纲近网端容易磨损，所以更换曳纲时常采取斩除近网端一定长度的做法。当仅斩短一根曳纲时容易出现长度上的错误，有时左右相差 5～10 m。因此更换曳纲后应注意网具上的迹象，如发现网具左右网袖磨损痕迹明显不同时，需检查曳纲长度。

（3）拖曳时的转向舵角需根据网板种类确定。当避让船只、转向和调头时，采用的舵角不能过大。同时因网板的性能而异。如椭圆形网板不易倾倒，因为转向时可采用 10°～15°舵角；而立式弧面网板稳定性较差，容易倾倒，因此转向时舵角一般控制在 5°左右。

五、双船拖网操作技术

双船拖网操作有前甲板操作、后甲板操作和艉滑道操作三种方式。目前我国前甲板操作的渔船已越来越少，因此仅介绍后两种操作方式。

（一）后甲板作业

1. 放网前的准备

将拖网网身、网囊按下水的先后次序折叠堆放于甲板后部，网囊置于尾部或滑道上，以便投入水中。连接与网具有关的纲索，拉直中沉子纲并横于船尾滚筒或滑道附近。将上、下空纲的连接处锁入固定在舷柱上的弹钩内，随时准备放网，并通知带网船准备放网。

2. 放网

网船慢车前进，当船舶有一定的速度后停车。投网囊入水，借船的惯性将网具拖入水中，直至空纲下水尾柱上的弹钩受力。此时所有的浮子浮出水面。带网船从右后方向网船靠拢，两船首对齐时，带网船将连接公用曳纲的撇缆抛给网船，并慢慢松放夹棕曳纲。网船接过公用曳纲后，将其端部与右空纲前端连接。驾驶人员发出放网命令后，后甲板人员打开左右尾柱上的弹钩，放网船和带网船同时松放曳纲。

两船各向外偏转45°，快车行驶松放曳纲。待最后一个曳纲连接卸克下水后，将船尾钢丝绳端的卸克套入正松放中的曳纲钢丝绳。当曳纲松放剩余200～250 m时，两船恢复船首向至拖向并停车，依靠船的惯性松放剩余的曳纲。当船尾钢丝绳受力后，调节主机转入拖网转速，放网过程结束。

3. 拖曳和起网

双船拖网应保持两船平行拖曳，两船间距要根据拖网网口大小确定。一般为200～2 000 m，并根据渔场中作业船数的多少、捕捞对象和天气情况而定。在拖曳中驾驶室的值班人员除了完成正常的避让、定位和记录外，还要注意两船的拖曳方向、两船间距、拖网速度是否相同，必要时可通知对方共同协调。一般的拖曳时间为2～3 h，拖速根据捕捞对象等而定，一般为3 kn左右。

起网前10 min左右，两船开始采用小舵角向内靠拢。当两船间距减至20～25 m左右时，两船平行拖曳数分钟，使网身中的渔获物冲入网囊；两船靠拢，带网船将公用曳纲递给放网船。放网船接过并接妥曳纲后，停车绞收曳纲。当上、下空纲交点接近船尾舷板上的开口滚轮时，绞纲机暂停收绞，钩住上、下空纲交接处，将曳纲从开口滑轮移入艉滑道。继续绞收空纲，网翼被拖到舷侧通道，网身和网囊依次通过滑道吊上左舷甲板。渔获物可直接用门形桅起吊，起网结束。

(二) 艉滑道作业

艉滑道操作方式是网具的进出均经过专用的艉滑道，既方便又安全。操作过程如下：

1. 放网　放网船慢车前进并确定拖向，当船舶有一定的速度后停车。开动船尾绞机或绞纲机，通过船尾门桅上的放网滑轮，用特制放网钩将网囊拖入水中。上下空纲前端到达艉滑道口时，制动绞纲机，并将空纲前端锁入船尾弹钩。再将左曳纲从滑道移入船尾舷板上的开口滑轮内。带网船从右舷靠拢，并传递公用曳纲给放网船。右曳纲与空纲接妥后开启弹钩，快车松放曳纲，直至曳纲松放完毕。

2. 拖曳　同后甲板操作方式。

3. 起网　两船靠拢，带网船将公用曳纲递给放网船，放网船接妥曳纲后，停车并绞收曳纲。当上下空纲交接点近船尾舷板上的开口滑轮时绞纲机暂停绞收，钩住上、下空纲交接处将曳纲从开口滑轮移入艉滑道。继续绞收空纲，网袖被拖到舷侧通道，网身和网囊依次通过滑道被吊上左舷甲板。渔获物可直接用门桅起吊，渔获物多时则需经船舷系缆柱的滑轮将网囊拖上甲板。

（三）双拖作业注意事项

（1）两船在大风浪天气条件下靠拢时应保持一定的距离，用车和用舵要及时，避免两船碰撞。

（2）在放、起网过程中必须确认螺旋桨附近无网衣或纲索时才能闭合离合器使螺旋桨旋转，避免网衣或纲索缠绕螺旋桨。

（3）经常检查网具连接件和曳纲钢丝绳等，以防它们松脱、断裂，造成"单脚网"或丢网等重大事故。

六、拖网调整技术

在生产实践中经常会遇到这样的情况，在同一渔场，用相同马力的渔船和网具规格，捕捞同一鱼种，但网产量却有很大的差别。究其原因，主要是由于渔场或捕捞对象发生变化，网具受力变形或装配不当等又未及时采取相应的渔具渔法调整措施所造成的。因此，正确地掌握渔具渔法的调整技术，以使网具处于最佳的捕捞状态，是确保高产稳产的重要技术手段之一。

拖网渔具渔法的调整内容很多，牵涉面广，主要有拖速、网档、浮沉力、上下纲长度和曳纲长度等。

（一）拖速的确定和调整

所谓拖网速度是指网具在单位时间内移动的距离。可分为绝对拖速和相对拖速两种。

绝对拖速又称对地拖速，是指网具在单位时间内对地移动的距离，可用航海定位法确定。绝对拖速主要用于计算网具的扫海面积。

相对拖速又称对水速度，是指网具在单位时间内对水移动的距离，可用流速仪等仪器测得。在天气较好海面平静时，也可用漂木法测得近似值。相对拖速主要用于计算网具的阻力。通常所说的拖速是指相对拖速。

拖速的调整是否得当，直接影响到网具的扩张性能和捕捞效果。拖速的调整主要是依据捕捞对象游动速度、活动能力、生活习性及群体活动特点、作业渔场环境特点以及风、流、天气情况而定。

捕捞游速快、活动能力强和栖息水层低、群体分散的鱼类拖速一般快些，而捕捞游速慢、活动能力弱和栖息水层高、群体大的鱼类拖速应慢些。前者应以增加网具的扫海面积为主，后者应以提高网口高度为主。通常按不同的捕捞对象大体可分为：

（1）捕捞鲐鲹鱼类、马鲛鱼、金枪鱼等常用 3.5～5 kn 的快拖速。

（2）捕捞带鱼、马面鲀、鲆鲽类、鱿鱼等常用 2～3.5 kn 的中等拖速。

（3）捕虾类、大小黄鱼等用 2 kn 左右的慢拖速。

同一种鱼类在不同的生活阶段，其游泳速度和活动能力是变化的。一般鱼类在鱼汛初期游速快，旺汛期游速慢，汛末期游速快；产卵中游速慢，产卵后分散索饵时游速快。因此，生产中应根据同一种鱼类在不同生活阶段的特点，灵活运用拖网速度。

当渔场环境以及海况发生变化时，拖速也应作相应的调整，一般的调整经验如下：

(1) 大潮汛或在流急地区顺流拖网时，相对拖速会降低，应适当增加主机转数。

(2) 大风浪顺风拖网，绝对拖速会增加，应当减少主机转数，而顶风或横风拖网，绝对拖速会减慢，应适当增加主机转数。增减幅度一般控制在原拖网转数的5%～15%左右。

(3) 在软泥或沙底作业，主机转数应比泥沙或沙泥底转数增加3%～5%，以防曳纲、下纲陷入泥、沙中，造成网具吃泥沙拖不动或破网事故。

(4) 在网获量较高的渔场拖网，若发现主机排气温度增高，拖速有减慢迹象，为使拖速不下降，应每隔半小时或1小时增加主机转数5～10转。

（二）网档大小的调整

拖网网档（又称两船间距）的大小会直接影响到网具的水平、垂直扩张和拖速快慢。网档大，网具水平扩张大，扫海面积增加，但会导致垂直扩张（网口高度）下降，阻力增加，拖速减慢。反之，网档小有利于网口高度的提升，拖速增快。

网挡大小的调整方法有：

(1) 捕捞贴底鱼类（如鲆鲽类）对网口高度要求不高，应用大网档，以增加网具的水平扫海面积；捕捞栖息水层较高的鱼类（如大、小黄鱼），网档应小，以利于增加网口高度；捕捞游速快的鱼类（如鲐鲹鱼类），应用小网档，以利于减小网具阻力，增快拖速。

(2) 小船拖大网应用小网挡，以防拖不动或网具吃泥。反之，大船拖小网，拖力足可用大网档。

(3) 大潮流急或渔场底质不佳，应用小网挡，以免网档越拖越大，造成两船对不拢或破网事故。

(4) 渔场水深、曳纲长度不足时应用小网档，以防下纲离底和影响网具拖曳的稳定性。若在浅水流急渔场也应用小网档，以免发生两船对不拢等事故。

(5) 恶劣天气（如大风浪、雾天、下雪或暴雨），海上能见度低，网档应小，以免造成两船操作及联络的困难。尤其是浓雾天，网档过大，起网靠傍时互相看不见，易发生两船碰撞或冲过船首（或船尾）引起网具纠缠等事故。

(6) 大帮船集中生产时，网档宜小不宜大，以使船舶操纵灵活转向方便，便于避让操作。

（三）网具轻重（浮沉力大小）的调整

所谓网具轻重一般是指浮子的总浮力和下纲在水中的总重量。调整网具浮沉力的大小能使网具轻些或重些，从而达到提高网口高度或使下纲稳定贴底的目的。根据渔场环境条件及各种鱼类生活习性的不同，网具的浮沉力大小应有相应的调整，才能维持较高的网获量。

1. 网具轻重的调整方法

（1）捕捞贴底鱼类，要求网具能紧贴海底拖曳，因此下纲应适当加重。捕捞栖息水层较高或密度大的鱼类，要求网口高度要大，因此应适当增加浮力。捕捞分散、游速快的鱼类，应以快速拖网为主，但应适当加大浮力和下纲重量，以保证网具在快拖时能正常贴底和维持一定的网口高度。

（2）在软泥或沙底拖网比泥沙或沙泥、硬泥底拖网要减轻下纲重量或重量不变加粗下纲，适当增加浮力，以防下纲钻泥或网具吃泥沙。

（3）浅水区作业应增加浮力。深水区作业为加快网具下沉速度和保证网具稳定贴底，应适当加重下纲或减少浮力。

（4）大风浪顺风拖网，应适当增加下纲重量，以保证网具拖曳的稳定性。

（5）采用疏目拖网时，由于网口大，网目大，网衣阻力小，扩张效果较差，应适当增加浮力。

（6）小船拖大网，下纲不宜加得太重，以免拖不动。

（7）曳纲太短或太细，网具易离底，应加重下纲，同时在下空纲前端加些重量。

2. 网具轻重的辨断

正常贴底的网具一般要求夹棕曳纲、下空纲、下纲应拖泥，下网翼靠下边纲处的部分网衣、网身、网腹第一节的部分网衣及网囊后部网衣应贴底拖泥。因此可据此特征判断网具是否稳定贴底。除此之外，生产中还常用如下方法来判断网具的轻重：

（1）根据渔获物组成判断。稳定贴底的网具，起网后，其渔获物中底层和近底层鱼类应各占有一定比例，既有死鱼，也有活鱼，还有一些海星等底栖生物。若贴底鱼很多说明网较重；反之，若中下层鱼类数量较多说明网轻。但应注意与同渔场、同类船作比较，以排除渔场、气象等因素的影响。

（2）根据网囊入泥程度判断。正常起网时，网囊中有一些浊泥水流出。若起网时网囊中只流清水，表示网轻（不贴底），反之，网囊中充塞较多的泥沙，说明网过重。

（3）根据纲索、属具的摩擦程度及夹带泥沙量判断。若下纲、下空纲、加重铁链及连接用的卸克、转环磨损大或夹带泥沙量多，表示网重。反之则网轻。

（4）根据曳纲拖曳状态判断。曳纲张开正常，振动有力，表示网稳定。若曳纲吃力且振动小，表示网过重。反之，若曳纲振动大而不吃力，说明网过轻，网具可能已离底。

3. 网具轻重的调整措施及注意事项

（1）调整网具浮力时，可用改变浮子的数量或体积大小来实现。增减浮力的部位以上中纲及上三拼口（即上中纲与上边纲连接处）附近效果较显著。

（2）下纲加重可采用在下纲绑结一定数量的铁链或六股绳来实现。一般加重数量多时用铁链，加重数量少或在软泥区则用六股绳为宜。加重部位以下三拼口附近和翼端为重点。

增减浮、沉力时应注意左右对称、均匀分布，不可过分集中，也不可一次增减太多，而应以逐渐增减为宜。

（3）用铁链均匀对称地加在网腹和网囊力纲上，也能增加网具的刹底程度。但加重的数量要适当，不可太多。

（4）减少浮力、拖速、网档、上纲长度或放长下纲、曳纲也能起到加重网具的作用，反之能起到减轻网具的作用。除此之外，两力纲外移，网易贴底，反之网较浮。

（四）上下纲长度的调整

上下纲长度适当与否，将直接影响到网具的贴底性能和垂直扩张性能。生产中有时会遇到这样的情况，下纲已加得很重，但网具就是不贴底或者浮力已增加很多，网口高度却提升很少。究其原因，主要是上、下纲比例不合理造成的。前者由于下纲偏短，而后者则因上纲偏短。一般来说，若下纲偏短、上纲偏长，作业时下纲受力大，相对紧张，沉力不易发挥作用，导致下纲不贴底；而上纲却相对松弛，浮力易发挥作用，因而网口易提高。反之，若下纲偏长而上纲偏短，则下纲相对松弛，沉力起作用使下纲易贴底；而上纲受力相对紧张，上纲上的浮力不易发挥作用，影响网口高度。因此，在下纲重量已足够时，解决网具不贴底可采用适当放长下纲的办法，不应采用继续加重下纲的办法；同理，在上纲浮力已足够时，解决网口高度太低应采用适当放长上纲或缩短下纲的方法，而不要继续增加浮力。

上下纲长度的调整必须根据捕捞对象、渔场环境等因素而定。捕捞贴底鱼类及游速较快的鱼类应适当放长下纲，以保证网具稳定贴底。捕捞栖息水层高及密度大的鱼类，则可适当缩短下纲或放长上纲，以获得尽可能大的网口高度。在软泥或沙底作业，应适当缩短下纲，以防下纲陷入泥沙中。

调整上下纲长度多数是在翼端下边纲与空纲的连接处或下中纲与下边纲的连接处增减卸克、转环等，也可直接调整下空纲的长度来实现。增减幅度左、右两边都在 0.5 m 以内，即整条下纲长度增减控制在 1 m 以内。小马力渔船控制在 0.8 m 以内。

（五）曳纲长度的调整

曳纲的放出长度主要根据渔场水深而定，同时受拖速快慢、网档大小、渔场风浪、曳纲粗度和捕捞对象等因素制约。曳纲长度的调整方法有：

（1）水深曳纲宜放长，水浅曳纲宜放短，否则水深曳纲长度不够，易造成网具拖曳不稳定，甚至离底。水浅时曳纲太长，曳纲卧底部分太多，阻力增大，影响拖速甚至导致网具吃泥，目前我国近海对拖网曳纲长度是水深的 $10\sim20$ 倍，单拖网是水深的 $3\sim7$ 倍。浅水作业倍数取大值，随着水深的增加倍数取值越小。

（2）大风浪顺风拖网，拖速增快，网具易起浮，并且风浪对船的冲击，也会使网具拖曳不稳，因此曳纲松放应比无风浪时长。

（3）网档大，曳纲应放长些，以免两网翼被拉破；网档小，曳纲可短些，以减少网具阻力。

（4）捕捞贴底鱼类为扩大网具扫海面积，除扩大网档外，还应增加曳纲长度。

（5）渔船马力大，拖速会较快。因此，在同一水深作业时，大马力应比小马力船放出的曳纲长度长些。

（6）采用较细的曳纲，由于曳纲重量轻，易出现网具不贴底或曳纲拖泥部分的长度不足，因此，应增长曳纲。

（六）网板的调整

1. 网板冲角的调整　在正常情况下，网板工作冲角应小于临界冲角 $2°\sim4°$ 以上。但由于设计、装配的误差以及作业中支架弯曲变形或固结点移位等原因，使网板实际冲角偏离原设计的工作冲角，从而导致网板的水平扩张下降并失去稳定性。

网板工作冲角是否正常，通常用量取网板拖泥铁摩擦痕迹的方向与翼弦之间的夹角来判断。曳行正常的网板，其夹角应等于工作冲角，否则就需进行调整。调整的内容包括调整曳纲固结点位置和叉纲（尾链）固结位置。

当网板冲角过大时，将曳纲固结点位置适当前移或将叉纲固结点位置适当后移，冲角变小。

当网板冲角过小时，将曳纲固结点位置适当后移或将叉纲固结点位置适当前移，冲角变大。

2. 网板内倾和外倾的调整　一般情况下，网板少许的内倾，有助于网板的向外扩张和曳行的稳定性，而网板的外倾则易造成插入泥中。但随着网板类型的不同，作业时对其内外倾程度的要求是有所不同的。例如，对椭圆形、矩形和 D 型等网板，作业时要求略为内倾；对 V 型网板要求略为外倾，以利于网板贴底；对龟背型和立式网板要求基本上保持直立状态，以便最大限度地发挥网板的效能。总之，各类网板各有其适宜的工作状态。但是，不论哪类网板，过量的内倾或外倾都会引起网板的扩张性能变坏，运动不稳定，甚至插泥、倒伏或离底起浮。

网板的内、外倾可从网板下缘拖泥铁内侧或外侧的磨损程度来判断。如果发现网板内侧磨得多且高或外缘有磨痕都需进行调整。调整内容包括曳纲固结位置、曳纲长度和上下叉纲长度。

当网板过于内倾，可通过将曳纲固结点位置适当下移、减短曳纲长度、适当缩短上叉纲或放长下叉纲长度来调整。

当网板外倾，可通过将曳纲固结点位置适当上移、增加曳纲松放的长度、适当缩短下叉纲或放长上叉纲长度来调整。

3. 网板前倾和后倾的调整　正常曳行的网板，一般要求有适度的后倾（翘头），以便于越过障碍物和防止网板插泥。但过量的后倾会导致网板离底起浮，而网板的前倾则易使网板插入泥中。总之，网板的前倾和过量后倾都会影响网板的扩张效能和拖曳稳定性。网板的前、后倾可以根据网板底部前、后边缘的磨损程度和沾泥情况来判断。

网板前、后倾的调整包括曳纲固结位置、曳纲长度、上下叉纲长度和网板重心。

当网板前倾，可通过将曳纲固结点位置适当前移、减少曳纲的松放长度、适当缩短上叉纲或放长下叉纲长度，也可把重心后移来进行调整。

当网板过于后倾，可通过将曳纲固结点位置适当后移、增加曳纲的松放长度、适当放长上叉纲或缩短下叉纲长度，也可把重心前移来进行调整。

七、拖网渔捞事故的发生、预防和处理

拖网渔捞事故的种类较多，产生原因错综复杂，大小轻重不一。轻的导致减产，重的造成丢网、沉船、危及船员生命安全。因此，拖网生产中应坚持以防为主，认真执行安全操作规程，避免和减少事故的发生。

(一) 网具吃泥沙

通常，渔获物中含有少量的泥沙是一种正常现象，但若网具中拖入大量泥沙，又不及时检查调整，就会导致网具大破、曳纲破断、甚至丢网等事故。

发生的主要原因有：

（1）渔场底质太差，如烂泥松沙或有泥堆、沙堆等；

（2）下纲过长过重或浮力不足；

（3）网档过大或拖速太慢；

（4）网身太长或网腹比网背长很多；

（5）网身后部和网囊网目太小。

根据网具吃泥沙情况，针对上述产生原因进行检查调整。在底质不良的渔场或不熟悉的渔场进行拖网作业，应加强值班瞭望，一旦发现拖速迅速变慢、两船间距自行缩小等异常现象，应及时处理或提前起网。

一旦发现网具吃泥沙，应立即缩小网档，不能解除，则应起网。若起网也发生困难，则两船应同时调转180°反向拖曳起网。

(二) 破网

发生的主要原因有：

（1）网衣质量不好，变质变脆；

（2）网线太细或相同部分网目尺寸相差太多；

（3）网衣有破洞没修补或修补不整齐；

（4）上下纲或力纲等纲索长于网衣或装纲不均匀；

（5）调整网衣不注意区别新旧程度，导致相拼网衣长短不一或网具变形不及时拆装；

（6）放网时发生勾挂或网衣、纲索互相纠缠；

（7）网具拖到障碍物或吃泥；

（8）起网时两曳纲收绞不齐；

（9）大风浪或大网头起网用车过快、过长；

（10）起放网时不注意风、流向，导致网衣或纲索缠住螺旋桨；

（11）起吊网衣时未捆齐，致使局部网衣受力过大撕破。

预防方法是努力完善设计和装配工作，经常检查网衣和纲索质量及装配情况，起放网及拖网时要严防钩挂和撕裂，网具使用期限已到应及时更换等。

（三）曳纲破断、 丢网事故

发生的主要原因有：

（1）网具拖到沉船、暗礁等障碍物或网内大量充塞泥沙，致使曳纲负荷过大而破断；

（2）曳纲使用期限太长或曳纲中部分钢丝已断导致质量强度下降；

（3）连接曳纲的卸克没拧牢，以致松脱。

防止曳纲破断或丢失的主要办法是加强工作责任感，经常认真地检查纲索及纲索两端眼环、卸克、转环等的质量；拖网中随时注意船、网的作业动态，一旦发生异常变化，应及时采取措施；当出现曳纲破断或丢网时，船速会突然增快。处理的办法是：若仅断一根曳纲，则未断的船应立即停车起单脚网；若两根曳纲均断导致丢网时，应立即定出丢网的船位，然后用拖锚或拖网的方法在丢网区寻找网具。

（四）网衣或纲索缠绕螺旋桨 （俗称打叶子或缠摆）

发生的主要原因有：起放网中，由于风、流的影响，网具被压入船底车叶附近时盲目动车；起网收绞曳纲等过程中，当曳纲下垂近垂直状态，未及时动车，待纲索网衣压入船底后才盲目动车。

防止和处理办法：

（1）起放网前，船长应对当时的风、流向及风、流力大小进行正确估计，尽可能做到顺风顶流放网，避免横风横流起放网；

（2）起放网操作过程中，应严格执行操作规程，用车和操舵要与起放网工序密切配合，严防网衣和纲索被压入船底。一旦网衣或纲索被压入船底，更应密切注意网、纲索在船底的延伸方向，待确定无危险时方可动车；

（3）一旦发生缠车叶，要先查明缠绕的轻重程度，若轻缠可将网衣或纲索割断，再用倒、顺车办法把缠绕物甩脱，也可用绞拉方法试拉。若缠绕严重用上述方法无效时，应将船拖回港内由潜水员处理。

（五）拖损事故

预防船只对撞、渔具相互缠挂等拖损事故，应做到：

（1）严格遵守 1972 年国际避碰规则中的有关规定（详见该规则第二十六条及附录二）、中日渔业协定附件中有关规定（详见中日渔业协定附件）和国家制定的渔船作业避让条例。

（2）拖网时驾驶室值班人员必须坚守岗位，加强瞭望，发现问题及时采取措施处理并通知船长。

拖损事故发生后，如渔具相互纠缠，应采取一切有效措施加以解除。若不能解除，除危及船员或船舶安全外，非经协商同意，任何一方不得擅自割断另一方的渔具。由当事双方在现场协商解决、互相交换事故损失、责任及赔偿情况。若现场协商难以解决时，应各自报告双方领导协商或上报当地渔政部门仲裁解决。

（六）稳车事故

稳车应由熟练人员谨慎操作，操作时必须提高警惕，思想要集中，衣着要利落，脚下要清楚。曳纲接头上网机后要注意排列好，免得在放曳纲时发生缠绕和套扣等情况。发生压稳车事故应立即关闸处理，严禁手推脚蹬。

（七）网板事故

1. 两网板纠缠事故发生原因与处理

（1）两网板纠缠的原因。两网板纠缠的事故多发生于松放网板时，一网板的游纲套住另一网板，以致进一步扭转和纠缠。铁木结构平面椭圆形网板自重小，下水时有一短暂的平卧过程，此时很容易发生网板纠缠事故。

（2）处理方法。当发生网板纠缠事故后，需缓慢绞收网板，至尾门梡滑轮无法继续绞收时停绞。看清游纲等套入的方向，采用吊绞结合、解开纲索连接件的办法使两网板分离。由于网板绞重，处理困难，所以要特别注意人身安全。

（3）预防措施。要保证绞纲机刹车功能可靠，网板入水后立即刹车。具有倒车功能的绞纲机可采用倒车将网板送入水中；网板入水后要停止松放曳纲，当两网板受水流冲击有左右分开的趋势时再继续松放曳纲；松放曳纲时要注意左右同步，最初 50 m 曳纲要求更严格些。

2. 网板插泥事故发生原因与处理

网板插泥可能是渔场底质太软，放网板时车速较慢，网机制动带失败，以致网板落底过快，及网板调节不当等。一般情况下，一旦一舷网板插泥，另一舷网板也会跟着插泥。插入泥底的网板因海底吸力，常难以绞上。严重时甚至造成网机超载，船舶倾斜。此时切忌硬绞，要掌握船上倾角仪显示不超过 25° 为宜。一时绞不上的等待潮水转向后再绞。

(八) 上、 下网落水事故

大风浪天起网，应操纵船舶处于顺浪或迎浪状态，不可横浪吊网。吊沉子纲、网衣时要加安全钩，禁止脚踩、身压，防止网跑带人落水。

第四节　几种主要拖网渔具渔法

一、双撑架拖网捕捞技术

双撑架拖网的作业特点是：在渔船船舷两侧，装有可活动的撑杆（亦称臂架）各 1 根，撑杆的长度一般为 8~12 m，每 1 撑杆上各拖网具 1 顶。网具是依靠两块矩形网板对水流作用，达到水平张开。图 4—31 为我国双撑架拖网渔船作业示意图。

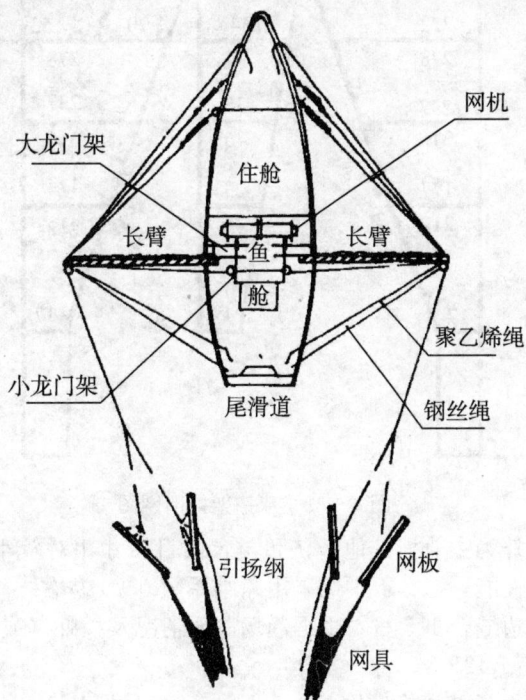

图 4—31　双撑架拖网渔船作业示意图

(一) 渔船

我国在西非从事双撑架拖网作业的渔船，大多数为 8154 型拖网渔船加装撑杆改装的，也有应用 GB8104G5 型拖网渔船加装撑杆的。

(二) 渔具

网具为 4 片式结构（如图 4—32），2 片侧网，其前部为矩形网片，后部为斜梯形网片。侧网衣直目边与网腹缝合，从而降低网具的受力点，提高网具的贴底性能。

网具上下三拼口处设置三角网。

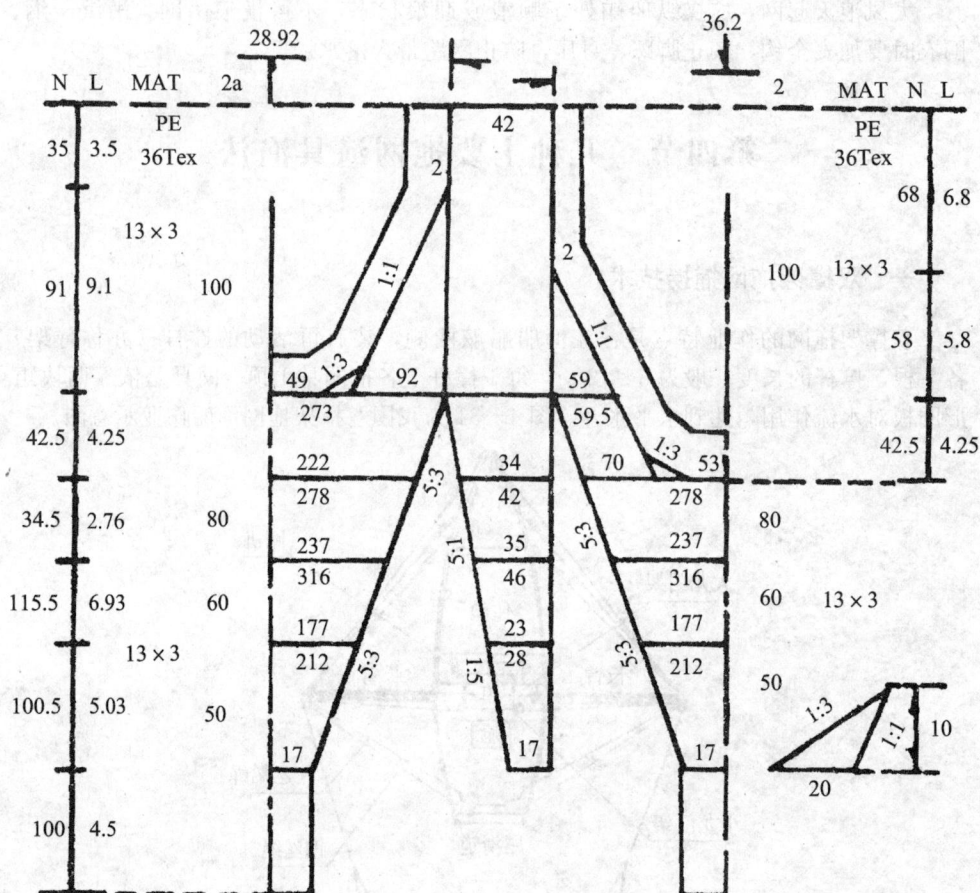

图 4—32　双撑架拖网网图

为了适应以捕虾为主兼捕其他经济鱼类，网目尺寸相对较小。为了提高网具在曳行中滤水、滤泥性能，上、下中纲采用缩结系数 0.75 左右。网具无力纲装置，网衣侧边绕缝时，每边缝合 1.5 目。根据渔场底质情况及捕虾（或捕鱼）的作业特点，网具沉力为 1 323～1 421 N。

网板为矩形平面开缝宽拖铁网板，翼展 1.33 m，翼弦 3.0 m，展弦比 0.44，单块网板重 350 kg，其中金属部分 200 kg。

网具上、下纲材料都使用特殊的维纶混合纲或其它合成纤维混合绳，钢丝绳的每一股都外包维纶或其它合成纤维，特别柔软。网衣缝上后也不易滑动，下纲上结缚铁链以保证一定重量。

两网板之间装有惊虾链一条，长度在上、下纲长度（包括空纲）之间，粗度因渔船功率而异，位置在沉子纲之前。惊虾链的两端一般用卸克接在网板的下耳环内。

左右两舷网具都有一根引扬纲，一般从靠船舷的网板背部接出，直至网囊束纲。

网囊引扬纲因操作需要而分为两段，中间有活络脱卸装置。见图 4—33、图 4—34 所示。

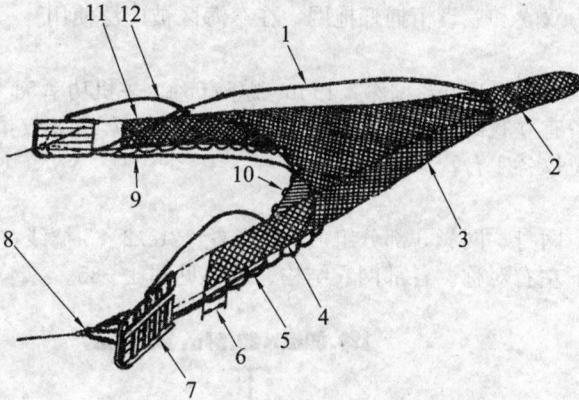

1. 网囊引扬纲　2. 网囊　3. 力纲　4. 沉子纲　5. 铁链　6. 间距约 30 cm
7. 网板　8. 网板卸克　9. 驱虾链　10. 浮子　11. 上纲　12. 网板纲
图 4—33　虾拖网结构

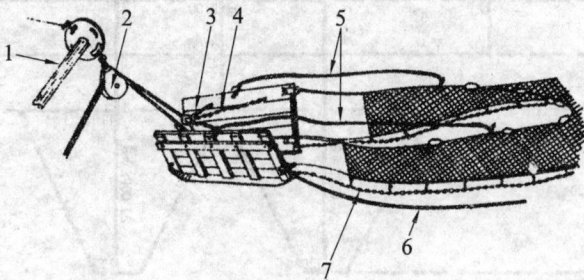

1. 撑杆　2. 滑轮　3. 网板前支架　4. 网板后支架　5. 网板绳索
6. 囊网引扬纲　7. 铁链
图 4—34　网板与撑杆连接

（三）捕捞操作技术

双撑架拖网作业特点是，在船舷两侧各拖 1 顶网具，靠船舷一侧的网板背部设置 1 根网囊引扬纲，供起网操作之用。两网板间设置 1 根惊虾链，用于惊扰贴底的虾类、舌鳎等底杂鱼，从而提高渔获率。

双撑架拖网操作方便，首次放网可在艉滑道或船舷均可进行。放网要在主机转速 340 r/min 情况下进行，船舷两边同步投放网板，曳纲放松要缓慢。在放松曳纲过程中要刹住网机 2～3 次，使网板充分扩张。在拖网作业过程中，渔船转向调头拖曳时，最大舵角 20°，以免网板倾倒或网板与网具纠缠，一般舵角 15°。起网也要在一定的航速下进行，两舷网具需在同步情况下收绞，在正常的情况下 15 min 内完成起、放网。一般昼夜投放 8～10 次，在个别渔场（产量高或底质差等）投放网次更多。

二、有囊桁拖网捕捞技术

有囊桁拖网为双囊和三囊桁捕虾拖网，在东海区被广泛使用。

(一) 渔船

总长 21.9 m，型宽 5.15 m，型深 2.16 m，总吨 65 t。主机功率 58.8 kW，航速 7 kn。主要渔捞装备有立式绞纲机 1 组（2 个），绞拉力 14.7 kN，绞拉速度 40 m/min；垂直探鱼仪和定位仪各 1 台。

(二) 渔具

网衣由网盖、网身、网囊 3 部分组成。用乙纶 42tex2×3 捻线，单死结编织。从网身至网囊，上下左右对称。各部网衣结构、规格见图 4—35。

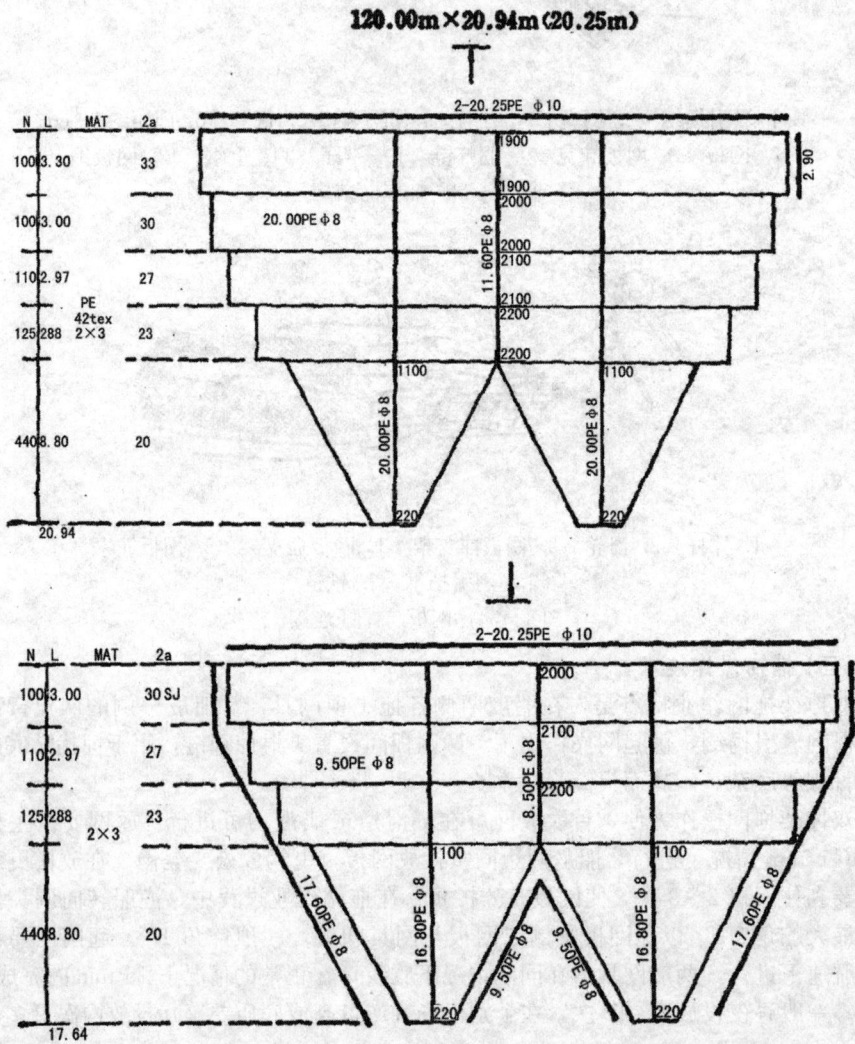

图 4—35　双囊桁拖网网图

（三）捕捞操作技术

1. 放网　放网前将网具依次叠好。右舷横风放网，先后放出网囊、桁杆、沉子纲、浮标、叉纲引扬纲，待叉纲离开船舷时，用慢车逐渐转向，松放曳纲，加快车速，待放完曳纲，船首正好转向 90°。最后系好张索、勒索和曳纲。

2. 曳网　顺风或偏顺风拖网，每次拖曳 2～3 h，拖速保持 1 kn 左右。

3. 起网　右舷起网，顶风或顶流慢车绞收曳纲，并依次收进叉纲、吊上桁杆和沉子纲，然后收拔网身、网囊。

三、中层拖网捕捞技术

中层拖网亦称变水层拖网，通过调节控制拖网在一定的水层中作业，可不受水深和海域限制。

（一）中层拖网网具结构

根据国内外中层拖网的试验研究和生产经验证明，中层拖网能否获得较高产量，其主要关键不完全在于能调节和控制拖网在某一需要的水层拖曳，而是要掌握捕捞对象鱼种的更多生物学特性（包括鱼群的集群水层和对网具的反应）。同时必须具备必要的鱼群侦察、网位测定的仪器，能有效地控制和调节网具所处的水层，达到"瞄准捕捞"的目的。

中层拖网具有以下特点：

（1）中层拖网网口应具有较大的垂直扩张和水平扩张，网口形状呈四方形或长方形，网口高度与宽度相等或略小于宽度。为了便于构成这样的网口形状，一般都由四片网衣组成，网翼可以不用或很小；网具的上纲（浮子纲）和下纲（沉子纲）的结构相同或相似。为了保证网具的垂直张开，除了在上纲上配备浮子外，在网具下手纲处，悬挂重锤或沉降器。

（2）为了保证中层拖网具有足够的稳定性，网身和网囊的长度相对要长，网身剪裁斜率要小。

（3）中层拖网没有网盖装置，这是由于中上层鱼类发现网具接近时，往往向下逃窜。因此网背和网腹的网衣长度相同。有的中层拖网的网腹比网背略长。

（4）由于中层拖网的下手纲比上手纲长 1～5 m 左右，同时下网翼端悬有重锤，所以在拖网作业时，网具上纲受力大，网口容易张开，并不完全因浮子的作用而使网口张开，故对浮子的配备并不要求非常精确。

中层拖网由于使用渔船数的不同，分为单船中层拖网和双船中层拖网两类。由于双船中层拖网作业需要两艘渔船配合作业，因此在大风浪天气，以及外海海域中较难配合等原因，双船中层拖网中适用于近海和小型渔船。而在我国沿海和近海渔场，水深较浅，密集的中层鱼群又不太多，因此具有一定规模的专业性的双船中层拖网不多。下面着重介绍我国目前在北太平洋鄂霍次克海和白令海捕捞狭鳕的大型

单船中层拖网。图 4—36 为 3 000 总吨级，主机功率 2 850 kW 渔船应用的网口周长
1 352 m［52 目×26 目（目大）］×网衣纵向拉直长 250.06 m 中层拖网网衣展开图。

网翼（袖）由网目尺寸为 26 m 的菱形网目构成，网翼即 1 352.00 m×250.06 m
拉直长度为 52 m。网身第 1 段由 1 目网目，单脚长度分别为 13 m、10 m、9.5 m、
10 m 的六角形网目构成，后接菱形大网目，每段长度为 0.5～4.0。网背和网腹，
左右两网侧的网目数和拉直长度各自相等，不作剪裁。每段的斜率都通过逐段网衣
的目脚长度按一定比例缩小而形成的。在网身的最后 6 段，网目的目大由 0.8 m 逐渐
缩小至 0.1 m，其边缘按一定的剪裁斜率进行剪裁。网身拉直长度为 161.1 m。网背
与网腹的结构、尺寸完全相同，网身大网目部分上下边缘的网目数均为 14 目，侧网
网身大网目部分上下边缘的网目数均为 12 目，侧网与网背横向拉直长度之比为 0.857。
上、下纲各长 132.50 m，侧纲长 121.70 m。

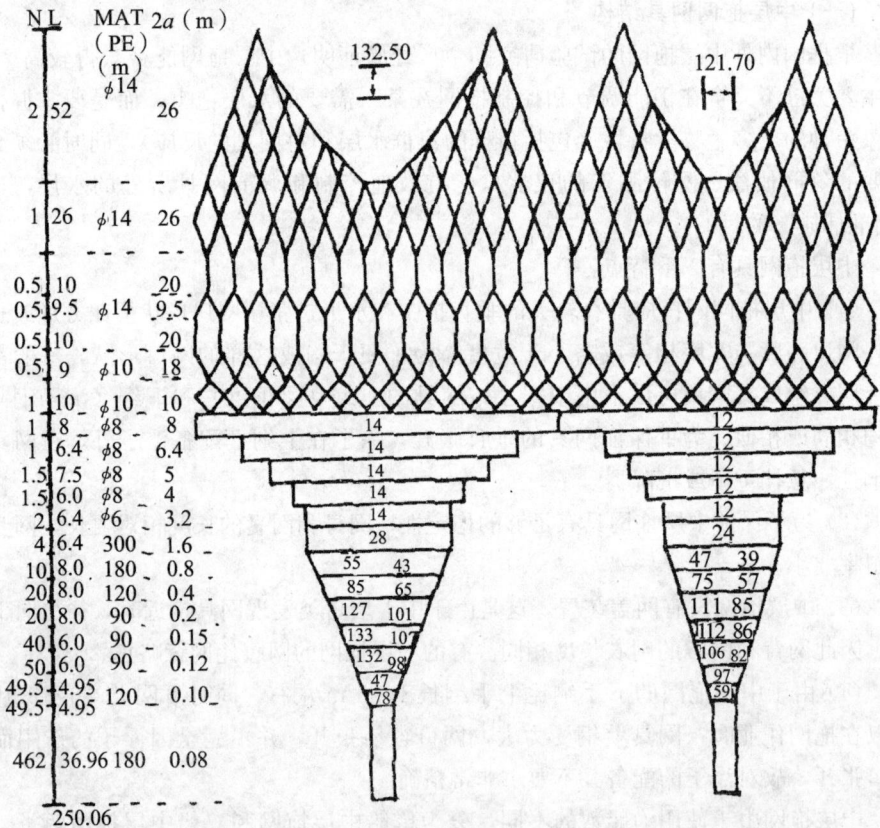

图 4—36　1 352.00 m×250.06 m 中层拖网网衣展开图

（二）中层拖网捕捞技术

中层拖网属"瞄准捕捞"，即利用水平探鱼仪探测到鱼群位置，然后调整网具所
处水层，使网口对准鱼群拖曳达到捕捞的目的。因此中层拖网中侦察鱼群和网位调

整是捕捞成败的关键。

1. 鱼群侦察技术

渔船抵渔场后,不断地利用水平或垂直探鱼仪进行探测,然后对所测到的鱼群映象进行识别和判断,决定是否需要放网。鱼群映象形式并不是固定不变,而是随着海况的变化而变化。只有通过大量观测,逐渐认识,才能提高识别能力。在白令海和鄂霍次克海,不同渔汛期的狭鳕映象资料如下表所示。

渔汛期		鱼群栖息水层(m)	图形	颜色变	一般网产(t)
初期	一般	150~180	以点成带状	淡绿色	20~30
	转好	180~200	以点成带状	深绿—绿稍带黄色	30~50
旺发期	一般	190~230	条块状	红色—红稍带黄色	50以上
	旺发	200~280	间断块状	深红—红色	大网头(80以上)
后期	一般	200~280	条块状	深绿—绿稍带黄色	30~50
	末期	320~360	以点成带状	绿色—淡绿色	20~30以下

2. 中层拖网网位控制和调节

中层拖网网位是指网口所在水层的深度,网位主要与曳纲放出长度、拖网速度和重锤重量等因素有关。

(1)网位与曳纲长度的关系。曳纲放出长度是决定网位的主要因素之一,曳纲放出越长,网具所处水层越深。根据实测的结果表明,曳纲长度从 600 m 增加到 800 m,中层拖网的网位可下降 30 m。但是必须指出,由于船舶性能不同,以及网具、网板结构和重量的不同,采用改变曳纲放出长度的具体数值也不相同,就是同一艘渔船,应用结构和重量不同的渔具,其改变曳纲放出长度的数值也是不同的。

(2)网位与拖速的关系。拖速是控制网位的另一个主要因素,当曳纲长度一定时,如果提高拖速,网具就会上浮一些。如果降低拖速,网具就会下沉一些。

(3)网位与重锤的关系。单船中层拖网是依靠网板牵引网具水平张开,并通过手纲的重锤使网具稳定在一定的水层,沿水平方向前进,达到捕捞目的。因此重锤是中层拖网作业中十分重要的部分,它的重量会影响中层拖网的捕捞效率。重锤过轻,网口高度变小,网口呈向下倾斜状态,影响网具的稳定性;重量过重,会影响网板的扩张,网口向上倾斜。经验表明,重锤重量为网板重量的 $1/2 \sim 3/5$ 为宜。

3. 网位控制

网位控制是中层拖网作业技术的关键。中、上层鱼类在受惊后大都有向下逃逸的习性。因此在进行中层拖网时,把网口控制在密集鱼群的中心线偏下方的位置较为合适。如上所述,影响网位的因素较多,但在拖网过程中,能够对控制网位起主要作用的只有拖速、曳纲长度和两船间距(双船中拖)。一般情况下,当鱼群偏离网位较近（几米或十几米）时，用拖速来调整比较合造。如鱼群偏离网位上方，则加快拖速，使网位上升，反之则降低拖速。若鱼群偏离网位较远时，采用改变曳纲长度来调整网位为宜。因此，采用何种方法调整网位必须根据作业船只自身的特点和当时的生产情况而定。如对有些中拖作业船只，单用拖速调整，网位变化缓慢，且受到渔船功率所限，而收绞曳纲又会受到绞纲机功率限制，可能会失去捕鱼机会。

4. 单船中层拖网操作技术

（1）探鱼和放网。渔船到达渔场后，用水平探鱼仪探测鱼群，当发现鱼群后，再结合垂直探鱼仪探测鱼群的大小、所处水层和鱼种。然后选定拖向、拖曳水层和拖速。放网位置应离鱼群一定距离，以便调整网位瞄准捕捞。放网方法与单船底层拖网放网法相同。一般在放网时和放网后，核对网位仪的记录与鱼群所处水层是否一致，必要时用改变可调桨的螺距（也就是改变速度）进行调正，然后进行正常拖网。

（2）拖网和瞄准捕捞。作业时认真观察鱼群在探鱼仪上的映象，及时调整网位，保持网口对准鱼群。作业时发现鱼群映象稀少无捕捞价值时应及早起网。

（3）起网和渔获物处理。先由拖网绞纲机绞收曳纲、网板、手纲以及网翼和网身，最后将网囊从艉滑道中拖上甲板，解开囊底纲，将渔获物传送入理鱼间进行加工处理。中层拖网的操作方法基本上同单船底层拖网操作。

最近几年我国大型单船拖网，根据鄂霍次克公海的狭鳕在不同季节的特性，创造了浮拖网捕捞、中层变水层瞄准捕捞、底拖和贴底拖网捕捞、冰区拖网捕捞，大大提高了单船渔获率。

（1）浮拖网捕捞。鄂霍次克海公海 4～7 月狭鳕有昼沉夜浮习性，狭鳕日间常分散栖息于约 30～100 m 水层，不易捕捞。为提高捕捞效果，采用浮拖网操作技术，效果较好。方法是：① 改变曳纲、手纲在网板上的连接位置，以增大冲角，增加扩张力，提高稳定性；② 适当增加浮力；③ 增加拖速至 4.5～5.2 kn。将网位稳定在 40 m 左右，松放曳纲长度 170～240 m，拖曳速度控制在 4.7～4.9 kn。日间及傍晚瞄准捕捞栖息于约 80 m 水层的集群狭鳕，用此法效果更好，这时松放的曳纲长度更长，网口、网形张开更正常。

（2）中层变水层瞄准拖网捕捞。按正常的渔具渔法和浮、沉力配备，进行常规拖网作业。要提高捕捞效果，关键是要掌握好水平探鱼仪探测，及时摆正船首、调整拖向，待垂直彩色探鱼仪测到鱼群并测算出鱼群映象上、下沿深度后，根据垂直探鱼仪换能器位置至船尾的距离、手纲长度、松放曳纲长度。同时依据本船当时船速，估算该鱼群到达网口前所需的时间，将网位调整到该水层。并尽量使网具稳定，注意网身后部和网囊的稳定度，使从网口进入的鱼群能顺利导入网身和网囊，防止鱼群逃逸和刺鱼。

（3）底拖和贴底拖网捕捞。8～12 月，鄂霍次克海公海狭鳕除明显集群可用瞄准捕捞外，多数采用底拖和贴底拖网捕捞方法，以提高捕捞效果，增加网产量。为便于底拖、贴底拖网和兼变水层拖网，网腹、网口及网囊下纲部分改成软沉子纲。即应用钢丝绳包缠旧网衣，扎成直径 200 mm 软下中纲，直径 150 mm 的两网翼沉子纲，根据配纲重量用铁链、沉铁和浮子将浮、沉力配备作适当调整。拖网作业时，对于捕捞近底层（如鱼群映象中心离底 $60\sim120$ m）的狭鳕，要观察网位、鱼群栖息水层与进网效果。除有时网位与狭鳕栖息水层一致、进网效果较好外，多数情况网位应低于狭鳕栖息水层 $10\sim40$ m，有时则更低。对于栖息离底 $60\sim20$ m 的狭鳕，一般情况下，将下纲贴底，并按正常的拖速控制网口高度在 $50\sim52$ m，具有较好的捕捞效果。

（4）冰区拖网。鄂霍次克海公海每年 1 月至 3 月被冰覆盖，冰封程度南轻北重，海冰由西北偏北向南偏东南排列。此时期是公海捕捞狭鳕旺季，狭鳕高度集群且稳定，栖息水层的深度为 $300\sim480$ m，最大水深可达 560 m。冰区捕捞宜用较小型拖网，留足储备拖力用以破冰。拖网时应尽可能保持拖速 $3.0\sim3.2$ kn 以上，如遇厚冰区，可使用储备拖力破冰，也可预先绞收曳纲，待开始破厚冰前松放曳纲，使船增速冲破厚冰区，以防网位急速下沉。在冰区捕捞主要掌握拖速、网位、曳纲冰挂、网板起浮和调头续拖等要领，保持拖曳中网形正常。

第五章　围　网

第一节　围网结构原理

一、围网发展概况

我国围网历史悠久，早在 17 世纪，就有广东的赤鱼围网、山东鲐鱼风网、福建大围缯等。1948 年在烟台近海采用机轮单船围网试捕鲐鱼、竹荚鱼成功。

解放后，随着水产事业的发展，围网渔业生产亦有较大发展。1950 年开始发展机轮围网捕捞起水鱼群。20 世纪 60 年代中期开始研究灯诱围网技术，其后得到快速发展。随着探鱼仪的应用，逐步形成了近、外海机轮围网船队。

从 20 世纪 70 年代开始，由于围网数量迅速增加，在近海集中围捕产卵的大、小黄鱼、鲐鱼和沙丁鱼及其幼体和低龄鱼类，使鱼类资源大幅度下降，到 20 世纪末围网渔业已形不成规模生产。

尽管我国近海中上层鱼类资源衰退严重，围网基本停产，但发展远洋围网大有可为。根据联合国粮农组织的资料，世界海洋经济鱼类中，中上层鱼类的可捕量为 6 400万 t，其中集群鱼类为 5 500 万 t。在世界范围内，围网是主要捕捞生产方式之一，它在渔业发达国家中占有重要地位。美国、挪威、丹麦、秘鲁和日本等国的围网都很发达。美国和日本的金枪鱼围网处于领先水平，不仅渔船大型化，而且渔船仪器和机械装备、鱼群侦察技术和渔获物处理技术都很先进。目前世界上中上层鱼类资源潜力很大，还未充分开发，尤其是金枪鱼和鲣鱼等资源是我们开发的重点。山东青岛中鲁远洋公司从 2002 年开始进行金枪鱼围网生产，揭开了我国远洋金枪鱼围网生产的序幕。

二、围网特点

（1）渔具规模大，网次产量高。我国 294～441 kW 机轮灯光围网，网长一般为 800～900 m，网高为 160～250 m，网具重达 10 余吨。青岛中鲁远洋公司金枪鱼围网长 2 000 多 m，网高为 300 m，网重 40 余吨，一网能围捕数百吨渔获，属于目前世界较先进的围网。

（2）较适合于围捕密集鱼群。对于群小而分散的鱼群，必须采取诱集手段（如灯诱）才能有效。

（3）捕捞生产技术性强，应用高技术效果好。近年来随着电子、激光、卫星遥感和航空探鱼等技术在围网生产中的应用，使围网的捕捞生产效果有了显著提高。全方位水平探鱼仪和大水深垂直探鱼仪的应用，使围网能瞄准捕捞近底层鱼类。卫星遥感和航空探鱼，使围网船能准确迅速地跟踪围捕游泳速度快的金枪鱼群。

（4）渔船要有机械化、自动化程度高的性能和捕鱼机械。围网作业要求渔船具有良好的快速性和回转性，以适应迅速追捕鱼群的需要。捕鱼操作要求尽可能实现机械化和自动化，以减少逃鱼，提高围捕率，减少劳动消耗，保证安全生产。

（5）围网投资大，成本高，生产好坏盈亏悬殊。因此，要求有较高的生产技术管理水平。

三、捕鱼原理

（一）围网捕鱼原理

围网属于过滤性围旋渔具。其捕捞原理是以长带形的网翼包围鱼群，然后逐渐收缩、封闭网底，并迫使鱼群集中于取鱼部或网囊，从而达到捕捞目的（如图 5—1、图 5—2）。

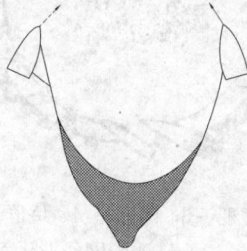

图 5—1　有囊围网作业示意图

图 5—2　无囊围网作业示意图

（二）围网捕捞作业方式

按鱼类集群状况不同，围网作业可分为三种方式：围捕起水鱼群、灯诱围捕和瞄准围捕。

起水鱼群是指受外界海洋环境和自身生理条件的影响，自然集群于水域上层或水面下数米的鱼群。起水鱼群一般是有季节性的，在某些季节里才能集于水面或隐于水面下 1～2 m。

起水鱼群活动性强，经常在水面改变游向，因此一旦发现鱼群，网船必须以最快的速度靠近鱼群，果断地选择放网位置，及时放网包围鱼群。在围捕起水鱼群过程中，要求有熟练、快速与灵活的操作技能。

灯诱围捕是利用某些中上层鱼类的趋光习性，在夜间借助集鱼灯光把它们聚集在灯船周围，形成较密集、稳定的鱼群，然后用围网进行捕捞（图5—3）。

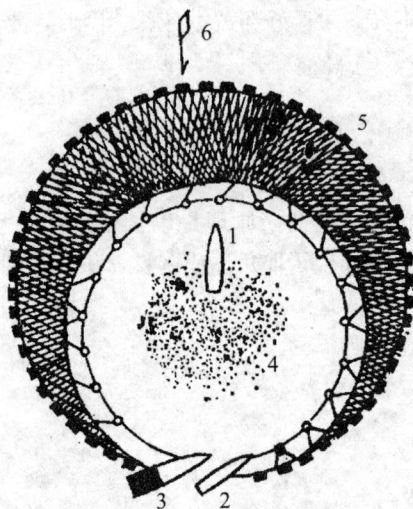

1. 主灯船　2. 副灯船　3. 网船　4. 鱼群　5. 网具　6. 风向
图5—3　灯诱围网作业示意图

瞄准捕捞是围捕水面以下自然聚集的鱼群。因鱼群聚集在较深的水层，肉眼无法发现，必须借助探鱼仪探测其大小和位置。随着现代化探鱼技术的发展，机轮围网渔船大多使用全方位水平探鱼仪，能在360°方向同时进行扫描，可探测2 000 m水平距离内的鱼群，并按荧光屏上鱼群映象实现瞄准围捕，大大提高了捕捞效率。

四、围网的分类

根据我国渔具分类标准，围网类渔具按其结构可分为无囊型和有囊型两种；按作业方式可分为单船式、双船式和多船式三种。

（一）按网具结构区分

1. 无囊型围网　网具由起囊网作用的取鱼部和网翼等组成。中间高，两端低，形状近似长带形。根据取鱼部的位置不同，可分为单翼式无囊围网和双翼式无囊围网。单翼式无囊围网的取鱼部位于网具的一端，其余为网翼，适用于以动力滑车起网的渔船；双翼式无囊围网的取鱼部位于网具的中间，两边为左右对称的网翼，适用于非动力滑车起网的小型船上使用。

2. 有囊型围网　有囊型围网状似拖网，具有一囊两翼（图5—1）。它与拖网的区别在于网囊较小，网翼相当长，网口亦相对较大。其典型代表是大围缯，又称大洋网。双船作业以围为主，兼有张、拖性能，渔获率较高。主要分布于福建、浙江沿海。

（二）按作业方式区分

1. 单船围网　系单船作业，具有操作灵活、行动方便的特点。外海、远洋围网作业都采用单船作业方式。

2. 双船围网　双翼式有囊围网和双翼式无囊围网都采用双船的作业方式。其优点是发现鱼群后，双船围捕较迅速，有利于包围鱼群，尤其是围捕起水鱼时，有一定的优越性。主要用于沿海渔场。

3. 多船围网　如老式的鲐鱼风网、北部湾的赤鱼围网。由于操作不便，已被淘汰。

五、围网结构原理

（一）围网结构原理

单翼式无囊围网的取鱼部位于网具的一端，它是我国机轮围网和北方机帆船围网的主要网型。网具由网衣、纲索、浮沉子及属具组成（图5—4）。

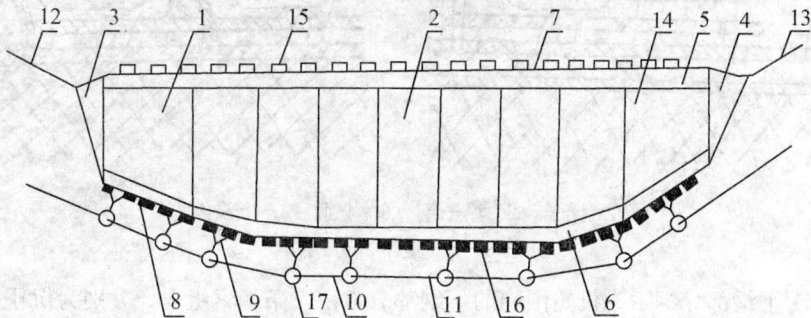

1. 取鱼部　2. 中间网翼　3. 前网头　4. 后网头　5. 上网缘　6. 下网缘
7. 上纲　8. 下纲　9. 底环纲　10. 括纲　11. 承环纲　12. 网头绳
13. 跑纲　14. 后网翼　15. 浮子　16. 沉子　17. 底环

图5—4　单翼式无囊围网结构图

1. 网衣部分　由网翼、取鱼部网衣、缘网衣、网头网衣、加强网条组成。

（1）网翼。在围捕鱼群过程中形成网壁，包围、拦截和引导鱼群进入取鱼部。由于网翼很长，通常分成若干节，每节由矩形网片缝合而成，网线比取鱼部细，网目尺寸比取鱼部大，横目使用。

（2）取鱼部网衣。主要是集拢渔获物，同时兼起网壁作用。取鱼部是围网结构中的重要部位，要求网衣有足够强度，以保证在渔获物所产生的挤压力和操作过程中外力作用下不会破裂。取鱼部网衣采用较小的水平缩结系数和较粗的网线，纵目使用。

（3）缘网衣。分上、下缘网衣，用来增加主网衣边缘的强度，传递、缓冲主网衣张力，防止主网衣与上下纲、浮沉子直接磨损。缘网衣的缩结系数比主网衣小，采用纵目使用。

（4）网头网衣。又叫三角网衣。分前网头网衣（小三角网衣）与取鱼部相连；后网头网衣（大三角网衣）与后网翼相连。其主要作用是传递、缓冲主网衣张力，减少被包鱼群从网具两端空隙逃逸。有等腰梯形、直角梯形和三角形的，横目使用。

（5）加强网条。用来增加主网衣强度，防止网衣破裂扩大，在每节网衣之间，以及横目使用与纵目使用的网衣间。加强网条高度比连接处主网衣高5%左右，加强网条宽5～10目，纵目使用。

2. 纲索部分　纲索是围网网具结构中的重要部件，分上纲部分纲索、下纲部分纲索、收缩部分纲索与网头部分纲索。

（1）上纲部分纲索。由上纲、浮子纲、上缘纲组成。有的网具没有上缘纲。上纲的作用是承受水平方向外力，并固定网具长度；浮子纲的作用是穿结浮子，并承受浮力；上缘纲的作用是穿结上缘网衣，并缓冲来自上纲的作用力。上纲与上缘纲的捻向应相反（图5—5）。

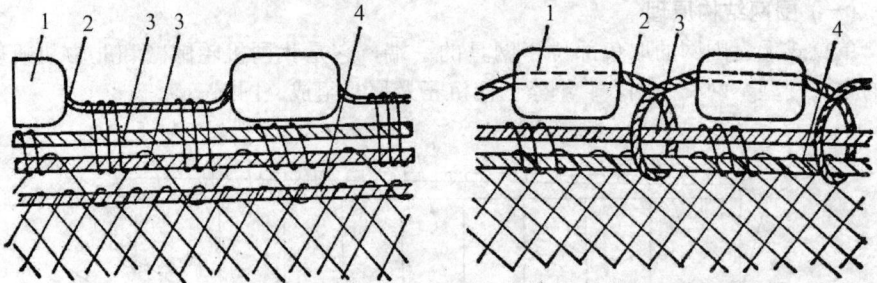

1. 浮子　2. 浮子纲　3. 上纲　4. 上缘纲

图5—5　上纲部分结构

（2）下纲部分纲索。机轮围网的下纲部分常由三条纲索组成，分别为沉子纲、下纲、下缘纲。主要作用是承受外力，穿系沉子和穿结下缘网。下纲与下缘纲捻向相反（图5—6）。

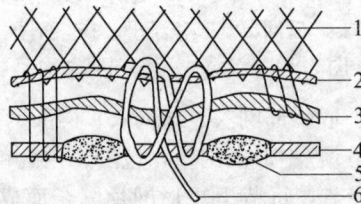

图5—6　下纲部分结构

（3）收缩部分纲索。由底环纲、纽扣绳、括纲、承环括纲组成。底环纲用于连接底环与下纲，能将收绞括纲时的作用力传递给下纲，使下纲集拢，从而封闭网具下部，底环纲的系结形式有Ⅴ型、Ｙ型和Ⅰ型三种（图5—7）；纽扣绳的作用是在动力滑车收绞网衣时，使底环能从底环纲上拆卸下来（图5—8）；括纲用来穿底环，封闭网具底部，为钢丝绳制作。

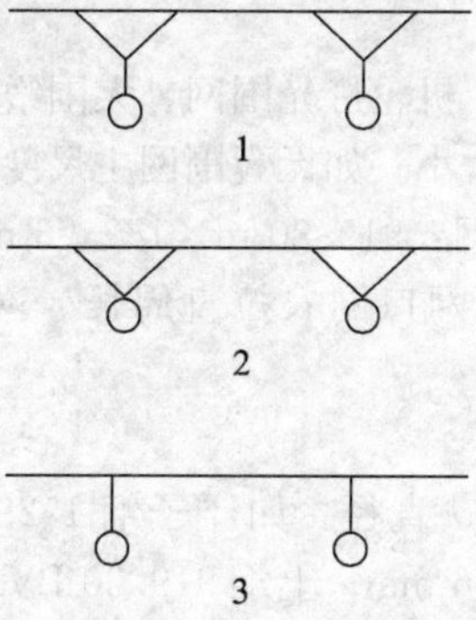

1.Y型　2.V型　3.I型

图5—7　底环纲结构形式

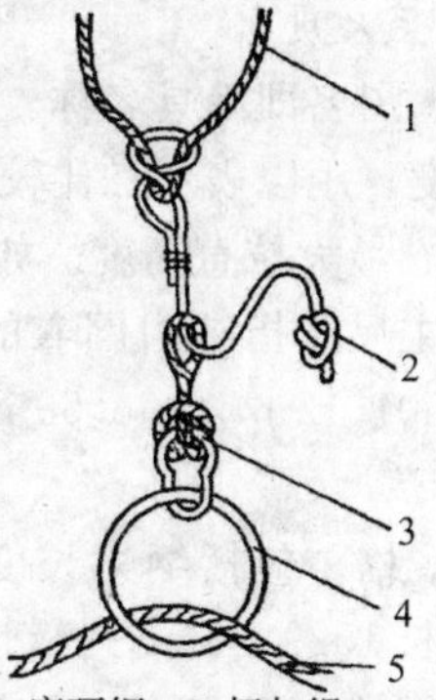

1.底环纲　2.扭扣绳
3.8字环　4.底环

图5—8　底环纲连接示意图

（4）网头部分纲索。由叉纲、网头绳、跑纲组成。叉纲被结附在网具前后网头的上、下边缘，作用是承受并传递外力，一般用乙纶绳制作；网头绳是前网头接出的一根短索，放网时交递带网船用以拖带网具下水，起网时送交起网船以收绞网衣，长50～70 m左右，一般为乙纶绳制作；跑纲与后网头连接，用来扩大网具长度所限定的包围圈，以协调操作（图5—9）。

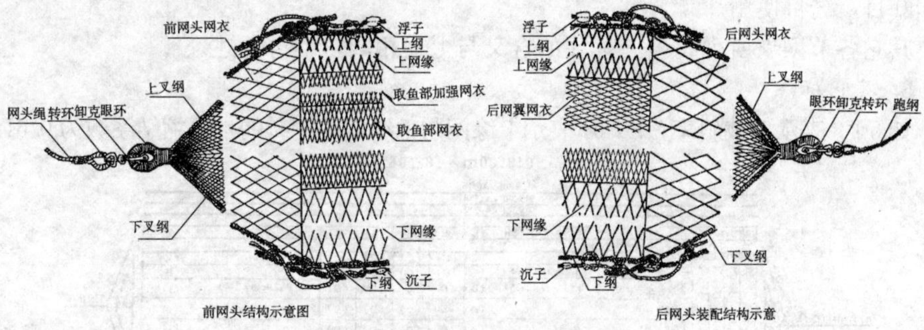

图5—9　前网头结构示意图

3. 属具部分　由浮子、沉子、底环等组成。

（1）浮子。支持网衣在水中的重量，保证上纲浮于水面。由聚苯乙烯或聚氯乙烯泡沫塑料制成，形状有圆球形和圆柱形两种。

（2）沉子。作用是加速网具下沉，并使网衣在水中垂直展开，形成网壁包围鱼群。沉子材料采用铅制，形状为圆鼓形。

（3）底环。用来贯穿括纲，加快收绞，还兼起沉力的作用。底环重量一般为2 kg左右，由直径16～23 mm的圆钢制成。

（二）围网网图识别

围网网图是围网设计的重要技术语言，也是网具制作、装配的主要依据。因此，正确识别网图具有重要意义。现以919.30 m×182.96 m机轮灯光围网网图为例（图5—10）说明如何识别网图。

1. 图名及主尺度

(1) 图名。图名即渔具名称。如机轮围网、机轮灯光围网、大围缯。

(2) 主尺度。用以表示和比较渔具规模的大小。如无囊围网主尺度指结附网衣的上纲长度×网衣最大拉直高度。如机轮灯光围网：919.30 m×182.96 m。

有囊围网主尺度指结附网衣的上纲长度×网口网衣拉直周长×网囊拉直长度。如带鱼对网：501.12 m×396.55 m×83.17 m。

2. 网图标注

(1) 纲索规格。包括纲索长度、材料种类、直径。如浮子纲 1529.30 PVAφ16，即表示浮子纲长 1529.30 m，材料为维纶直径 16 mm；上纲 919.30 PVAφ34，即表示结附网衣的上纲长 919.30 m，材料为维纶直径 34 mm；括纲 1084.00 WRφ21.5 指括纲长 1084.00 m，钢丝绳制直径 21.5 mm。其它各纲索其数字、符号含义同上。

(2) 网衣规格。包括纵横网目数、网材料种类、规格、网目尺寸等。如上缘网衣 PE36 tex20×3—68 SJ，1300 N×10.5 T。表示上缘网材料为 3 股聚乙烯网线，每股由 20 根单丝组成，单丝线密度为 36 特克斯，网目尺寸 68 mm，单死结编结，网衣纵向目数 1 300 目，横向目数 10.5 目，横目使用。

取鱼部 PA23 tex16×2—35，2960 N×550 T。表示网衣材料为锦纶，网线由 2 股捻成，每股 16 根 23 特克斯的单丝组成，网目尺寸 35mm，网衣纵向 2960 目，横向 550 目，纵目使用。

其它各节网衣所列符号、标注的含义与上述相同，不再复述。

3. 其它标注

如 5∶3 表示剪裁斜率；E0.61 表示上缘网与上缘纲装配时的水平缩结系数为 0.61。

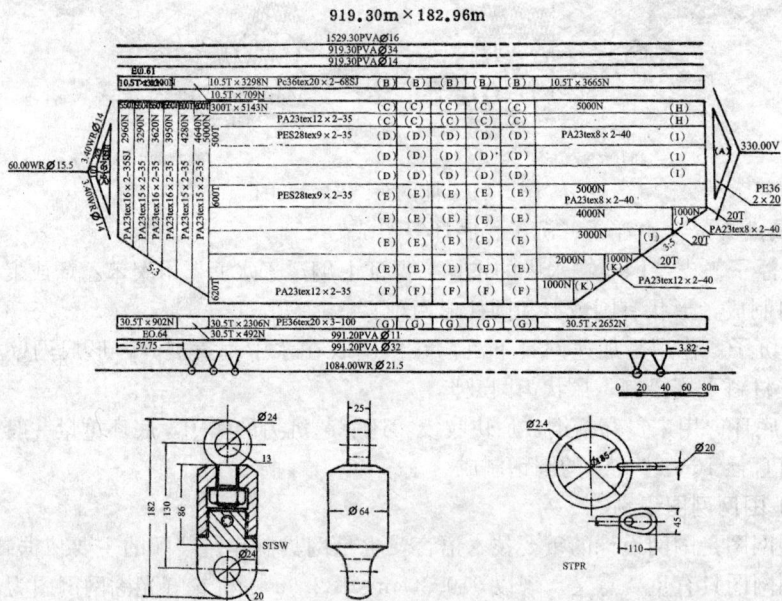

图 5—10　灯光围网

第二节 机轮围网捕捞技术

一、机轮围网捕捞操作

(一) 渔船与渔捞设备

1. 渔船 灯光围网生产通常以船组为作业单位。我国机轮围网一般由网船 1 艘、灯船 2 艘组成。网船的性能要求如下：

(1) 快速性。要求航速快，以利于围捕鱼群，尤其围捕起水鱼群时要求较高的速度。

(2) 回转性能好。操纵灵活，回转半径小，有利于放网操作；网船的舵面积要大，并选用右旋推进器，使其具有自发左转倾向，以便放网。

(3) 稳性好。由于围网网具庞大，捕捞机械设备多，特别是动力滑车悬挂于吊杆上，受力点高，起网时收绞网衣造成船舶摇摆加剧，因而要求船舶具有较好的稳性。

(4) 有足够的续航力，作业机械化程度高，并配备良好的助渔导航设备，供电功率要大。

(5) 有宽敞的网台，可容纳庞大的渔具；增加网台的面积还可降低堆放网具的重心高度，以增加船舶稳性（图 5—11）。

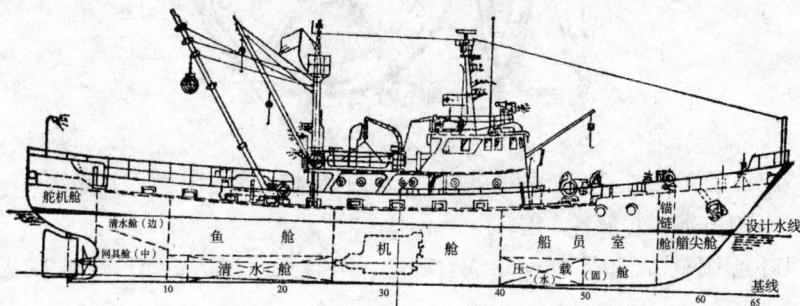

图 5—11 441 kW 围网渔船布置图

灯船的主要作用是探测鱼群和进行灯诱集鱼；在放网时负责带网头；起网时须在网船非起网舷负责拖带网船，以调整网船与网具的相对位置，配合网船进行渔捞作业。

2. 主要渔捞设备 网船配备雷达 1 台，垂直探鱼仪、彩色扫描声呐、潮流计、网位仪、测向仪、定位仪、GPS 和对讲机各 1 台。500 瓦水上灯 4 盏，每舷各 2 盏；1 000 瓦水下灯 4 盏，每舷各 2 盏。网船前甲板设有串联式液压括纲绞机，拉力 5t；船首设有液压起锚机，兼作绞纲，拉力 3t；后甲板设有液压上纲机，拉力 3t；液压动力滑车，拉力 2t；船首设有括纲支架和导向葫芦 2 个（如图 5—12、图 5—13）。

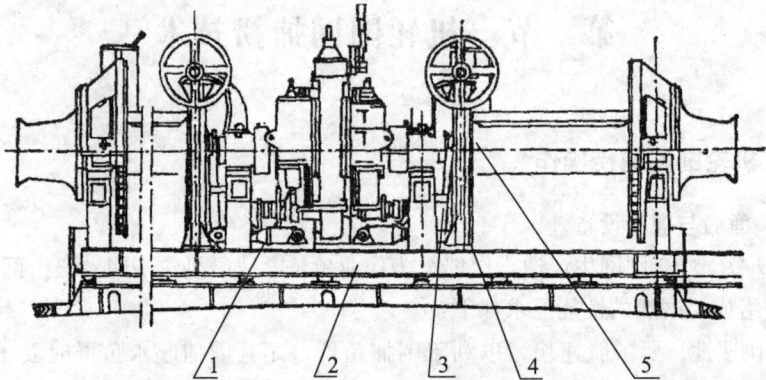

1. 自动排绳变速机构　2. 支架及底座　3. 滚筒离合器　4. 手动刹车机构　5. 轴及滚筒
图 5—12　5 t/60 m 液压绞纲机

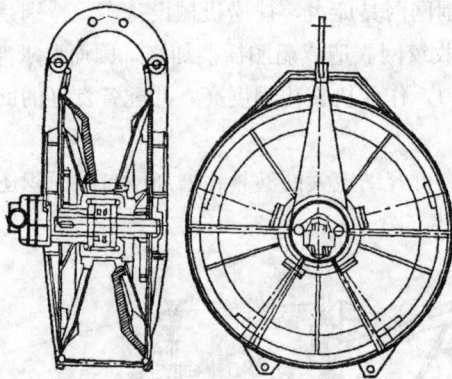

图 5—13　围网起网机

灯船配备定位仪、探鱼仪和对讲机。500 瓦水上灯 8～10 盏，每舷各 4～5 盏；1 000 瓦水下灯 6 盏，每舷各 3 盏。

每组灯光围网需配船员 46～52 人，其中，网船 22～28 人，每艘灯船 12 人。

3. 属具

（1）舷外支架。圆铁制，形状与商船舷舨支架相似，支架上部（甲板以上）直径 133 mm，高 90 cm。下部（甲板以下）直径 118 mm，高 97 cm。支架拐弯处焊接一块三角形铁板，留有 3 个圆孔，孔径 30 mm。架顶焊接一个直径 38 mm 的铁环，供吊挂开口滑车之用。安装于网船左前舷上，每船 2 个。

（2）开口滑车。铁制，壳厚 20 mm，滑轮直径 450 mm，两侧开口，吊挂时可自由转动，2 个。

（3）抄网。无柄抄网，铁圈直径 1.5 米，用乙纶 36 tex10×3 的捻线编结，网目尺寸 60 mm，高 50 目，底部网衣边缘系小铁环 30 个，穿入细钢丝绳。捞鱼时拉紧钢丝绳，捞上后松开钢丝绳，鱼即从网末端漏入渔舱。

（二）放网前的准备

1. 整理、连接网具和纲索　放网前，将网具盘在网台上，先盘后翼端，后盘取鱼部，下纲置于左舷，上纲置于右舷，底环依次排列，括纲由左舷钢丝绳滚筒引出，经滑车穿过底环，将拖缆与网具连接好。把拖缆和括纲引扬纲交给拖带灯船。

2. 选择放网起点　主要考虑网船与鱼群之间的距离，这取决于鱼群的运动状态、风流等因素。用水平探鱼仪测出鱼群的位置和范围，正确选择放网起点。

（三）放网操作

当灯船把鱼群诱集并处于稳定状态后，网船根据风流情况驶到适当位置，将一网头交给副灯船开始放网。当网具放出约 2/3 时，网船改慢车或停车，逐渐接近带网船。网具全部放出后，若不能接近带网船，则投放跑纲。当网船与带网船接近后，网船引过网头绳及括纲引索，准备起网。

（四）起网操作

网船接过网头绳通过锚机迅速收绞，然后将前网头固定于船首系缆柱上，开始收绞括纲。括纲收绞完毕后，底环全部集中在括纲支架的两个滑车之间，把全部底环一次移到固定架上固定，同时将连接滚轴转环的卡环解开，抽出括纲，即可开始用动力滑车收绞网衣。

（五）捞取渔获物操作

捞鱼是起网操作的最后一环，使用的渔具与装备有抄网、三角抄网及吸鱼泵等。

二、灯诱渔法

灯光围网是利用鱼类的趋光习性，借助人工光源把鱼类诱集到光照区内，形成较为密集而稳定的鱼群，然后进行围捕。侦察方式有目视侦察和探鱼仪侦察两种。

1. 放灯诱鱼地点的选择　围网船组进入渔场后，要认真选择放灯诱鱼地点。一般在下午 3～4 时和清晨 3～4 时进行灯诱。

2. 灯诱方法　灯诱时网船和灯船一般排成三角形，采用漂流、抛锚或拖锚三种方式进行诱鱼。三种诱鱼方式的船间距离各不相同，一般漂流诱鱼的间距为 600～1 000 m，抛锚诱鱼的间距为 300～500 m，拖锚诱鱼的间距介于两者之间。

（1）漂流灯诱。适宜于风小、流缓的渔场和鱼群分散时使用。

（2）抛锚灯诱。当探测到较密集的鱼群时，灯船在鱼群中心处抛锚固定船位，然后放灯诱集鱼群。当渔场风大流急、中心渔场范围较小、鱼群比较集中时，采用这种方式较适宜。

（3）拖锚灯诱。当渔场风大流急、鱼群又较分散时，灯船抛出适当长度的缆绳，同时放灯诱鱼，用这种方法来控制漂流速度。

3. 诱鱼操作　利用集鱼灯把周围栖游的趋光鱼群尽量多地引诱到灯船周围，称诱鱼。诱鱼效果除了与灯诱地点、灯诱方式有关外，还与下列因素有关：

（1）水上灯与水下灯的配合。

（2）水下灯的投放与布局。

（3）诱鱼的时间与时机。诱鱼时间的长短与鱼种、鱼群密度、鱼群趋光性、季节、潮流等因素有关，通常需 3 小时左右。一般在半夜前后，潮流平缓时灯诱的效果较好。

一般灯船与网船采取三角形布置，考虑到漂流速度和方便放网操作，通常主灯船处在下流或下风位置，网船则位于上流和上风位置。

4. 集鱼与提鱼 为了提高围捕效果，需把诱集的鱼群范围缩得越小越好。目前常用的集鱼方法是减弱灯光亮度或改变灯光颜色。

对于白炽集鱼灯可降低电压，以减弱灯光高度。当鱼群密度增大并且稳定后，开始进行"提鱼"。提升水下灯位置，把处于某水层的鱼群尽量引导到水上层。

提灯的速度和幅度取决于鱼群上升情况。如鱼群能紧跟灯光上升，提灯速度可快些，幅度可大些；反之，要慢些。直到把鱼群提到围网的有效捕捞范围为止。

5. 送鱼 送鱼（亦称交鱼）是灯光围网生产中的一个重要环节。待诱集到相当数量的鱼且趋于稳定后，以诱集最多的灯船为主灯船，网船和副灯船以漂流或慢车等方式前进，相继把诱集的鱼群送至灯船。

三、金枪鱼围网捕捞操作

远洋金枪鱼围网主要捕捞对象是鲣鱼（约占 80%），其次是黄鳍金枪鱼，主要作业海域在中西太平洋。日本金枪鱼的年产量为 500～600 kt，美国金枪鱼年产量300～400 kt，作业方式主要是远洋金枪鱼围网。

世界各国远洋围网渔船的保鲜水平日益提高，能在短时间内冷冻和冷藏大量渔获，冻结金枪鱼时空气温度为 −50℃，船上的贮藏温度为 −45℃。

远洋围网渔船可在 100～200 m 水深进行围捕。远洋金枪鱼围网长度一般为 2 000～2 500 m，高度 280～320 m，总重达 60 余吨。网线粗度由原来的 4×16 改为目前大部分使用的 6×16。主网衣网目尺寸由 105 mm 增至 260 mm，取鱼部网目尺寸90 mm，网丝粗度 19×16。主网衣的网材料以尼龙为主，日本船使用绞捻无结节网片。美国、韩国和台湾船使用绞捻有结节网片，两种网片各有利弊，无结节网片下沉速度快，捕捞起水鱼群比较有利，但破网后不易修复；有结节网片破网后易修复，但下沉速度较慢，捕捞起水鱼群不利。上纲用丙纶绳，下纲用尼龙绳，沉子用铁链条。取鱼部在前网头，下纲装有底环链、底环、括纲钢丝绳。上纲分成几段装有铁环和上纲括纲绳，主要是逸放海豚操作之用。

金枪鱼围网作业以美国的生产规模最大，捕捞技术水平和装备较先进。许多国家的远洋金枪鱼围网作业都是从美国引进或仿照而发展的。

(一) 渔船

世界各国的金枪鱼围网作业都采用单船式，渔船总吨位 80～2 000 t 以上。现将中鲁公司金枪鱼围网船"泰寿"轮的基本情况介绍如下表：

表 5—1　　　　　　　　　　金枪鱼围网船舶数据与装备表

装备类别	名称	数量	型号	功率	备注
1. 船舶主尺度	总长	67.36 m			
	两柱间长	59.38 m	m		
	型宽	12.00 m	m		
	型深	5.9 m	m		
	总吨位	1348 t	t		
	净吨位	404 t	t		
	装载量	1000 t	t		
2. 主机	内燃机	2 台	20－645ET	2646kW×900rpm	EMD
3. 辅机	Caterpillar	1 台	D-353	294kW×1000rpm	带300kW发电机1台
	werkspoor	2 台	Diesel	441kW×750rpm	各带510 kW发电机1台
	Caterpillar	1 台	3412	双涡轮 735kW	供液压网机用
4. 冷冻机	Grassi	4 台	氨制冷	80kW	4缸
	Vilter	1 台		184kW	12缸
5. 附属艇	网艇	1 艘		235 kW	
	快艇	3 艘		62 kW	
6. 助渔导航设备	ARPA雷达	1 台	FR-2155		古野
	海鸟雷达	2 台	FR-2130S、FR-2165		各1台，古野
	声呐	1 台	CSH－53		古野
	探鱼仪（测深）	1 台	FCV－1200L		古野
	温度计（海水）		RD－30		古野
	测向仪	3 台	FD-160、TD-L2200		1台古野，2台大字
	航迹仪	1 台	GP-3300		古野
	GPS	4 台	GP-80、GP-31、GP－1810		1台北极星941X古野

装备类别	名称	数量	型号	功率	备注
6. 助渔导航设备	卫导	1 台	NX—500		古野
	放流木电浮标接收仪	2 台			
7. 通讯设备	卫通 B 站	1 台	FELCOM		古野
	C 站	2 台	7001		
	单边带	3 台			
	对讲机	10 台			
	气象传真机	2 台	FAX—108		
8. 操舵系统			ADG3000VT		数字式

船上配有括纲绞机、上纲绞机和动力滑车各 1 台，其他各种工作绞机 13 台。冷冻能力 200 m³，海水在 24 小时内从 35℃降到 0℃。图 5—14 为金枪鱼围网船。

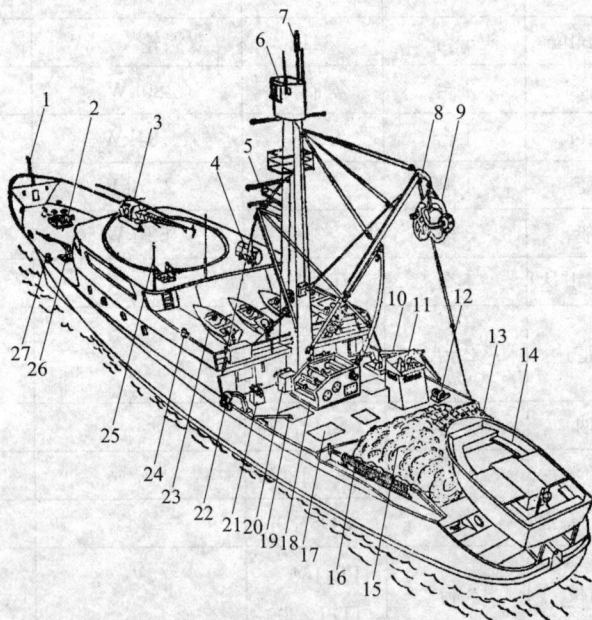

1. 旗杆　2. 锚机　3. 直升飞机　4. 气胀式救生筏　5. 雷达天线　6. 瞭望台
7. 25. 天线　8. 吊杆　9. 动力滑车　10. 伸缩吊杆　11. 烟囱　12. 辅助绞车　13. 围网浮子
14. 带网快艇　15. 围网　16. 底环　17. 鱼舱口　18. 绞车　19. 转动曲臂吊杆　20. 绞车控制台　21. 辅助滚筒　22. 羊角滑轮　23. 拉网、赶鱼小艇　24. 27. 转向导轮　26. 曲臂吊杆

图 5—14　金枪鱼围网船

（二）金枪鱼围网

图 5—15　金枪鱼围网作业示意图

在目前各类围网渔具中，以金枪鱼围网为最大，图 5—16 是美国单船金枪鱼围网网图。

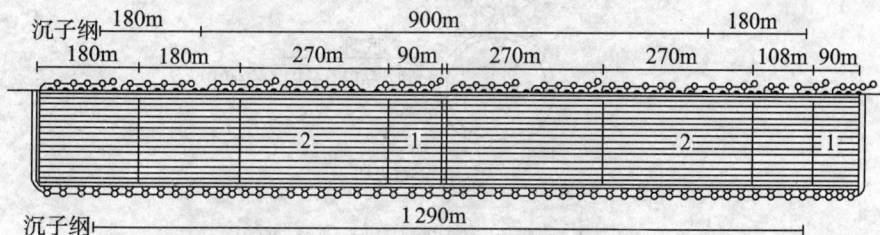

图 5—16　金枪鱼围网网图

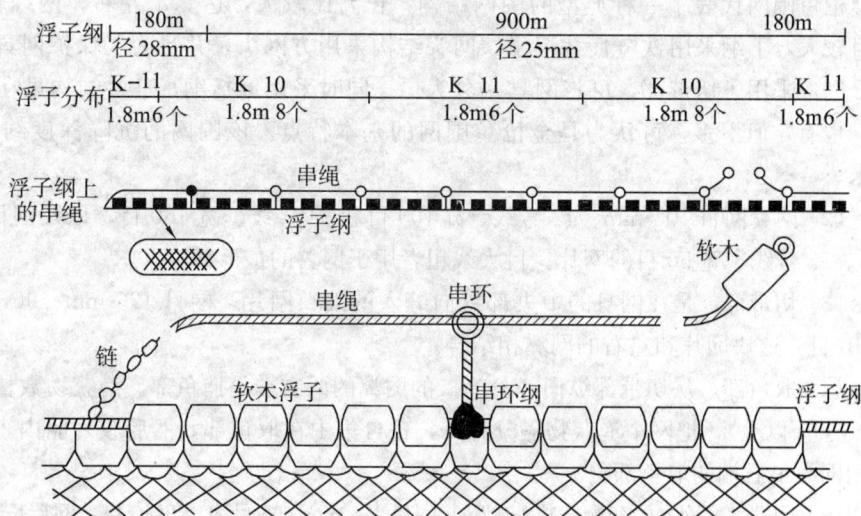

A.浮子方构成

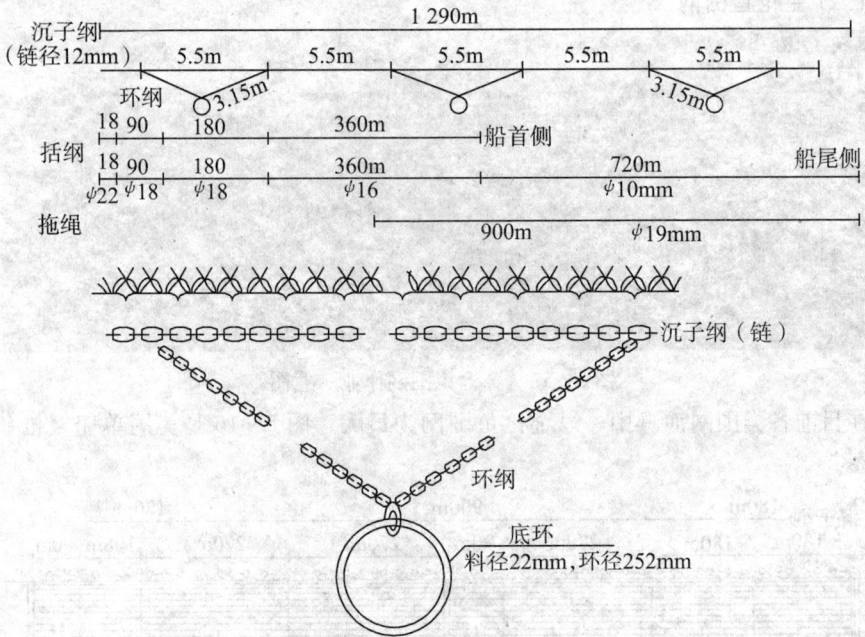

图 5—17　金枪鱼围网浮、沉子纲结构图

（1）网具全长 1 227 m，网高 118 m，网目大小 108-127 mm，缩结系数 0.75-0.854（0.75 为常用），网衣材料为尼龙，下纲材料为链条（直径 9.5-2.7 mm）。美国金枪鱼围网代表了一种典型的围网结构，长高比较大，达 8.4 左右，网线较粗，网目较大，下纲采用铁链代替沉子，网头结构采用方网头，并且为了保护网具，防止暴网，采用了切带部，可将网具一分为二。同时采用上括纲，这些结构虽在其他围网也有，但不多，可认为是金枪鱼围网的基本特点。该围网的沉降深度约为 40 多米。

（2）网翼网目 106 mm、42 号线、宽 100 目和 54 号线、宽 160 目，以及网目 200 mm、72 号线、宽 50 目的网片。目大线粗者用于网翼的最下部。

（3）切带部。是在网身的中央部纵向缝入的细长网片。网目 126 mm、96 号线、宽 10 目。这块网片和左右的网翼相结合。

（4）取鱼部。从切带部纵向一分为二的网翼的两右端是捕鱼部。渔获物数量多时（约 100 t 以上），把网中渔获物隔分为二，各自集中在取鱼部，然后收入船内。通常使用网翼最右端的取鱼部。

（5）网端部。网具的两侧端装配侧网。网目 126 mm、96 号线、宽 10 目、网片长 29 m。

（6）浮子纲部。两端纲 180.0 m 为直径 28 mm 的聚乙烯绳，中央 900 m 为直径 25 mm 聚乙烯绳。浮子为圆柱形泡沫塑料，长 150 mm、直径 175 mm、孔 37.5 mm。

（7）沉子纲部。用尼龙绳（60 号线）把缘网下端和沉子纲（铁链，直径 12.5 mm）连接而成。缘网下端和沉子纲之间相距约 25 cm 左右。也就是尼龙绳从缘网下端下垂 25cm 左右，结在作为沉子纲的铁链上，每隔 4 个链环结一次。

（8）底环连在沉子纲的铁链上，每隔 150 cm 结 1 条，长 630 cm。每 2 条环纲下端相连接处，用尼龙绳把带转环的底环结在环纲上。底环就是括纲所通过的环。投网包围鱼群后收缩括纲，底环就聚集在一处，封闭下方网口，阻止鱼群逃出。

在船尾方面的沉锤有拖绳把网端和本船连接。

（三）捕捞操作技术

1. 鱼群侦察技术

金枪鱼围网海上作业时间主要花费在寻找鱼群方面。由于渔场范围大，船只少，及时掌握信息、快速寻找和发现鱼群是金枪鱼围网生产好坏的关键。为了提高侦鱼效率，目前绝大部分船只都安装了海鸟雷达，一些大型围网船还配备或者租赁侦鱼直升飞机。如果携带直升机，发现海鸟后，可由飞机在空中先进行大范围侦察，发现鱼群或者流木后即电告网船，并引导网船驶到鱼群或者流木附近，由网船根据鱼群大小或者流木下的影像情况决定下一步操作。利用直升机可以节省大量航行时间，提高侦鱼范围和效率。同时，围捕起水鱼群时，利用直升机还可以帮助追赶拦截鱼群，提高投网命中率。没有侦鱼飞机的围网船其侦鱼技术与鲐鱼围网的侦鱼技术基本相同。首先根据历史资料、现场水文、气象条件和生产经验及得到的信息，初步判断本航次的作业海域，到达渔场后，全体可动员的船员登上各处制高点，借助望远镜观察海面，寻找成群海鸟活动场所，然后寻找起水鱼群或者流木等。发现鱼群或流木后网船立即驶到其附近，用人眼及声呐进一步判明鱼群大小、密度和深度。如果起水鱼群群体大，较稳定，就立即放网捕捞。如果鱼群群体小，游速快，一般不放网。此时可以根据情况把制成的人工流木抛入海中，同时在漂浮物上扎无线电发报机；如果是流木，可由工作艇在其上绑扎无线电发报机，后网船继续到别处寻找鱼群；下半夜至天亮前，根据测向仪测出的流木的方位寻找流木，然后将灯艇放到流木处，放水下灯集鱼一到两小时后放网。经过长时间漂流后的流木能聚集数量较多的鱼群，而且稳定，围捕效果较好。

鱼群游动状态也可依海面的白沸、水波和跳跃等判断。所谓白沸，就是鱼群在表层捕食饵料动物时，水滚动像开水沸腾的形状。所谓水波是指鱼群在水面下游泳时形成水面的振动波，它和周围海面有不同的波形。所谓跳跃是指鱼自水中跳出水面。再则鱼群的上空，往往有飞鸟跟随捕食表层的小鱼。

2. 投网

发现鱼群就要全速接近，船长（渔捞长）识别鱼群的种类、大小、状态、游泳方向等，考虑海流、流向、风向和波浪等因素，决定操船和投网的方法，通知全体船员到各自负责位置准备投网。在中西太平洋地区因为常年风浪较小而水流较大，所以主要考虑流速和流向。根据风、流和鱼群位置而决定放网起点,由工作艇带网头,网船放网包围鱼群。网放毕后,接过工作艇的网头和括纲引绳。随后,括纲绞机、前后网头绞机等设备根据操作需要而开动,网船同时用侧向推进器和一号工作艇的牵引调正船与网形的相对位置。

在船长下令投网时,船尾甲板上的鹈鹕钩放开。这时与围网连接的小艇,从船尾拉着围网的一端,由船尾的滑道降入海中。网船一面注意鱼群动态,一面调整船速和航向,迅速投网,包围鱼群。同时小艇开船拉着网调整投网的包围圈。当网船包围鱼群回转到小艇的位置则投网完毕。

3. 起网

括纲绞收结束后,二号工作艇(灯艇)关灯并把被包围在网圈中的流木拉出网圈,用动力滑车起网。起网过程中,有时候还需要进行放走海豚的操作,由于海豚喜欢和金枪鱼混栖在一起,围捕金枪鱼时会把海豚一起包围进网圈内,海豚是国家级保护动物,严格禁止捕捞和伤害,不允许等到捞鱼时才把海豚放走,而是要在起网时边起网边进行放走海豚的操作。其方法就是当海豚在网圈内游近某一部位上纲时,由工作艇将靠近这一部位的上纲括纲拉至网船,由网船收绞上纲括纲,使上纲集拢而且下沉,形成一个缺口,使海豚逃逸。此时如果金枪鱼也要从缺口处逃出网圈,网船应立即松放上纲括纲,上纲上浮,缺口消失,防止金枪鱼逃出网圈,如此操作多次,基本上能把海豚放走。

起网的第一步是收紧括纲。先让小艇接近网船左舷船首,网船停止行驶,把准备好的引导纲绳一端牢固地结在船侧起重滑车上,沿着外舷侧到左舷船首,自船首投给小艇,小艇渔工就把引导纲绳与结在船首侧沉锤上的中间拖拉纲端部相连接,然后交给网船。

网船把中间拖拉纲拉进作业甲板,用拉上括纲用的船侧起重滑车卷入纲绳的一端,把船首侧浮筒用船侧起重滑车拉到舷侧附近,把结在它上面的绳索挂在舷边系绳索的柱子上,然后把沉锤吊下,并固定在那里。

解开结在括纲一端的强韧纲索,把括纲和卷扬括纲的绞车前鼓轮上的纲绳连接。卷上括纲并把船尾的跑纲、括纲也同时卷上。

收紧括纲完毕,则底环集中在括纲的中央部分。括纲的卷入是船首和船尾双方调节着卷入的,底环是舷侧起重滑车的正下方卷上来的。直到收紧括纲完毕为止,快艇继续在网口附近往复行动,小艇则在网的相反方向拖引网船。

收环工作完毕就开始起网。船尾方面的网端部通过动力滑车,自动卷上船。网被整理堆积于船尾的网台上,网台的右侧放置浮子纲,中央放置身网,左舷放置沉子纲。网绳穿过底环,并列在舷边,然后把括纲通过底环。起网到最后的取鱼部时,小艇停止对网船的拖引,接近到网船的左舷方面,将取鱼部的浮子纲收到小艇的右舷,牢固结缚,开始抄鱼。由工作艇协助拉开取鱼部上纲,网船用三角网捞鱼,鱼直接倒入冷海水舱保鲜，渔获物处理完毕后，起上取鱼部网衣，至此完成网一次的捕捞操作。

4. 盐水冻的配制与冻结技术

金枪鱼围网作业渔场在赤道附近，天气炎热，海水温度高，鱼体的温度也高，冷冻不及时鱼容易变质，主要是鱼肉生成大量组胺酸，肉体会产生海绵状肉。围网捕捞的渔获物主要是作为制造罐头的原料，对鲜度要求极高。根据围网船网次产量大的特点，为了能及时进行冷冻，围网渔船使用先进又保鲜的盐水冷冻渔获物，俗称 BRINE 法冷冻。渔船出航以后，以干净海水加一定比例的盐，配制成盐度为 $24\pm2\%$ 的海水，并预冷至 $-5℃\sim-7℃$。捞上船的渔获物立即送至盐水舱冷冻保鲜，此过程应注意随时检查盐水浓度及盐水冻的温度，以确保渔获物的鲜度。在盐水舱冻结好的鱼货要转移到冷冻储藏舱，冷冻储藏舱温度应随时保持在 $-18℃\sim-22℃$ 之间。

第三节　围网捕捞事故的预防与处理

在围网作业过程中，渔场风流条件差、操作不当、相互间配合不协调、违反安全操作规定等都会造成渔捞事故。渔捞事故不仅损坏网具、影响生产，而且对人身安全带来危害。因此，加强安全生产教育，学习渔捞事故的预防措施和妥善处理方法具有重要意义。现将围网生产中的主要渔捞事故及其预防和处理方法介绍如下：

一、网衣与下纲、括纲缠绕（俗称滚底纲）

（一）事故主要原因

（1）放网时没有掌握好风流方向，网衣入水后在水流冲击下堆积在下纲内侧，因而在收绞括纲时，网衣与下纲、括纲发生缠绕。如果括纲过早收绞，网衣仍在沉降之中，亦易发生该事故。

（2）松放括纲时，括纲松紧程度掌握不妥，使松放过程中括纲弹跳，缠绕网衣。

（3）在双重流的海区作业，由于表层与底层流向不同，易产生滚底纲。

（4）潮流急时括纲收绞不及时；括纲连接处不光滑。

（二）预防与处理方法

（1）放网前正确掌握风流方向，选择适宜落网点。

（2）正确掌握括纲松放速度，采用"两头松、中间紧"的方法；在开始放括纲时，先用人力拉出一段括纲。

（3）放网操作中舵角变化不要过大。

（4）发生滚底纲事故时，首先要弄清网衣与括纲缠绕的情况。可在舷外处理的，吊出舷版进行处理；缠绕严重时，应将缠绕部分全部吊到甲板上处理，或是继续收绞另一端括纲，迅速封闭网口后，再将缠绕部分全部吊上甲板。

二、网圈包围网船（网包船）

（一）事故主要原因

（1）放网时对风流影响考虑不周，或是收绞括纲时，受括纲张力与网具水阻力作用，网船向网圈相对移动，被网圈包围。严重时网衣缠绕在螺旋桨上，浮子纲被压入船底。

（2）带围操作是起网中的一个技术环节，带围船拖曳不当会导致网包船事故。

（二）预防与处理方法

（1）放网前要充分考虑风、流的影响，网圈尽可能放成椭圆形。

（2）起网时采用旋转式带围法，可减少网包船事故。

（3）发生事故时，立即停止收绞括纲，将取鱼部或网翼的浮子纲绕过船尾或船首，并拉到船上暂时堆放，然后用带围船将网船拖离网圈。

三、网具钩挂海底障碍物（围挂）

（一）事故主要原因

（1）对海底情况不清楚，或虽知道有海底礁石等障碍物，但对风、流影响估计不足，在风、流力作用下，网具漂移后钩挂在礁石等障碍物上。

（2）探鱼仪记录映像判断错误，把暗礁等映像误认为贴底鱼群映像。

（二）预防与处理方法

（1）放网前应认真核实海图，了解渔场的底质、潮流等基本情况。

（2）掌握判断鱼群映像和暗礁等非鱼群映像的方法。

（3）发生围挂事故后，不要盲目行动，应分析其原因，有时流速减慢后，有可能把网具拉离障碍物。不能轻易抽解括纲，一定要力争减小网具损失程度。

四、括纲断裂

（一）事故主要原因

（1）括纲收绞速度不当，产生过大的动载荷使括纲断裂。

（2）在大风浪时，或是在拖带时使收绞力剧增，导致括纲断裂。

（3）括纲规格不合要求或已到使用期限。

（二）预防与处理方法

（1）正确掌握括纲收绞速度，在大风浪时应慢绞或暂时停绞，在拖带时应停绞。

（2）经常检查括纲质量，发现问题及时解决。

五、网破

(一) 事故主要原因

(1) 网具装配时，部分网衣缝缩不当，使该部分网衣受力不均，产生应力集中现象，导致网破。

(2) 网台不光滑，括纲断丝有刺，起放网过程中钩挂网衣，使破损不断扩大。

(3) 破网的"小洞"没有及时修补；缝线强度不够。

(4) 灯船操作不慎，网圈内未及时提升水下灯或离开网圈时螺旋桨钩破网衣。

(5) 运输船捞鱼靠傍时冲入网圈，造成网破鱼逃。

(6) 捞鱼时取鱼部网圈过小，造成鱼群挤压、网衣破裂。

(7) 网衣使用期限已到，网材料老化，导致抗拉强度不合要求，网衣破损。

(8) 括纲收绞操作不当，使网衣受力过大破裂。

(二) 预防与处理方法

(1) 装配网具时对工艺要求必须严格，正确选用缝合线。

(2) 起网时认真检查纲索连接和网衣缝合，及时修补"小洞"。

(3) 要根据渔获量多少，收拢取鱼部网衣，以免鱼群过于挤压而导致网破。

(4) 运输船捞鱼靠傍、带围船拖曳、灯船的灯诱作业、括纲收绞操作都应听从指挥，密切协调，增强责任感。

第六章　钓渔具

第一节　钓渔具结构与分类

一、钓渔具概况

钓渔具是人类捕鱼最早的捕捞工具之一。我国早在六千多年前就有了骨制的钓钩，三千年前已经出现了铜制的钓钩。在商周时期就有"钓之六物"（即钩、线、竿、饵、浮子和沉子）的记载。

钓渔具分布很广，我国沿海各省市都有，内陆、江河、湖泊和水库均有使用，亦是海洋捕捞的重要渔具之一。

钓渔业也是世界远洋渔业的四大作业方法之一，在远洋渔业中发展最早。它结构简单、操作方便，投资小、成本低，渔场适应性广。近年来以日本、美国、韩国和我国的钓渔业发展迅速，作业渔场遍及太平洋、大西洋和印度洋。主要捕捞对象有石斑鱼、鲷类、鳗鱼、金枪鱼、鲣鱼、旗鱼、鲑鱼、鱿鱼和鲨鱼等。

二、钓渔具捕鱼原理

将钓渔具设置在捕捞对象洄游通道上，利用钓钩上的饵料，诱鱼吞食上钩；或利用密集锐利的空钩使捕捞对象误触钩挂，或利用装饵的弹卡，使鱼吞食卡挂达到捕捞目的。

三、钓渔具特点

（1）钓渔具结构、捕鱼操作简单，容易制作，规模小，成本低，劳力少。

（2）对渔船、动力、捕鱼机械设备要求不高，小渔船也可作业。

（3）不受渔场环境条件限制，在不适合于网渔具作业的海区，也可以进行有效的捕捞生产。

（4）捕捞对象广泛，可钓捕上、中、下各水层的集散鱼类。渔获个体大，质量、鲜度好，有利于资源的繁殖保护。

（5）它是捕捞分散大型鱼类、游泳速度快及反应灵敏鱼类的良好渔具。

（6）在鱼群密集的海区，钓捕效率不如网渔具。钓饵消耗量大，若储备不足难以进行连续性生产。

四、钓渔具的种类

（一）按作业方式分类

可分为垂钓（手钓、竿钓）、曳绳钓、漂流延绳钓和定置延绳钓4个式。

1. 漂流延绳钓　又称延绳钓，是钓具中最主要的一种，其分布广、产量高。钓具的基本结构是在一条干线上系结许多等距离的支线，支线末端结有钓钩和饵料，利用浮、沉子将其敷设在一定水层。作业时随流漂动，一般适用渔场广阔、潮流较缓的海区作业。如金枪鱼延绳钓和鳗鱼延绳钓。

2. 定置延绳钓　其结构形式与漂流延绳钓相似，其不同点是用锚或沉石将其固定于海底，适用于水流较急、渔场面积狭窄的海区钓捕底层鱼类。

3. 曳绳钓　用船拖曳钓具，以钓捕大型且游速较快的鱼类为主。其基本结构为一线一钩或一线多钩。

4. 垂钓　包括手钓和竿钓。竿钓的使用范围较广，内陆水域和沿海均有，大洋中捕捞鲣鱼等大型鱼类也采用竿钓。手钓是用手直接握着钓线的一种钓具，光诱鱿鱼钓是一种手钓方式，自动钓机捕捞鱿鱼也属手钓的一种。

（二）按钓具的结构分类

可分为真饵单钩、真饵复钩、拟饵单钩、拟饵复钩、无钩和弹卡等6个型。如图6—1和图6—2。

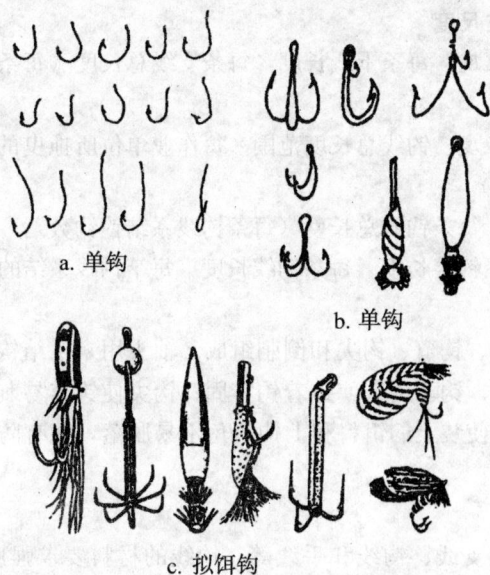

a. 单钩

b. 单钩

c. 拟饵钩

图6—1　钓钩结构图

a.漂流延线钓

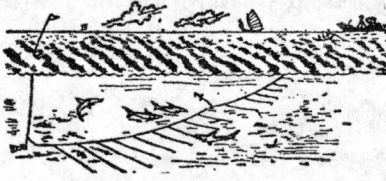
b.定置延线钓

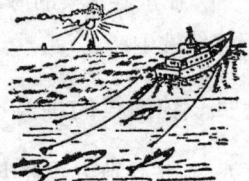
c.曳线钓

d.竿钓

e.手钓

图6—2　钓钩作业示意图

五、钓渔具结构与装配

钓渔具类型很多，其组成部件主要有钓钩、钓线、钓竿、沉子、浮子和其他属具。由这些部件进行适当搭配，就可以组成不同类型的钓渔具。

(一) 钓渔具的主尺度

1. 延绳钓具主尺度　每条干线长度×每条支线总长度（每条干线系结的钓钩数或饵料数）。

2. 曳绳钓具主尺度　钓线总长度范围×每作业单位所拖曳的钓线总条数（每作业单位所拖曳的总钩数）。

3. 垂钓主尺度　每条钓线总长度（每条钓线系结钓钩数）。

4. 竿钓主尺度　钓竿长度×每条钓线长度（每竿钓线系结的总钓钩数）。

(二) 钓钩

钓钩一般由钩轴、钩弯、钩尖和倒刺组成。轴头用来系结钩线，轴身用来防止鱼类吞过深和摘鱼方便；钩弯用来使鱼着钩牢固；钩尖使钩容易刺入鱼体；倒刺是钩尖内侧的逆向尖刺，它使装上的饵料和上钩的鱼不易脱落，并有防止鱼吞钩过深而退钩麻烦等作用。

(三) 钓线

钓线分为干线、支线、钩线和手线等。钓线的材料要求强度大、弹性好、柔软、透明度高不易被鱼发现、耐腐蚀和不易老化。

1. 干线　它是承受钓具全部载荷及伸展作业范围的主干索，用于延绳钓具。干线总长有数千米，为了便于搬运和收藏，通常由数百米长的一根或几根连成一组，纳入筐中或竹夹内，称为一筐或一夹。

2. 支线　它是干线与钩线的连接线，无干线时支线成为直接的钓线，用来承担钓钩重力、鱼类挣扎力以及水阻力等负荷。

3. 钩线　它是支线的延伸部分，直接与钓钩连接。用来防止鱼类咬断钓线，要求强度大、耐磨、耐冲击等，通常采用强韧的合成纤维材料或金属制成。

4. 手线　手线是钩线的接续部分，一端持于手中或固定于船上，它承担渔具和渔获的重量并调节作业水深。

(四) 钓竿

它用来扩大垂钓范围，并借助钓竿的弹性缓冲上钩鱼的挣扎力，以防止钓线断裂。

(五) 浮子、沉子和其他属具

1. 浮子　浮子是用来保持钓具处在一定水层，并可缓冲上钩鱼类的挣扎力。在手钓和竿钓时，借助观察浮子动态，推断鱼类是否上钩，以便掌握起钓时间。浮子的材料大多为塑料，也有使用竹、木制作。

2. 沉子　沉子的作用是配合浮子保持钓具在水中的深度，在放钩时又能使钓具迅速下沉；在有水流的水域作业时，它可减少钓线在水中的弯曲形状。沉子材料多采用铅、锌、陶土、砖石等。

3. 其它属具　有浮标、浮筒、锚碇、沉石、转环、钓筐和抄网等。

(六) 钓具的装配

1. 钓钩与钓线的连接　根据钓钩轴头的形状可分为环形或钻孔轴头、扁平轴头、直轴形轴头等三种不同的连接方法，如图 6—3。

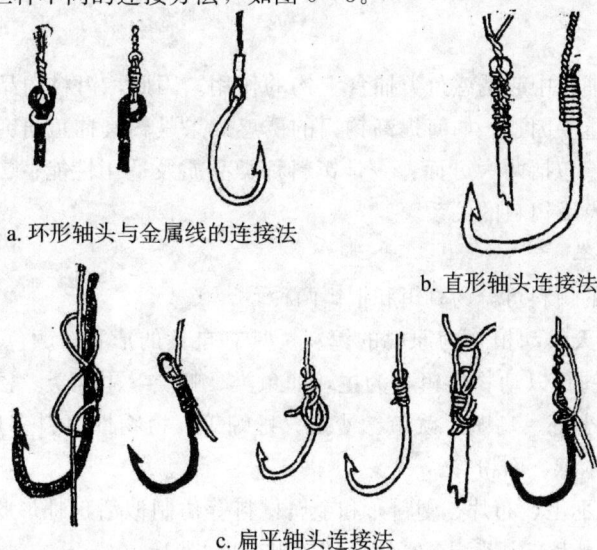

a. 环形轴头与金属线的连接法

b. 直形轴头连接法

c. 扁平轴头连接法

图 6—3　钓钩连接

2. 线间的连接　钓线间的连接分为干线与支线的连接、钓线与钓线的连接、钓线与钓钩及金属的连接，如图 6—4。

a.干线与支线的连接

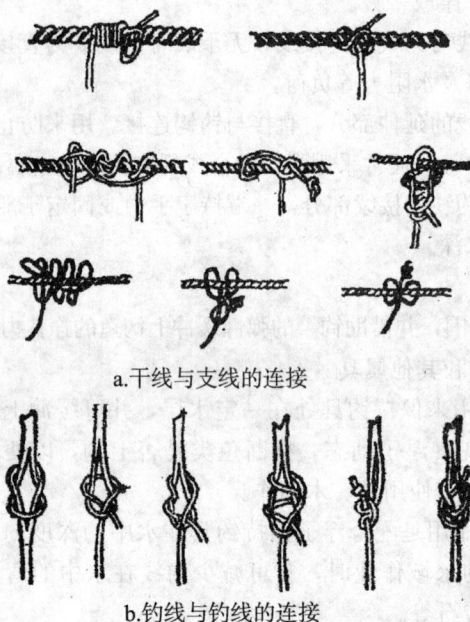

b.钓线与钓线的连接

图 6—4　干线、支线和钓线之间的连接

3. 主要属具的连接　属具的连接依属具材料、作业方式不同而连接方法有所不同。

六、饵料

饵料在钓具捕鱼中起诱惑鱼类捕食上钩的作用。因此，饵料的品质及适用性能是影响钓获率的重要因素。如何提高钓饵的诱惑效果是钓具捕鱼研究的重要技术课题。研究内容大致包括两大方面：一是饵料种类品质及适用性能；二是鱼类生理状态、摄食行动特点及饵料的关系。

(一) 饵料种类

国内外使用的饵料可分为真饵和拟饵两种。

1. 真饵　以天然动植物为原料的饵料。具有自然的形状、颜色、香味和活力，适用性广。海洋钓具以动物性饵料为主，如鱼类、虾类、甲壳类、沙蚕类等。常用的有各种小鱼、小虾、乌贼、鱿鱼、沙蚕、蚯蚓等。植物性饵料多用于淡水钓具，如豆粕、酒糟、米糠、面粉等。

2. 拟饵　用羽毛、布片、塑料布和金属材料等仿制似活鱼虾形状，诱惑鱼类捕食的钓饵称拟饵，生产中若配合真饵使用效果会更好。

(二) 鱼类摄食行动与饵料关系

鱼类对饵料的摄食行动与鱼类的生理生态特点有关，尤其是感觉器官和生态环境对摄食行动的影响更大。

1. 视觉与饵料的关系　海洋中上层鱼类一般视觉灵敏，有光视觉和色视觉；而海洋底层鱼类一般近视，只有光视觉，没有色视觉；有的鱼类远视，如黑鲷在良好的水质中能看到 50 m 远的饵料，并能判断直径为 2 mm 的钓线的存在。为了提高钓捕效果，对于近视鱼类，应选用鱼类所喜欢的光泽、形状和动作的饵料，来引起鱼的摄食反应；对于视觉灵敏和远视的鱼类，也应选用光泽、色泽、形状和动作的饵料，而使钓线尽量不被鱼类发现。钓捕上层鱼类的钓饵颜色，一要力求适合鱼类的嗜好，二要采用比环境色对比度大的色彩，以便更有效地刺激鱼类的视觉反应。生产实践表明，在蓝色的海水中，采用鲜艳、闪烁的色彩比灰暗色彩钓获率要高。

2. 嗅觉、味觉与钓饵的关系　钓饵的气味直接关系到鱼类是否吞食。某些嗅觉、味觉敏锐的鱼类，用视觉发现并靠近钓饵，但若钓饵气味不适，它仍不吞食。

3. 触觉与钓饵的关系　鱼类触觉分布在触须和侧线上。头足类的触觉都较发达，如枪乌贼常用触手先探检食物是否适宜后才摄食。对于触觉发达的鱼类，必须注意饵料的软硬、粗细、黏滑和新鲜度，以提高钓捕率。

4. 听觉与钓饵的关系　大多数鱼类都有感声器官，分布在内耳、侧线和鳔上，能感受声波振动。在钓渔业中，有的采用声响诱鱼上钩、投饵作声诱鱼上钩、拟饵加拨水器作声诱鱼等。

(三) 鱼类生态环境与饵料的关系

鱼类的生态环境，对鱼类的摄食行动是有影响的。例如，有的鱼类在不同的生活时期，其食性会发生变异。幼鱼和成鱼对饵料有不同的嗜好。在生殖、索饵和越冬的不同时期，会出现饱食、饥饿和厌食，因此对钓饵的摄食行动产生较大的影响。水温的变化常会制约鱼类的摄食行动。水温适宜，摄食强度大，对钓饵较不挑剔。水温不适宜时，对钓饵的形、色、味要求较高。

(四) 饵料装钩要领

鱼类对饵料的摄取，各有不同姿态，如吞食、啄食和抢食。方式也各不同，有从正面、侧面或水平方向，有仰、俯等不同方向来夺取饵料。因此饵料装钩的方式必须适应鱼类的不同摄食特点，以保证装钩的牢固和上钩效果。装饵应注意如下要点：

(1) 装饵要牢固。但在丰产和使用饵料量大的作业时，需兼顾装饵的快捷性。

(2) 装切块饵时，钩尖应通过皮质。大型饵料均须用线扎缚，或用夹具夹住，以求牢固。

(3) 装活饵时，切忌刺在要害部位，以保持其活力。

(4) 装饵时不宜在中心部位直穿，以防饵料在水流作用下产生旋转或摇动，影响诱钓效果。

（5）装小鱼、虾等小型饵料，钩应从尾部刺入，使钩尖向前为宜；装大型饵料，钩需从头部刺入，使钩尖向后为宜。

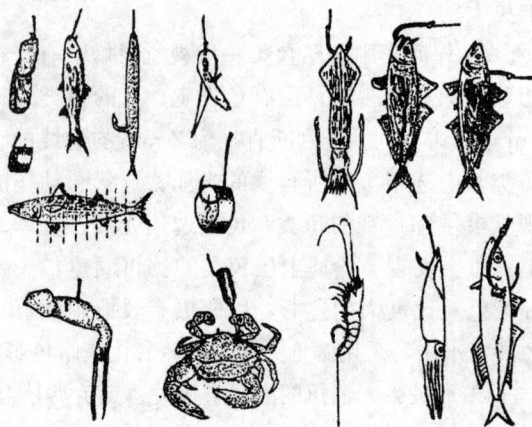

图6—5　装饵示意图

第二节　金枪鱼延绳钓捕捞技术

金枪鱼类是大洋暖水性洄游鱼类，种类多，分布广，是诸多国家的重要捕捞对象。目前捕捞的金枪鱼类约40种，其中主要种类有金枪鱼、长鳍金枪鱼、黄鳍金枪鱼、肥壮金枪鱼、马苏金枪鱼和鲣鱼等。金枪鱼延绳钓是世界远洋钓渔业中较先进的类型。

图6—6　金枪鱼延绳钓作业示意图

一、渔船

金枪鱼延绳钓渔船可分为大型、中型和小型三类。大型渔船为总吨200～400 t，主机功率为550～880 kW，航速10～14 kn。船上装有－45℃至－60℃的超低温速冻装置，干线绞机（每分钟收绞 180～350 m）、投放机（每分钟放 660 m）、放绳钩计数器和理绳机。渔船船员 20～45 人。中型渔船为总吨 50～180 t，主机功率为 220～294 kW，航速 8.5～11 kn。100 t 以上渔船大多有速冻装置和较完善的钓捕机械。小型渔船为总吨 20～45 t，主要在近海作业。如图 6—7 和图 6—8。

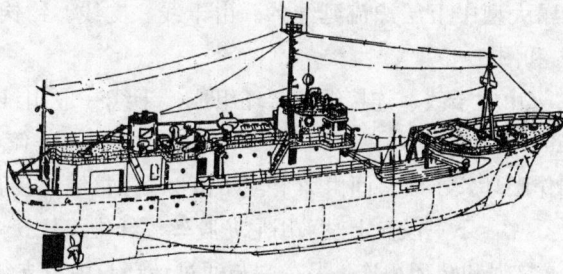

图 6—7　360 吨级金枪鱼钓船布置图

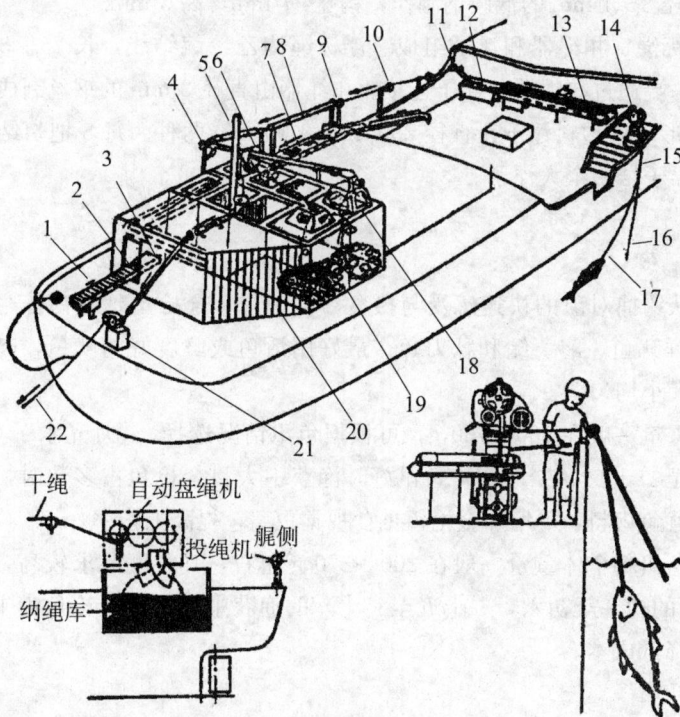

1. 传送带　2. 支绳　3. 传送管　4. 传送滑车　5. 船尾枪　6. 解开滑车
7. 渔具传送带　8. 传送管　9. 传送滑车　10. 承磨环　11. 干绳传送滑车　12. 水槽
13. 传送带　14. 起钓机　15. 收绳　16. 干绳　17. 支绳　18. 绕绳机
19. 干绳库（6—8 个）　20. 支绳库　21. 投绳机　22. 干绳
图 6—8　金枪鱼延绳钓渔船起钓示意图

二、钓具结构

由于渔船船型大小、作业海区、渔获品种、操作设备及操作方式的不同，其钓具的设计和装配的主要尺度也有所不同。

金枪鱼延绳钓属大型中上层漂流延绳钓。由干线、支线、钓钩、浮标和其他属具组成，如图 6—8 和图 6—9。

1. 干线（绳） 由主干线、连接绳和转环组成。干线一般用维纶等纤维材料制成，直径 6～10 mm，每筐长 200～500 m，每船配备 400～480 筐，干线总长 50～200 km。干线两端作眼环，干线之间由 2 个转环和 3 段连接绳连接。

2. 支线 分上、中、下三段。上段采用尼龙胶丝等纤维，长 5～15 m。一端通过弹簧夹与干线上的连接绳和转环相连。另一端与通过转环与中段支线相连。中段支线为外裹钢丝的麻芯线，长 4～10 m。下段支线即钩线为长 2～3 m 的钢丝索。

3. 钓钩 用直径 3～4 mm 的低碳钢制作，钩宽 27 mm，高 3 mm。

4. 浮标 由浮标绳、扣绳器和浮子组成。浮标绳为乙纶编结线，长 25～30 m。一端与干线连接，一端通过扣绳器与浮子连接。扣绳器由直径 2 mm 的钢丝制成，长 121 mm，浮子为球形硬质塑料浮子，直径 250 mm、400 mm 两种。每 5 把勾结一个浮子，每隔 4 个小浮子结一个大浮子。

三、钓饵

选择钓饵必须从钓捕对象的快速感受与摄食习性考虑，金枪鱼延绳钓普遍选用的钓饵主要为速冻鲜鱿鱼、鲹、鲐和秋刀鱼。最好用活鱼或鲜度好的鱿鱼，肉质要坚实，光泽良好，大小均匀。

鱿鱼饵料个体重量一般在 160～130 g，可根据鱼汛情况选择。"月光水"（农历的每月初七、初八至二十三、二十四）鱼汛好，渔获中大目金枪鱼占多数时，应尽量选用个体较大的鱿鱼饵料，可增加金枪鱼觅食视觉距离，提高上钓率。

鲹、鲐和秋刀鱼饵料个体重量一般在 200～350 g 左右，其鲜度要求较高。一般在"月黑水"（农历的初一至初六，二十五至三十）的渔获中以黄鳍金枪鱼为主，产量较低时选用，可降低成本。

四、捕捞操作

1. 准备 放钓前先把每筐干线按顺序排列并连接好。检查每条线有无叠乱，防止支线与钓钩纠缠。把浮子按次序放在船尾右边以便传递。饵料挂在钩上要平整展开，不要重叠。

2. 放钓 由于金枪鱼通常是昼间分布于深层，夜间起浮于表层。放钓作业时间按不同的渔场、钓捕对象、季节、海况等条件，选定黎明、午后、日落前后等不同时刻。一般选择在每天日落前后 2～3 h 开始，并在晚上 8 时前投放完毕。其次是早上 7～9 时投钓，下午起钓。投钓作业船速最好控制在 8 kn 左右。

放钓时一定要选好航向，一般以右舷 30°顺风放钩为宜，这样干线容易向左舷抛出。若风小顺流，则以船尾右舷和流向成 45°角顺流放钩。钓线放完后，渔船在干线的上风头抛锚过夜，并随时观测浮标位置。

在选择好渔场而未掌握金枪鱼聚群索饵的中心位置前，应尽量将纲绳投放距离拉长，即直线形放钓，以扩大钓捕水域的面积，或改变投钓方向和变换投钓位置。在掌握金枪鱼聚群索饵的中心位置后，在海况环境允许的条件下，采取"U"、"W"、"C"形进行投钓，以达到围捕鱼群的目的。

放钓深度一般用调整浮标绳长度或支绳长度来控制。一般情况下，支线间距不小于支线长度的 2 倍。过长两支线容易纠缠，过短容易与干线纠缠。支线长度以 20～30 m 为宜。

放钩完毕，巡钓 3～4 h，发现浮标下沉，可能有渔获时，捞起浮标绳，找到有鱼的支线，打开与干线连接的弹簧夹，取下支线将鱼拖上甲板。

3. 起钓 放钓 3～4 h 开始起钓。起钓前要对起钓机传送系统和甲板进行全面检查。以微速、逆风浪、艏与干线成 30°角起钓。起钓航速 5～7 kn。钩上有鱼时要调整拖速，解开支线连接游绳，随鱼的活动慢慢将鱼提上船，不能硬拉，以防绳断鱼逃。

收钓时间应在早上 6 时左右开始，如果推迟收钓时间，将会严重影响渔获物质量。起钓时，首先根据测向仪测出电信标的方位，就找到了钓具。起钓时船首和钓线应有一定交角，当起到鱼时，船速要放慢，并倒车，这样不使鱼游向船底，便于起鱼。起钓均由起钓机来完成，船员只要收支线、浮子绳，整理钓具、取鱼和处理。

4. 海上保鲜 金枪鱼的保鲜质量要求很高。钓到鱼后，首先用木棒或电鱼圈将鱼击昏，立即用刀在鱼鳃部位切开，取出心脏放血，切除尾鳍和背鳍，并从肛门向鱼头方向切 60～80 mm，除去内脏、鳃耙，内外用水冲洗干净，控水 3 分钟后入舱加冰保鲜。

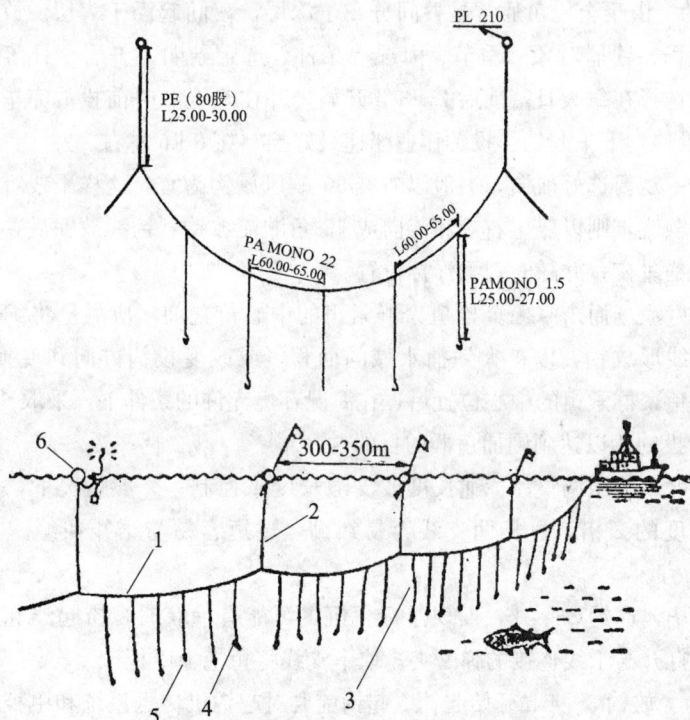

PL 210

PE（80股）
L25.00-30.00

PA MONO 22
L60.00-65.00

L60.00-65.00

PAMONO 1.5
L25.00-27.00

300-350m

6

1

2

5 4

3

1. 干绳 2. 浮子绳（25 m） 3. 支绳（20～30 m） 4. 系钩钢丝

5. 钓钩和饵料 6. 浮子

图 6—9 金枪鱼延绳钓结构图和作业示意图

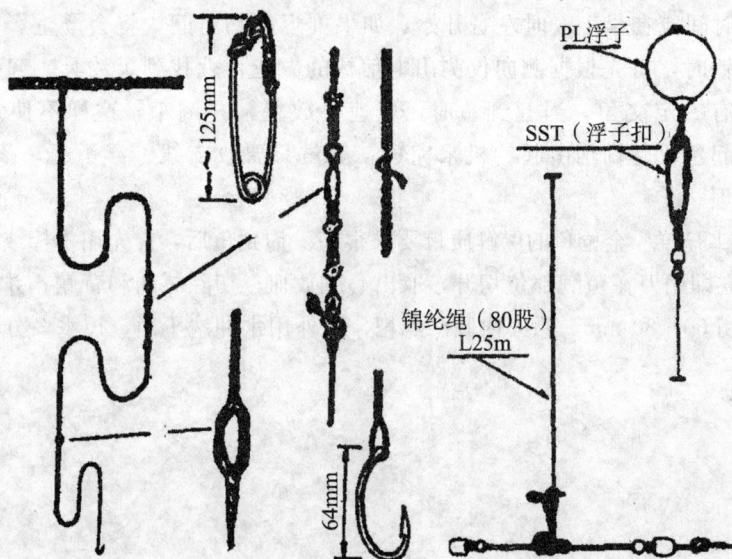

125mm

PL浮子

SST（浮子扣）

锦纶绳（80股）
L25m

64mm

图 6—10 干线、支线和浮标连接图

第三节 鱿鱼钓捕捞技术

远洋鱿鱼钓的特点是：渔船马力、吨位大，捕捞机械化程度高，渔获冷冻快，续航能力强等。捕捞对象以大型鱿鱼为主，如太平洋鱿鱼、澳洲鱿鱼、新西兰鱿鱼、巴特鱿鱼等。

鱿鱼钓属拟饵复钩型垂钓式钓具。采用灯光诱鱼，自动起钓机钓捕和人工手钓两种。主要作业渔场在日本海北部、北太平洋中南部、新西兰和阿根廷等海域。

一、鱿鱼钓具结构（机钓）

鱿鱼钓具由座根线、钓线、钓钩、回转器和沉锤组成。如图 6—11。

1. 座根线（干线） 包塑料钢丝直径一般为 0.9～1.5 mm 或 100 号尼龙胶丝，长 150 m 左右，每台 2 条。

2. 钓线 尼龙胶丝，规格 50～90 号，长 1.05 m，每根 11～30 条。根据鱼汛需要增减。

3. 机钓钩 钓钩为伞形复钩，有红、白、青、橙等颜色。用尼龙线连接成串。材料（胴部）分软体和硬体两种，软体规格 1.17×2、硬体规格 1.0×2，钓钩间距为 0.8～1 m，每根 11～30 把，根据鱼汛需要增减。软体钩能弯曲自如，作业时能减少摩擦，适于机钓。

4. 回转器 黄铜制，粗度 90 mm，每根 2～6 个。

5. 沉锤 铅铁制，每个重 2 kg，每根 1 只。

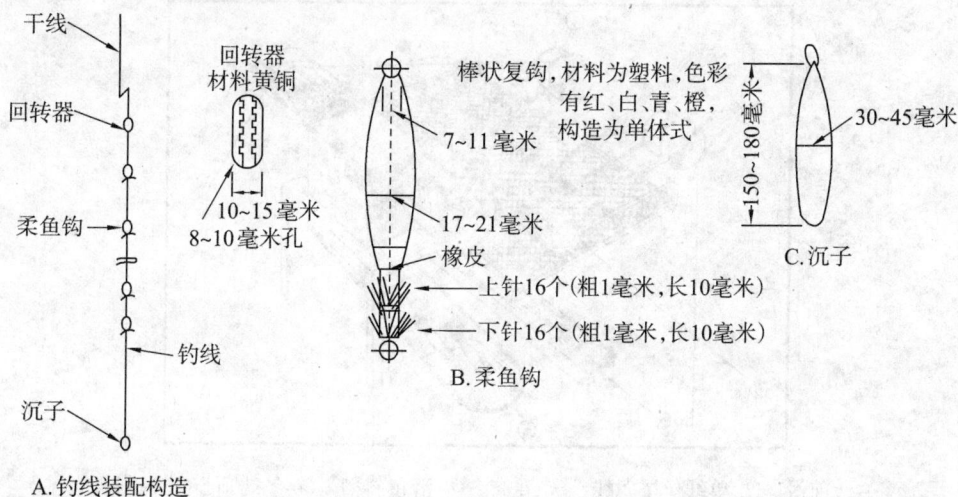

图 6—11 鱿鱼钓具示意图

185

二、鱿鱼钓机及其它

（1）钓机。MY-3DP 型自动鱿钓机，每船 50～54 台。

钓机由主机、卷钓线轮、排匀轮、机座、引导轮和网托架等组成。主机分动力部分、深度控制、自动起线和速度调节四部分。

鱿鱼钓船两舷安装自动钓机，每一钓机接 2 个导向轮的网托架和一台 400 W 的电动机，以驱动两个绕线滚筒。如图 6—12。

钓机主要工作性能为：

① 作业水深可达 0～999 m；

② 卷轮转速为卷扬时 20～99 rpm，卷放时 20～99 rpm；

③ 卷扬力达 80 kg；

④ 能模仿人力手钓的抖动动作，达到诱惑鱿鱼上钩提高钓获率的目的；

⑤ 可自由调整起放钓速度；

⑥ 能自由控制放钓深度，即当钓线放到预定深度时能自动停止，并回转起上；当钓具起上后，又会自动停止并反转方向放出钓线；

⑦ 附有滑动装置，当作业过程中钓线负荷过大，会自行工作，以防止钓线突然破断。

（2）主控电脑 1 台，安装在驾驶室。

（3）集中控制盘 14～16 回路，4 台。

（4）网托架。有两种网托架：0.37 m×0.70 m×4.20 m（铁架），48～52 架；2.2 m×1.77 m（铁架），26～28 架，隔台安装。

（5）集鱼灯。水上集鱼灯，每盏 2 kW，每套 2 盏，78 套；水下集鱼灯，每盏 5 kW，每套大小灯各一盏，2 套。

（6）屏蔽电缆。规格 3×1.25 和 4×0.75 两种，长度由水深决定。

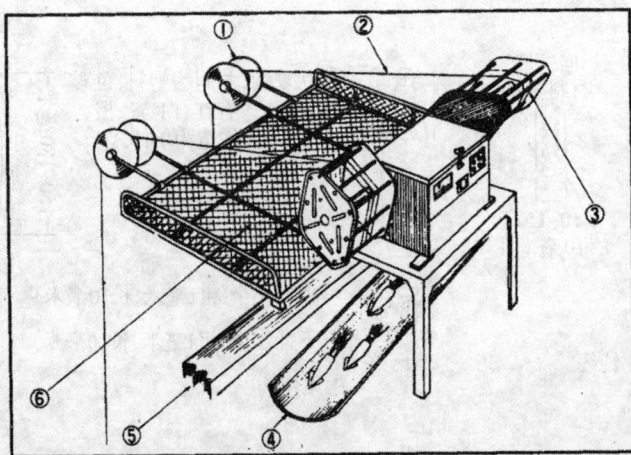

① 前滑　② 单纤丝尾龙线　③ 卷筒　④ 滑鱼斜槽　⑤ 舷墙顶　⑥ 档网。

图 6—12　自动鱿鱼钓机示意图

三、阻力伞（海锚）和尾帆

阻力伞为锦纶绸布制，配有绳索、浮子、沉子和铁链等。尾帆为尼龙布制。如图 6—13。

鱿钓作业时，渔船受风流压的影响，往往会使船漂离鱼群，钓具也易纠缠。在船尾装一尾帆，船首使用一阻力伞可稳定船位，防止渔船漂离鱼群。

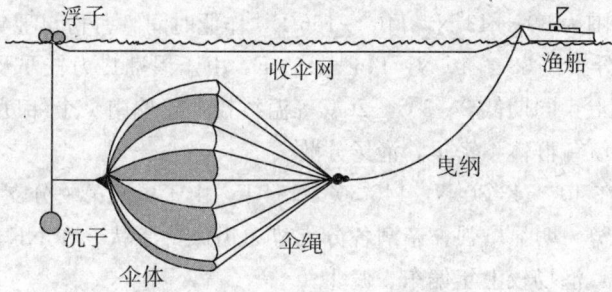

图 6—13　阻力伞结构图

四、渔船

鱿鱼钓渔船主要由 8154 型和 8101 型拖网船改装而成，8154 型前面已介绍过，这里主要介绍 8101 型。船长 41.4 m，型宽 7.22 m，型深 3.7 m，主机型号 8 300C，主机功率 441 kW，设计航速 12 节，总吨 215 t。如图 6—14。

副机 6135Z 型 2 台，功率 120 kW，1500 rpm。发电机 TFX9280L4-H，功率 120 kW，1 500 rpm。发电机 2 台，一台发电供诱钓灯用，一台则给冷冻装置和船上供电。

船上配有雷达 1 台，探鱼仪 2 台，测向仪 1 台，GPS 和定位仪各 1 台。

船舷两侧各设有自动鱿鱼钓机 15 台左右。自船首至船尾设有两列集鱼灯，每盏灯的功率为 1 000～2 000 W，共有 100～120 盏。

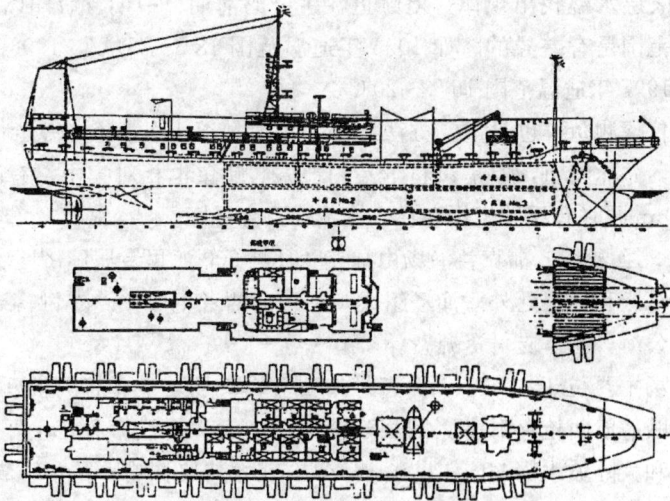

图 6—14　鱿鱼钓船布置图

五、渔场

鱿鱼钓作业主要在北太平洋海域，近几年又开发了福克兰和新西兰等渔场。

1. 北太平洋渔场　主要在 $38°\sim45°N$，$145°\sim173°W$，渔期为 $5\sim6$ 月份至翌年 1 月份。主要捕捞太平洋褶鱿鱼和巴特鱿鱼。

北太平洋主要作业渔区特点：

作业渔场范围为 $39°\sim43°N$，$146°\sim156°E$，作业时间 6 月份至翌年 1 月份。

7 月份船只分布在 $38°\sim40°N$，$146°\sim156°E$，由于黑潮势力较弱及受 5 号台风影响，表层水温比上年同期低 $2\sim3°C$，$20°C$ 等温线较上年偏南 2 个纬度，在 $37\sim38°N$ 停滞时间较长，鱿鱼群体不密集，渔场分散。

8 月份船只在 $40°\sim43°30'N$，$146°30'\sim154°E$，由于黑潮第一分支势力略有减弱，而第二、三分支势力明显增强，亲潮各分支势力仍保持原状，在 $NE\sim SW$ 方向上形成流隔和涡流区，渔场较上年偏东、偏北。

9 月份船只在 $41°\sim43°N$，$150°\sim154°E$，黑潮第一分支基本稳定在 $39°\sim40°N$ 之间，第二、三分支开始出现后退趋势。

10 月份船只分布在 $40°\sim43°N$，$146°30'\sim153°30'E$，渔场水温比上年偏低 $1°C$ 左右，由于黑潮与亲潮势力相对稳定，渔场维持时间较长，至下旬随着亲潮各分支势力的增强，渔场逐渐向西南移动。

11 月份船只分布在 $41°\sim42°30'N$，$146°\sim148°E$，渔场水温比上年同期高 $1°C\sim2°C$，本月进入全面降温期，但降温速度比较平缓，渔场较稳定，鱼群密度大。

水温是寻找鱿鱼渔场的有效方法，太平洋鱿鱼一般在暖水域的前缘，探测表层水温和 100 m 层水温，尤其 100 m 层水温更为重要，在没有能力探测 100 m 水温的情况下，可利用表层水温找出规律。但鱿鱼在生产的前期、中期、后期以及每年之间对水温的适应范围是有差异的。如 1995 年适温范围 $18°C\sim21°C$，1996 年适温范围 $15°C\sim18°C$，1997 年适温范围 $16°C\sim20°C$。

利用探鱼仪探测鱼群也是重要方法之一。一般情况下从探鱼仪看到的映象，大多是鱿鱼饵料，并非鱿鱼，但是饵料丰富的地方，鱿鱼也相对集中，有时在 $50\sim70$ m 和 $140\sim160$ m 同时有浮游生物存在，鱿鱼资源会更好。

2. 福克兰鱿鱼渔场　福克兰渔场由福克兰环岛 200 海里专属经济区、阿根廷 200 海里内专属经济区和阿根廷外海渔场组成，进入前两者生产，需支付一定的资源费，而后者则为小公海，无需支付资源费。

福克兰渔场主要位于 $42°\sim47°S$，$59°\sim70°W$，头足类主要有阿根廷滑鱿鱼、巴塔哥尼亚枪乌贼、巴西枪乌贼等。阿根廷滑鱿鱼为大洋性浅海种，主要分布在巴塔哥尼亚大陆架和大陆坡水深 $50\sim1\ 000$ m 水域。在大陆架水域，夏季分布面广，密度小，秋季以前高度集群。主要产卵季节为 $1\sim7$ 月，$4\sim7$ 月产卵盛期，夏季栖息水深

$100\sim400$ m，秋季为 $200\sim800$ m，冬季则栖息于 $40°$S以北水深 $200\sim800$ m水域。

阿根廷外海渔场水温分布较为均衡，且水温日变化及昼夜变化幅度不大。渔场表层水温为：汛初较高，汛末较低，最高水温 $16℃$，最低水温 $9.8℃$，平均为 $11.8℃$，最佳上钩水温范围为 $13.0℃\sim13.9℃$。

3. 新西兰鱿鱼渔场 作业渔区 $38°\sim48°$S，$168°\sim175°$E，渔期为12月至翌年5月份。

优良渔场在埃格孟特角以北和库克海峡西部以及南岛东岸外海。第一个渔场中心从 $38°55'$S、$173°45'$E处向北、东北约扩展50海里，水深 $90\sim120$m。3月份为盛渔期。第二个渔场的主要地点在哥尔基—别依湾北部（水深 $100\sim170$ m）和塔斯曼湾（水深 $100\sim170$ m以下）。盛渔期为 $1\sim2$ 月份。第三个渔场从 $40°$S、$172°$E处沿南岛西北海岸向西南延伸。主要渔区形成于卡腊梅阿湾直到弗隆特角以北。盛渔期为12月至翌年2月份。第四个渔场是从班克斯沿大陆斜坡至 $45°10'$S。在东部渔场大约延伸5海里。2月中旬渔获中大部为中型个体。

六、集鱼灯操作技术

1. 水上集鱼灯 钓船装置两列水上灯，悬挂高度以光线与海面成 $45°$角为佳。鱿鱼趋弱光喜聚集于灯光的明暗交界区，光线与海面成 $45°$角，能使钓具坠入位置与明暗交界区相适应。如图6—15和图6—16。

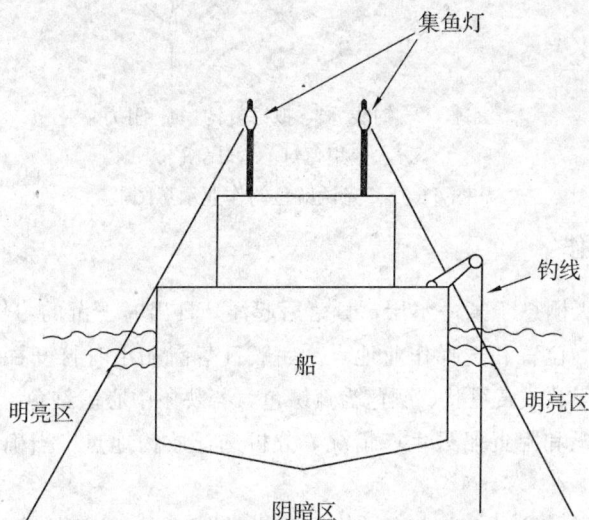

图6—15 鱿鱼钓作业中诱鱼灯光照区图

2. 水下集鱼灯 利用水下灯诱集鱿鱼是一项较新的捕捞技术。水下灯无论是白天还是黑夜，对诱集鱿鱼、提高渔获率均有明显效果。白天作业更为明显。船舷两侧水下灯，一般于海锚下水扩张之后，就可放下，左右两侧水下灯放置深度差距以

20～23 m 较合理。放灯深度要根据鱼群栖息水层而定。水下灯在鱼层较深时较为明显，水下灯还可延长作业时间，傍晚放水下灯，可比不放水下灯早上鱼 1～1.5 h，有时可以整个白天作业。

水下灯的使用：在北太平洋渔场，一般情况下水下灯的放置为傍晚由深到浅，150～60 m，并且采用降压方法，大灯可由 220 V 降至 180 V 左右，小灯可由 200 V 降至 130 V 左右。早晨由浅到深，80～250 m，不需降压。

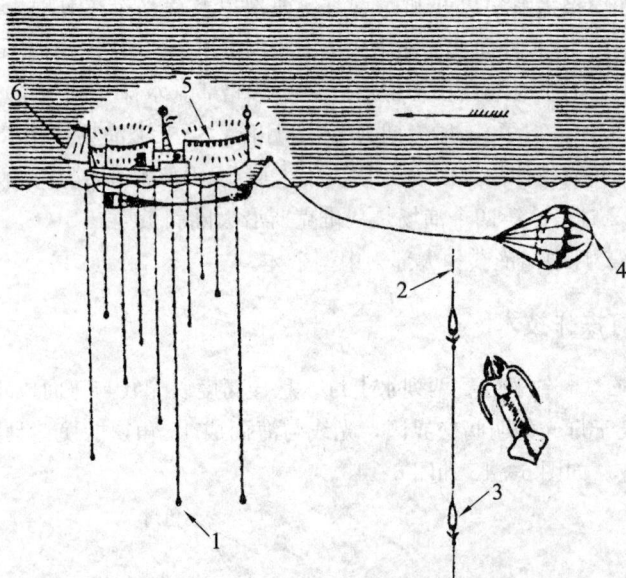

1. 沉锤 2. 钓线 3. 拟饵复钩 4. 阻力伞
5. 水上集鱼灯 6. 尾帆
图 6—16 光诱鱿鱼钓作业示意图

七、捕捞操作

鱿鱼具有白天栖息于某一水层，日落后起浮，日出时下沉的习性。渔船到达渔场，先要探测鱼群位置和选择作业地点。一般日落前几小时打开探鱼仪探测鱼群。探鱼仪映象成绿豆状或黄豆状、颜色为黄绿色，若映象中心呈红色，鱼群密度较大。并根据天气、海况和附近船只生产情况，分析选择放钓地点。当确定放钓地点后，开始放阻力伞。

1. 投放阻力伞 首先根据气象传真图和当时海况，确定阻力伞主绳投放长度及伞体出水孔口径大小，一般海况，风平浪静，主绳放 30 m，出水孔周径 1 m 左右；浪高在 2～3 m，主绳放出 50 m，出水孔同上；浪高在 3～5 m，主绳放出 100 m，出水孔周径为 1.5 m；海况很差，浪高在 5～8 m，主绳放出 150 m，出水孔周径取 2 m 左右。

船顶风后，立即停车改后退一，先把浮子推入水中，待浮子漂离渔船2～3 m，把沉子推入水中，紧接着把伞体推入水中，松放副伞绳，停车，靠余速投放主绳和副绳，直到放至预定长度。

2. 钓机操作　钓机操作与调节是由驾驶台集中控制，其有关参数设置应根据海况和渔况而定。

钓机水深设置与水下灯水深设置相仿，应根据鱼群栖息水深而定。福克兰渔场，汛初期钓机水深在50～70 m，随汛期发展，相应钓机水深设置逐渐加深。北太平洋渔场钓机深度晚上130～180 m，白天有时在300～450 m。

钓机转速设置，钓机卷线速度一般采用60～65 rpm，卷线力8～9 kg；若鱼体个大，卷线速度可采用60～50 rpm，卷线力4～5 kg。在钓线不跃出导向轮的前提下，下线速度可适当增加。

附录一 准用渔具有关规定

为加强捕捞渔具管理，巩固清理整治违规渔具专项行动成果，保护海洋渔业资源，根据《中华人民共和国渔业法》、《渤海生物资源养护规定》和《中国水生生物资源养护行动纲要》，农业部决定实施海洋捕捞准用渔具和过渡渔具最小网目尺寸制度。

一、实行时间和范围

自 2014 年 6 月 1 日起，黄渤海、东海、南海三个海区全面实施海洋捕捞准用渔具和过渡渔具最小网目尺寸制度，有关最小网目尺寸标准详见附件。

二、主要内容

（一）根据现有科研基础和捕捞生产实际，海洋捕捞渔具最小网目尺寸制度分为准用渔具和过渡渔具两大类。准用渔具是国家允许使用的海洋捕捞渔具，过渡渔具将根据保护海洋渔业资源的需要，今后分别转为准用或禁用渔具，并予以公告。

（二）主捕种类为颚针鱼、青鳞鱼、梅童鱼、凤尾鱼、多鳞鱚、少鳞鱚、银鱼、小公鱼等鱼种的刺网作业，由各省（自治区、直辖市）渔业行政主管部门根据此次确定的最小网目尺寸标准实行特许作业，限定具体作业时间、作业区域。拖网主捕种类为鳀鱼，张网主捕种类为毛虾和鳗苗，围网主捕种类为青鳞鱼、前鳞骨鲻、斑鰶、金色小沙丁鱼、小公鱼等特定鱼种的，由各省（自治区、直辖市）渔业行政主管部门根据捕捞生产实际，单独制定最小网目尺寸，严格限定具体作业时间和作业区域。上述特许规定均须在 2014 年 4 月 1 日前报农业部渔业局备案同意后执行。各地特许规定将在农业部网站上公开，方便渔民查询、监督。

（三）各省（自治区、直辖市）渔业行政主管部门，可在本通告规定的最小网目尺寸标准基础上，根据本地区渔业资源状况和生产实际，制定更加严格的海洋捕捞渔具最小网目尺寸标准，并报农业部渔业局备案。

三、测量办法

根据 GB/T6964—2010 规定，采用扁平楔形网目内径测量仪进行测量。网目长度测量时，网目应沿有结网的纵向或无结网的长轴方向充分拉直，每次逐目测量相邻 5 目的网目内径，取其最小值为该网片的网目内径。三重刺网在测量时，要测量最里层网的最小网目尺寸；双重刺网要测量两层网中网眼更小的网的最小网目尺寸。各省（自治区、直辖市）渔业行政主管部门可结合本地实际，在上述规定基础上制定出简便易行的测量办法。

四、有关要求

（一）2014 年 6 月 1 日之前，小于最小网目尺寸的捕捞渔具所有者、使用者须按上述标准尽快调整和更换，执法机构仍按国家已有网目尺寸规定进行执法。

（二）自 2014 年 6 月 1 日起，禁止使用小于最小网目尺寸的渔具进行捕捞。沿海各级渔业执法机构要根据本通告，对海上、滩涂、港口渔船携带、使用渔具的网目情况进行执法检查。对使用小于最小网目尺寸的渔具进行捕捞的，依据《渔业法》第三十八条予以处罚，并全部或部分扣除当年的渔业油价补助资金。对携带小于最小网目尺寸渔具的捕捞渔船，按使用小于最小网目尺寸渔具处理、处罚。

（三）严禁在拖网等具有网囊的渔具内加装衬网，一经发现，按违反最小网目尺寸规定处理、处罚。

（四）2014 年 3 月 1 日起，新申请或者换发《渔业捕捞许可证》的，须按照本通告附件所列渔具名称和主捕种类规范填写。同时，对农业部公告第 1100 号、第 1288 号关于《渔业捕捞许可证》样式中"核准作业内容"进行适当调整。

附表　准用与过渡渔具最小网目尺寸标准

海域	渔具分类名称		主捕种类	最小网目（或网囊）	备注
	渔具类别	渔具名称			
黄渤海	拖网类	单船桁杆拖网、单船框架拖网	虾类	25	
	刺网类	漂流双重刺网	梭子蟹、银鲳、海蜇	110	
		定置三重刺网	鲻鱼、马鲛、鳕鱼	90	
		漂流三重刺网	对虾、鱿鱼、虾蛄、小黄鱼、梭鱼、斑鲫	50	
	张网类	双桩有翼单囊张网、双桩竖杆张网、樯张竖杆张网、多锚单片张网、单桩框架张网、多桩竖杆张网、双锚竖杆张网	不限	35	主捕毛虾、鳗苗的张网由地方特许作业
	陷阱类	导陷建网陷阱	不限	35	
	笼壶类	定置串联倒须笼	不限	25	

续表

海域	渔具分类名称		主捕种类	最小网目(或网囊)	备注
	渔具类别	渔具名称			
黄海	拖网类	单船有翼单囊拖网	除虾类以外的捕捞种类	54	主捕鳀鱼的拖网由地方特许作业
		双船有翼单囊拖网			
东海	拖网类	单船有翼单囊拖网	除虾类以外的捕捞种类	54	主捕鳀鱼的拖网由地方特许作业
		双船有翼单囊拖网			
		单船桁杆拖网	虾类	25	
	刺网类	漂流双重刺网	梭子蟹、银鲳、海蜇	110	
		定置三重刺网	鳓鱼、马鲛、石斑鱼、鲨鱼、黄姑鱼	90	
		漂流三重刺网	小黄鱼、鲻鱼、鳎类、鱿鱼、黄卿、梅童鱼、龙头鱼	50	
东海	围网类	单船有囊围网	不限	35	
	张网类	单锚张纲张网	不限	55	主捕毛虾、鳀鱼的张网由地方特许作业
		双锚有翼单囊张网	不限	50	
		双桩有翼单囊、双桩竖杆、樯张竖杆、多锚单片、单桩框架、双锚张网、单桩桁杆、单锚框架、单锚桁杆、双桩框架、船张框架、船张竖杆、多锚框架、多锚桁杆、多锚有翼单囊	不限	35	
	陷阱类	导陷建网陷阱	不限	35	
	笼壶类	定置串联倒须笼	不限	25	

续表

海域	渔具分类名称		主捕种类	最小网目(或网囊)	备注
	渔具类别	渔具名称			
南海	拖网类	单船有翼单囊拖网	除虾类以外的捕捞种类	40	
		双船有翼单囊拖网			
		单船底层单片拖网			
		双船底层单片拖网			
		单船桁杆拖网、单船框架拖网	虾类	25	
	刺网类	漂流双重刺网 定置三重刺网 漂流三重刺网 漂流框格刺网 定置双重刺网	除凤尾鱼、多鳞鳝、少鳞鳝、银鱼、小公鱼以外的捕捞种类	50	
	围网类	单船有囊围网、手操无囊围网	不限	35	
南海	张网类	双桩有翼单囊、双桩竖杆、樯张竖杆、双锚张网、单桩桁杆、多桩竖杆张网、双锚竖杆、双锚单片、樯张张纲、樯张有翼单囊张网、双锚有翼单囊	不限	35	主捕毛虾、鳀鱼的张网由地方特许作业
	陷阱类	导陷建网陷阱	不限	35	
	笼壶类	定置串联倒须笼	不限	25	

附录二　禁止使用渔具的有关规定

近年来，我国近海渔业资源急剧衰退，使用违规渔具甚至是禁用渔具捕捞作业的情况普遍存在。违规渔具破坏资源的问题引起社会各界高度重视和广泛关注。为加强捕捞渔具管理，巩固清理整治违规渔具专项行动成果，保护海洋渔业资源，根据《中华人民共和国渔业法》、《渤海生物资源养护规定》和《中国水生生物资源养护行动纲要》，农业部决定全面禁止使用双船单片多囊拖网等十三种渔具。

一、实行时间和范围

自 2014 年 1 月 1 日起，黄渤海、东海、南海三个海区全面禁止使用双船单片多囊拖网等十三种渔具，浅海、滩涂等沿海开放式养殖水域也属禁止使用范围。

二、禁用渔具目录

除继续执行国家现有规定外，黄渤海、东海、南海三个海区内禁止使用双船单片多囊拖网、拖曳泵吸耙刺、拖曳柄钩耙刺、拖曳水冲齿耙耙刺、拦截插网陷阱、导陷插网陷阱、导陷箔筌陷阱、拦截箔筌陷阱、漂流延绳束状敷网、船布有翼单囊地拉网、船布无囊地拉网、抛撒无囊地拉网、拖曳束网耙刺等十三种渔具。其中拖网类 1 种，耙刺类 4 种，陷阱类 4 种，杂渔具 4 种，主要是对渔业资源（特别是幼鱼资源）和海底生态环境破坏较大、使用范围有限、价值不高的渔具。

三、有关要求

禁用渔具的所有者、使用者须在 2013 年 12 月 31 日之前对上述渔具进行清理和更换。自 2014 年 1 月 1 日起，全面禁止制造、销售、使用双船单片多囊拖网等十三种禁用渔具。沿海各级渔业执法机构要对海上、滩涂、港口渔船携带、使用禁用渔具的情况进行执法检查。对制造、销售、使用禁用渔具的，依据《渔业法》第三十八条处理、处罚，并对使用禁用渔具的渔船，视情全部或部分扣除当年的渔业油价补助资金。对携带禁用渔具的捕捞渔船，按使用禁用渔具处理、处罚。

附表 禁用渔具目录

序号	分类	渔具分类名称	俗名或地方名		
			黄渤海区	东海区	南海区
JY-01	拖网	双船单片多囊拖网	无	百袋网	无
JY-02	耙刺	拖曳泵吸耙刺	吸蛤泵、吸蛤耙、蓝蛤泵	蓝蛤泵	无
JY-03	耙刺	拖曳柄钩耙刺	无	无	鱼乃挖、白蚬耙。
JY-04	耙刺	拖曳水冲齿耙耙刺	泵耙子、泵耙网	水冲式耙子	无
JY-05	陷阱	拦截插网陷阱	地撩网、撩网、梁网、亮子网、簖网	吊塝、迷魂网、滩涂串网、夹涂、樯网、高仓网、大浦网、小围网、弶网	督罟、起落网、百袋网、网薄、闸薄、闩门、塞网、蜈蚣网
JY-06	陷阱	导陷插网陷阱	须笼网、须子网、须网	无	滩边罟、塞网、百袋网
JY-07	陷阱	导陷箔筌陷阱	无	无	虾箔、渔箔
JY-08	陷阱	拦截箔筌陷阱	无	无	围海
JY-09	杂渔具	漂流延绳束状敷网	无	无	石斑苗网
JY-10	杂渔具	船布有翼单囊地拉网	无	无	长网、拉大网、涠洲大网
JY-11	杂渔具	船布无囊地拉网	大拉网、拉大网、地拉网	无	大拉网、拉大网、地拉网、地拖网、大地网
JY-12	杂渔具	抛撒无囊地拉网	无	无	牵沟网
JY-13	耙刺	拖曳束网耙刺	无	珊瑚网	无

附录三 《捕捞基础》理论考试大纲

相关说明
（一）表中"一级"、"二级"、"三级"分别对应船舶长度"45米以上"、"24米以上不足45米"、"12米以上不足24米"的渔业船舶。
（二）表中"○"对应"了解"层次，"◎"对应"熟悉"层次，"●"对应"掌握"层次。

考核知识点	适用对象					
	一级船长	二级船长	三级船长	一级船副	二级船副	助理船副
一、海洋渔业资源与渔场						
1. 渔业资源生物学基础						
（1）鱼类食性						○
（2）产卵期与产卵场						○
2. 鱼类的集群、分布与洄游						◎
3. 海洋环境与鱼类行动						
（1）水温						◎
（2）海流						◎
（3）海流与渔业的关系						◎
（4）盐度与渔业的关系						○
（5）饵料生物						◎
（6）鱼类的趋光习性						◎
4. 海洋渔场						
（1）优良渔场						◎
（2）我国海洋渔场概况						○
二、渔具材料与工艺						
1. 网线						●
2. 网片						●
3. 绳索						●
4. 浮子和沉子						○

续表

相关说明					

（一）表中"一级"、"二级"、"三级"分别对应船舶长度"45米以上"、"24米以上不足45米"、"12米以上不足24米"的渔业船舶。

（二）表中"○"对应"了解"层次，"◎"对应"熟悉"层次，"●"对应"掌握"层次。

考核知识点	适用对象					
	一级船长	二级船长	三级船长	一级船副	二级船副	助理船副
5. 网片剪裁						○
6. 网片缩结						○
7. 网片的缝合						○
8. 网衣的修补						○
9. 疏目拖网编结技术						○
三、渔具渔法						
1. 双船拖网						
（1）结构						●
（2）网图识别						◎
（3）装配工艺						◎
（4）技术调整						●
（5）拖网捕捞事故的发生、预防和处理						●
2. 单船拖网						
（1）单船拖网结构						●
（2）网板						●
（3）拖网捕捞操作技术						◎
3. 围网						
（1）结构						◎
（2）捕捞作业方式						○
（3）分类						○
（4）网图识别						◎
（5）灯光围网捕捞操作技术						◎

相关说明

（一）表中"一级"、"二级"、"三级"分别对应船舶长度"45米以上"、"24米以上不足45米"、"12米以上不足24米"的渔业船舶。

（二）表中"○"对应"了解"层次，"◎"对应"熟悉"层次，"●"对应"掌握"层次。

考核知识点	适用对象					
	一级船长	二级船长	三级船长	一级船副	二级船副	助理船副
（6）围网捕捞事故的预防与处理						●
4. 流刺网						
（1）结构						◎
（2）捕捞作业方式						○
（3）分类						○
（4）网图识别						◎
（5）流刺网捕捞操作技术						◎
（6）流刺网捕捞事故的发生、预防和处理						●
5. 钓渔具						
（1）钓渔具的种类						○
（2）钓渔具结构与装配						◎
（3）饵料种类						○
6. 渔获物处理						●
四、助渔仪器的使用						
1. 探鱼仪的使用						○
2. 网位仪的使用						○
五、生产注意事项						
1. 双拖网						●
2. 单拖网						●
3. 围网						●
4. 流刺网						●
5. 钓渔具						●
六、农业部禁止使用渔具的相关规定						●

参考文献

1. 黄锡昌，捕捞学，重庆出版社，2001.

2. 沈汉祥等编，远洋渔业，海洋出版社，1987.

3. 陈忠信等编，海洋捕捞技术，农业出版社，1993.

4. 宋正杰编，捕捞技术，农业出版社，1993.

5. 胡杰主编，渔场学，农业出版社，1995.

6. 山东省海洋渔具图集，农业出版社，1995. `